KB050433

환경외교의 길을 걸었던 외교관의

기후협상일지

Climate Negotiation journal

최재철

박영사

이 저서는 2016년 대한민국 교육부와 한국연구재단의 지원을 받아 수행된 연구임(NRF-2016S1A3A2925230)

추천사

이제 우리는 기후변화의 시대를 벗어나 기후 위기의 시대에 살고 있다. 기후변화는 인류가 직면한 21세기 최대의 난제이다. 여러 대륙에서 발생하고 있는 난민과 이주행렬의 배경에는 분쟁과 함께 오랜 가뭄을 유발한 기후변화를 지목한다. 정보통신과 과학기술이 발전이 가져온 세계화의 초연결망은 신종 코로나(Covid-19) 대유행으로 순식간에 붕괴되었다. Covid-19와 같은 전염병의 잦은 발생 배경을 두고 기후변화를 지적하는 전문가들이 적지 않다. 기후변화는 지금도 지구 곳곳에 유례없는 가뭄, 홍수, 폭염과 혹한 등 기상이변을 야기하고 있다. 지구 공동체의 지속 가능한 발전을 위해서 기후변화는 반드시 해결해야 할 과제가 되었다.

2015년은 기후변화문제 해결을 위한 국제적 노력의 새로운 이정표가 만들어진 해이다. 세계 197개국이 2015년 12월 파리에 모여 기후변화에 관한 "파리협정"을 체결하였다. 파리협정은, 선진국들에게만 온실가스 감축의무를 규정한 교토의정서와는 달리, 모든 국가들이 자율적으로 매5년마다 온실가스 감축목표를 작성하고 이를 투명하게 이행을 강화해나가는 플랫폼을 제공하고 있다. 우리 정부도 파리협정 채택을 앞둔 2015년 6월 30일에 2030년 온실가스 감축목표로 배출전망치

(BAU) 대비 37%를 제시하였다.

본인은 저자인 최재철 대사와 여러 차례 같이 일을 해 본 경험이 있다. 본인이 통상교섭본부장을 맡고 있던 2000년도에 그는 통상교섭본부 환경과학과장으로 교토 의정서 가입, 바이오 안전성 의정서 채택과 가입준비, 동북아 환경협력 등과 같은 국제환경문제를 다루었다. 본인이 주OECD 대사로 근무할 당시 그는 기후변화, 개발협력 및 지속발전 업무를 담당하는 대표부 참사관이었다. 그 후 본인이 국무총리로서 기후변화대책회의 위원장을 맡아 관계 장관 회의를 주재하고 2007년 9월 유엔기후변화정상회의에 참석하였을 때 그는 외교부 국제경제국장으로 실무를 챙겨 주었다. 본인이 기후변화센터(재단법인) 이사장으로 봉사하던 2015~2016년도에 그는 기후변화대사로서 협상 최일선에서 활동하면서 협상 동향을 알려 주기도 하였다. 그는 협상 과정에 한국의 국격과 국익을 최상위에 두고 협상에 임하였다고 밝혔다.

본인은 국무총리로 근무하던 2007년 11월 파리에서 열린 국제박람회기구(BIE) 총회에 한국 정부 수석대표로 참석하여 2012년 국제박람회의 여수 유치를 성사시켰다. 당시 최재철 대사는 BIE 한국 대표를 담당하였던 경험을 바탕으로 박람회 유치 지원 대사를 맡아 BIE 회원국 지지교섭 활동을 담당하였다. 이후 그는 당시 유치 교섭과정에서 쌓았던 네트워크를 바탕으로 2013년 11월 아시아인 최초로 BIE 집행위원장으로 선출되었고 2025년 세계박람회 유치 후보국(일본, 러시아, 프랑스, 아제르바이잔) 조사단장 역할을 맡았다. BIE 집행위원장을 3번 연임한 그는 2019년 11월 BIE 총회의장에 선출되어 국제박람회기구를 이끌어 가고 있다.

본인은 그를 우리 기후변화 환경 외교의 개척자이자 산증인으로 평가하고 싶다. 지구정상회의(Earth Summit)로 알려진 1992년 유엔환경개발회의(UNCED) 준비가 한창이던 시기에 그는 주케냐 대사관 서기관으로 환경 외교에 입문하여 전문가로서의 길을 걸었다. 그리고 그는 마지막 근무지로 한국의 녹색성장 동맹국인 덴마크에서 근무하면서 "녹색성장과 2030 글로벌 목표 달성을 위한 국제연대"(P4G: Partnering for Green Growth and Global Goals 2030)의 출범과 제1차 P4G 정상회의의 성공을 위해 매진하였다.

최 대사가 2014년 5월 기후변화대사로 임명되어 2019년 5월 주덴마크 대사를 이임할 때까지의 기후변화협상 경험과 여러 외교 경험담을 담아 이번에 비망록 형식의 책자로 발간하였다. 본인은 그의 자세한 현장기록이 국제무대에서 활동하려고 하는 우리 젊은 세대들에게 많은 도움이 될 것으로 기대하여 일독을 권한다.

한 덕 수
전 국무총리, (재)기후변화센터 명예이사장

머리말

파리협정이 발효되는 2016년 11월 4일 필자는 개인물품을 챙겨서 2년 6개월을 지냈던 외교부 기후변화대사 집무실을 나왔다. 하루 전날인 11월 3일 우리 정부는 파리협정 비준서를 유엔 사무국에 기탁하였다. 이로써 파리협정의 협상·채택에서 비준까지의 업무가 마무리되었고 기후변화대사로서 맡았던 소임을 마쳤다.

2016년 11월 10일 새로운 임지 덴마크에 부임하였다. 덴마크는 한국이 세계 최초로 가치에 기반을 둔 녹색성장동맹을 체결한 국가였다. 덴마크는 세계에서 가장 행복한 국가로 꼽힐 뿐만 아니라 세계 최고 수준의 풍력 발전 기술을 지닌 재생에너지의 선두주자였다. 그러나 서울과 코펜하겐을 오가는 직항 항공편이 없이 오가는 사람이 그리 많지 않고 공관 규모도 작았다. 덴마크 코펜하겐에서 근무하는 동안 파리협정 채택과 비준에 이르는 협상 과정을 기록으로 남기고 재생에너지 선두주자 덴마크의 에너지전환 과정을 공부해 보고자 하는 의욕적인 결의를 다졌다. 이를 위해 연세대학교 법무대학원 박덕영 교수의 추천으로 SSK 기후변화와 국제법 센터 공동연구원으로 참여하였다.

덴마크에서 맞이한 2017년 새해는 예기치 못한 상황의 연속이었다. 새해 벽두부터 당시 국내 정국의 혼란을 초래하게 되었던 사건과 연루된 한국인이 덴마크 북부 도시 올보그에서 구금됨에 따라 해당인을 국내로 송환하기 위한 업무가 대사관 본연의 기능을 마비시키다시피 하였다. 그로부터 수개월이 지나 송환업무도 마무리되었고 국내 정국이 안정을 되찾으면서 공관의 업무도 정상화되었다. 덴마크 정부는 2011년에 출범한 "글로벌녹색성장포럼"(3GF: Global Green Growth Forum)을 국제적 상황변화를 반영한 새로운 기구로 발전시켜나가기를 희망하고 있었다. 2015년 9월에 채택된 "유엔 2030 지속발전목표"(UN SDGs: UN Sustainable Development Goals 2030)와 같은 해 12월에 채택된 기후변화에 관한 "파리협정"(The Paris Agreement)의 이행을 촉진하는 방안을 덴마크 정부 관계자들과 이야기를 나누었다. 덴마크 정부는 녹색성장 동맹국인 한국의 입장과 3GF 참여국들의 입장을 수렴하여 2017년 9월 유엔 총회에 계기에 "녹색성장과 2030 글로벌목표를 위한 연대"(P4G: Partnering for Green Growth and Global Goals 2030)라는 새로운 기구를 발족시켰다. P4G는 기후변화와 에너지, 물, 도시, 농업과 식량, 그리고 순환경제 등 5개 분야에서 이행을 위한 민관파트너십 강화를 추구하고 있다. 격년제로 열리는 제1차 P4G정상회의는 2018년 10월 코펜하겐에서 개최되었고 제2차 정상회의는 2020년 6월 서울에 개최될 예정이었으나 코로나바이러스의 세계적 대유행으로 개최시기가 1년 연기되었다.

덴마크는 1970년대에 불어 닥친 제1,2차 석유위기로 인해 호된 시련을 겪었다. 당시 에너지 자원이 없던 덴마크는 양자이론으로 유명한 노벨 물리학상 수상자 닐스 보어(Niels Bohr)와 같은 원자 물리학 전문가들을 다수 보유하고 있었기에 이를 바탕으로 한 원자력 발전 도입을 적극적으로 검토하였다. 그러나 위험도가 높은 고준위 방사성폐기물 처분장 선정을 두고 지도자들과 국민들이 머리를 맞대고 10년 이상 논의한 끝에 1985년 의회의 표결을 거쳐 원자력 발전을 덴마크 에너지원에서 제외키로 하였다. 남한의 1/2 정도에 불과한 덴마크의 좁은 국토와 평평한 지형은 고준위 폐기물 처분장 건설에 적합하지 않다고 하여 일년 사시사철 부는 북해의 바람을 활용하는 풍력 발전에 집중하기로 의견을 모은 것이다.

　　P4G 설립 방향 논의와 덴마크 에너지전환에 대한 학습은 잠시 묻어 두었던 파리협정 협상의 기록들을 다시 찾아보게 하는 동기가 되었다. 파리협정 협상 과정에서 선진국과 개도국이 가장 민감하게 여겼던 차별화(differentiation), 감축 목표의 국제법적 구속성 여부, 장기목표 설정, 시장메커니즘 반영 등 주요 의제에 대한 우리 입장이 무엇이었는지를 궁금해하는 이들에게 한국의 협상 수석대표로서 기록을 남겨야 하겠다는 의무감을 느꼈다. 또 우리가 2015년 6월 30일 유엔기후변화협약 사무국에 제출한 "의도된 국가결정기여"(INDC)의 2030 온실가스 감축목표 수립과정을 필자가 아는 범위 내에서 기록으로 남겨두고 싶었다. 이를 위해 협상 과정에 기록해 두었던 메모 수첩을 일자별로 정리하면서 일지 형식으로 집필을 시작하였다. 2018년 10월 19일 코펜하겐에서 열리는 제1차 P4G 정상회의에 문재인 대통령이 참석하고 2019년 한국−덴마크 수교 60주년 기념을 위한 여러 행사의 개최가 확정되면서 그나마 시작하였던 협상 기록 정리를 중단할 수밖에 없었다. 2019년 상반기에 계획된 한−덴 수교 60주년 행사를 마무리하고 2019년 5월 25일 귀국하여 7월 1일자로 외교부를 퇴직하였다.

2019년 7월 하순부터 연세대 박덕영 교수의 배려로 연세대 법학관 SSK 기후변화와 국제법 센터 연구실에서 협상 기록에 관한 집필을 이어갈 수가 있었다. 이 책자가 나오기까지 도움과 조언을 아끼지 않았던 연세대 SSK 기후변화와 국제법 센터의 센터장 박덕영 교수, 김경우 연구교수, 이일호 연구교수와 초고를 읽고 의견을 제시해 준 신소윤, 이예은 학생에게 감사를 드린다. 특히 졸고의 출간을 흔쾌히 수락하여 준 박영사의 안종만 대표님과 안상준 대표님, 조성호 이사님, 책의 편집을 맡아준 전채린 과장님, 디자인과 제작을 맡아준 모든 분들께 깊은 감사를 드린다.

그리고 필자가 2014년 5월 기후변화대사로 임명된 이후 협상팀의 일원으로 함께 일하면서 밤샘 협상도 마지않았던 모든 분들에게 감사를 드린다. 이분들의 노력과 도움이 있었기에 파리협정 협상과 채택, 그리고 비준에 이르는 과정이 순조롭게 진행되었다. 책 내용 중의 일부로 인해 상처받는 분들이 없기를 바라면서 혹시 잘못된 내용이 있다면 이는 필자의 잘못임을 밝혀 두고자 한다. 지난 38년의 외교관 생활을 하면서 2~3년 단위로 임지를 옮겨 다녔다. 그 과정에 많은 어려움을 묵묵히 참고 견디어 준 사랑하는 아내와 자녀들에게 이 기회를 빌려 고마움을 전한다.

끝으로 외교부를 떠난 후에 다시 기후변화분야에서 일할 수 있도록 도움을 준 재단법인 기후변화센터 명예이사장이신 고건 전총리, 한덕수 전총리,강창희 전국회의장과 센터의 유영숙 이사장, 김소희 사무총장, 그리고 젊은 세대들에게 기후변화와 국제환경문제를 강의할 수 있도록 기회를 제공해 준 서울대 환경대학원, 인하대 지속가능경영대학원, 연세대 관계자분들께도 깊은 감사를 드린다. 기후변화와 환경 분야에서 일하고 있거나 앞으로 일을 하고자 하는 모든 분에게 이 책을 노래 가사와 함께 바치고 싶다. " You can check out anytime you like, but you can never leave."

프롤로그

파리협정(Paris Agreement)이 2015년 12월 12일 파리근교 부르제에 열린 유엔기후변화기본협약(UNFCCC) 제21차 당사국총회(COP21)에서 참가국(196개 국가와 EU)들의 컨센서스로 채택되었다. 이로써 2011년 12월 남아공 더반 개최 UNFCCC 제17차 당사국총회(COP17)에서 합의된 결정에 따라 시작된 신기후체제 협상이 종료되었다. 파리협정은 채택일로부터 채 1년이 안 되는 2016년 11월 4일에 발효되었다. UNFCCC가 채택일로부터 1년 10개월이 지나 발효되었고 선진국들의 온실가스 감축의무를 담은 교토의정서는 채택에서 발효까지 무려 7년 2개월이 걸렸다. 파리협정이 이처럼 빠른 일정으로 발효한 것은 파리협정에 대한 폭넓은 지지를 반영한다고 하겠다.

필자는 2014년 5월 16일 기후변화대사로 임명되어 post-2020 신기후체제 출범을 위한 국제협상에 참여하였고 협상일지는 2014년 4월부터의 기록이다. 협상 일지를 읽는 독자들의 이해를 돕기 위해 post-2020 신기후체제 협상에 이르는 과정을 간단히 살펴보겠다. 유엔기후변화기본협약(UNFCCC)은 1992년 5월에 채택되었고 1994년 3월에 발효하였다. 1995년 UNFCCC 제1차당사국총회(COP1) 결정에 따라 협약 부속서 I에 속한 선진국과 동구권국가들의 온실가스 감축을 위한

협상이 시작되었고 2년 후인 1997년 12월 일본교토에서 개최된 COP3
에서 교토의정서(Kyoto Protocol)가 채택되었다. 그러나 2001년 미국의
부시행정부가 교토의정서의 비준을 거부함에 따라 2005년 발효된 교
토의정서는 제대로 기능을 발휘하지 못하는 반쪽짜리 의정서로 전락
하였다. 2007년 인도네시아 발리에서 개최된 COP13에서 기후변화협
약하에서 장기적 온실가스 감축을 논의하는 협상그룹이 출범하였고
교토의정서에 의한 온실가스감축에 참여하지 않은 국가들의 온실가스
감축 방안을 2009년 덴마크 코펜하겐개최 COP15에서 채택하기로 하
는 결정이 채택되었다. 그러나 2015년 12월 코펜하겐 개최 COP15에
서 post-2012 기후체제 출범을 위한 합의문 채택이 결렬되었다.

2010년 멕시코 칸쿤에서 개최된 COP16에서 당사국들은 개도국
들의 기후행동 지원을 위한 녹색기후기금(Green Climate Fund) 설립, 선
진국들과 개도국들간의 차별화된 검증체제 도입 등에 합의하면서 서로
에 대한 신뢰를 회복하였다. 이를 바탕으로 2011년 12월 남아공 더반
에서 모인 당사국들은 2009년 12월 코펜하겐 제15차당사국총회에서
합의하지 못한 신기후체제의 수립을 위한 협상을 다시 시작하는 "더반
플랫폼"(Durban Platform)에 합의하였다. Durban Platform의 주요 내용
은 협약하에 모든 당사국에 적용 가능한 의정서, 다른 법적 도구 또는
법적 효력을 지닌 합의 결과물을 2015년 12월 COP21에서 채택할 수
있도록 협상을 완료하며 이를 위한 협상무대로 "행동강화를 위한 더반
플랫폼에 관한 특별작업반"(ADP: Ad hoc Working Group on the Durban
Platform for Enhanced Action)을 설립한다는 것이었다.

이렇게 설립된 ADP는 2013년까지 post-2020 신기후체제 협상

의 성공을 위한 기반 조성에 많은 노력을 기울였다. 새로이 출범할 기후체제에 선진국과 개도국들이 함께 참여하는 도구로 "의도된 국가결정기여"(INDC)가 ADP에 의해 합의되어 2013년 폴란드 바르샤바개최 COP19에서 채택되었다. 2014년 3월에 개최된 ADP회의는 신기후체제의 토대가 될 "2015 합의문"(The 2015 agreement)의 본격적인 협상을 위하여 ADP 내 "교섭그룹"(contact group)을 설치하기로 결정하였다. 필자가 한국 협상 수석대표로 처음 참가한 2014년 6월 ADP회의에서 첫 교섭그룹회의가 소집되었다. ADP는 2012년 5월부터 2015년 12월까지 14차례의 공식회기와 1차례의 비공식회기를 갖고 2015년 12월 5일 "파리결과문안"(Draft Paris Outcome)을 채택하고 임무를 종료하였다. ADP에 의해 작성된 파리결과문안은 COP21 총회가 설립한 파리위원회(Comité de Paris)에서 추가 협상을 걸쳐 12월 12일 저녁에 파리협정(The Paris Agreement)으로 채택되었다.

파리협정은 기본적으로 UNFCCC에 근거하고(the Paris Agreement under the UNFCCC) 있다. 신기후체제 협상 과정에 2021년부터 모든 당사국에 적용되는 되는 파리협정은 그간의 변화된 여건을 반영하여 UNFCCC와 교토의정서를 완전히 대치하여야 한다는 주장도 있었다. 하지만 COP17 결정에 충실하여 기후변화협약의 이행을 강화하는 것이 되어야 한다는 의견이 주류를 이루었다. 그리고 교토의정서의 이행 경험과 발리행동계획(Bali Action Plan, 2007년 COP13에서 채택)에 따른 post−2012 기후체제 수립을 위한 코펜하겐 기후총회(2009년 12월 COP15)의 실패 경험을 바탕으로 하여 모든 당사국이 참여할 수 있는 post−2020 기후체제의 출범을 최우선 과제로 삼았다. 공식 협상 무대 ADP의 공동의장단은 협상 회기시마다 모든 과정이 개방적이고(open) 투명하고(transparent),

포용적이며(inclusive) 당사국이 주도하는(party-driven) 것임을 강조하였다.

　파리협정은 모든 국가가 자발적으로 기후변화 대응을 위한 국제적 노력에 참여할 수 있는 창의적인 수단을 제시하고 있다. 2013년 12월 폴란드 바르샤바에서 열린 COP19에서 합의된 "의도된 국가결정기여"(INDC: Intended Nationally Determined Contribution)가 바로 그것이다. INDC를 통해 모든 당사국은 2015년 12월 신기후체제의 성공적 출범을 위한 각자의 의지를 보여주었다. 그리고 파리협정이 채택된 이후 제출하는 "국가결정기여"(NDC)에는 각자가 최선의 목표를 제출하도록 권장하면서도 목표달성에는 국제법적 강제성을 부여하지 않았다. 그리고 각자의 목표가 후퇴하지 않고 계속 진전되어 나갈 수 있도록 하는 진전(progression)원칙을 포함하였다.

　파리협정은 감축에 중점을 둔 교토의정서와는 달리 기후 행동과 지원을 포괄적으로 다루고 있다. 지구온난화에 대한 선진국들의 역사적 책임에도 불구하고 기후 행동에 동참하는 개발도상국들의 이해와 관심 사항이 폭넓게 반영되었다. 파리협정의 핵심을 이루는 감축 또는 완화, 적응, 재원, 기술개발과 이전, 역량 강화와 투명성이 대표적인 사례이다. 개도국들의 기후 행동 지원을 위한 재원을 계속 확대해 나가기로 하고 재원 공여국을 기존 선진국에서 신흥 국가로 확대하였다. 또한 지구온난화와 해수면의 상승으로 위협을 받은 군소도서국가들의 입장을 반영하여 1.5℃ 장기목표와 손실과 피해 조항이 반영되었다. 그리고 온실가스 감축을 위한 기업들의 창의성과 혁신을 장려하기 위하여 국제배출권 시장메커니즘을 도입하였다. 모든 당사국은 파리협정의 목표달성을 위하여 매5년마다 NDC를 제출하고 이를 성실히 이행해나가는 선순환적 기후행동에 합의하였고 파리협정의 미래는 매우 탄탄해 보였다.

　그러나 2021년을 목전에 두고 파리협정은 새로운 도전에 직면하고 있다. 미국의 제45대 대통령으로 취임한 도널드 트럼프 대통령은 2017년 6월 1일 파리협정에서 탈퇴할 계획을 밝혔다. 그 후 파리협정이 미국에 대해 발효한 날로부터 3년이 되는 2019년 11월 4일 미국 국무부는 기후변화협약 사무국에 공식탈퇴를 통보하였다. 파리협정 제28조에 따라 미국은 2020년 11월 4일부터 파리협정 비가입국이 된다. 세계 제2위의 온실가스 배출국이자 누적배출규모에서는 제1위를 차지하는 미국의 탈퇴는 파리협정 미래에 어두운 그림자를 드리우고 있다. 그러나 미국의 주정부, 기업과 시민사회단체들이 파리협정을 지지하는 "We Are Still In" 캠페인을 전개하고 있고 미국의 차기 대통령을 사실상 확정하는 슈퍼 화요일 선거가 2020년 11월 3일에 실시될 예정이어서 일각에서는 희망적인 관측을 하고 있다.

　미국의 탈퇴여부와 관계없이 파리협정의 이행을 위한 준비작업이 순조롭게 진행되고 있다. 파리협정 이행규범(rules book)이 2018년 12월 폴란드 카토비체에 열린 제24차 당사국총회(COP24)에서 채택되었다. 당사국간 온실가스 배출권 거래를 위한 시장메커니즘 이행규범은 코로나바이러스 대유행으로 인해 예정보다 1년 늦은 2021년 영국 글래스고우에서 열릴 제26차 당사국총회(COP26)에서 합의될 전망이다. 우리나라를 포함한 파리협정 각 당사국은 2021년부터 협정의 본격 이행을 위한 국내 준비작업에 박차를 가하고 있다. 파리협정 협상과정을 담은 일지가 파리협정의 국내 이행을 담당하는 분들과 기후변화에 관한 국제협력과 협상 과정을 궁금해 하는 분들에게 도움이 되기를 기대해 본다.

차례

PART 2
파리 COP21 총회의 성공을 위한 준비과정

01 파리 합의문을 위한 협상의 길목 96

02 국제합의를 지키는 INDC 작성과 제출 109

03 방대한 협상문서를 줄여라! 134

PART 3
새로운 출발을 위한 파리협정

PART 4 녹색성장의 길을 찾아가다

PART

1

기후협상 무대 복귀

신기후체제 협상에 참여하다

신기후체제 출범의 시간: 파리협정의 채택

2015년 12월 11일(금) 새벽 5시 문안 합의 도
출을 위한 철야 협상이 종료되었다. 기후변화협약
제21차 당사국총회(COP21) 의장인 프랑스 Laurent
Fabius 외교장관은 12월 12일(토) 9시에 파리위원
회(Comité de Paris)를 열고 새로운 파리결과문안(the
draft Paris outcome)을 제시하겠다고 밝혔다. 12월
11일(금) 오후 늦게 파리위원회 개최 시간이 12월
12일 11시 30분으로 연기되었다는 공고가 있었다.

12월 12일(토) 아침 8시경에 모처럼 여유를 갖
고 식사를 하는데 박꽃님 사무관이 급하게 보고를
했다. 9시 30분에 COP21 의장국 대표와 환경건전
성그룹(EIG) 수석대표들간의 양자협의가 소집되었

다고 한다. 같은 숙소에 묵는 멕시코 수석대표와 함께 회의장 중심거리 샹젤리제를 뛰었다. COP21 의장국 대표는 최종 합의문안이 작성되었다고 하면서 EIG 회원국들의 레드라인(red line)이 무엇인지를 알려주면 합의문안에 포함되었는지를 알려주겠다고 했다. 필자는 시장메커니즘과 국가결정기여(NDC)의 국제법적 비구속성 반영 여부에 대해 문의했다. 의장국 대표는 모두 반영되었다고 한다. 우리 대표단 전체회의를 소집해서 내용을 설명하고 본부에 긴급 청훈 보고를 했다. 합의문의 최종 내용이 '선진국과 개도국의 명시적인 구분없이 각국이 자국의 역량과 여건에 따라 기후대응 행동을 강화시켜가고자 하는 우리의 기본 입장과 맥락을 같이 하고 세부 조항들도 우리 훈령 범위를 벗어나지 않음을 감안'하여 파리협정과 이에 수반된 결정문 채택을 지지할 예정이라고 보고하였다. 대표단의 건의에 대해 다른 의견이나 입장이 있으면 파리시간 12월 12일 16시(서울시간 24시)까지 입장을 달라고 했다.

12월 12일 11시 50분에 파리위원회가 소집되었다. Fabius 의장은 6개 유엔 공용어로 번역을 마친 파리협정과 결정문 최종문안이 13시 30분에 배포될 예정이라고 밝혔다. 회의에 참석한 반기문 유엔사무총장과 F. Hollande 대통령은 파리협정 채택을 위한 당사국들의 정치적 의지를 촉구했다. 13시 30분에 열린 전체회의에서는 각국 대표단에게 최종 문안을 담은 문서가 1부씩 배포되었다. 미국 대표는 최종 문안 제4조4항에 인쇄 실수(typo)가 있다는 발언이 있었고 니카라과 대표는 실수가 아니고 차별화 합의 반영이라고 주장했다. 의장은 관련국들과 협의해서 수정하겠다고 밝혔다.

15시 45분에 열릴 예정이던 파리위원회 회의가 번역작업의 지연으로 17시 30분으로 연기되었다는 공지가 있었다. 그렇지만 연기의 실질적 이유는 감축방식의 선·개도국 차별화에 관한 협정안 제4조4항 때문이었다. UNFCCC 사무국에서 13시 30분에 배포한 파리협정문안(FCCC/CP/2015/L.9) 제4조4항은 아래와 같았다.

Article4.4: Developed country Parties shall continue taking the lead by undertaking economy−wide absolute emission reduction targets. Developing country Parties should continue enhancing their mitigation efforts, (이하 생략)

12월 10일(목) 저녁 수석대표 철야 협상이 시작되기 직전이 21시 20분에 배포된 협상문서안 version 2의 해당 조항(Article 3.3)에는 "Developed country Parties should continue to take the lead.(이하 생략)"로 되어 있었다. 철야 협상에서 감축 방식에서도 차별화가 필요하며 진전원칙이 적용되어야 한다는 점이 강조되었지만 선진국의 우선적 조치 필요성에 법적 강제성을 부여하자는 의견은 부각되지 않았다. 다들 이 사안에 국제법적 강제성을 지닌 "shall"을 사용할 경우 미국의 파리협정 비준이 공화당이 다수인 상원에서 거부될 수 있다는 점을 이해하고 있었다. 그런데 협정 채택을 위한 전체회의 소집을 앞두고 배포된 최종 문안의 해당조항이 "shall"로 표기되어 있었던 것이다. 미국은 협상과정에 비추어 이를 문서작성 실수(a typo)라고 지적했지만 니카라과을 위시한 일부 개도국들은 선진국과 개도국간의 차별화를 위한 포괄적 합의의 하나라고 수정 거부 의사를 표명했다.

파리협정 채택 후 폐막식 행사에서의 반기문 유엔사무총장 연설장면

　　이들을 설득하기 위한 전방위 외교 노력이 시작되었다. 회의장에서는 프랑스 대통령과 유엔사무총장, 그리고 교황까지 수정을 반대하는 특정 국가 설득에 나섰다는 소문이 돌았다. 2009년 12월에 실패로 끝난 코펜하겐 기후총회(COP15)의 모습이 재현되는 게 아닌가 하는 우려도 있었다. 연기를 거듭하던 파리위원회 회의가 19시 16분에 개최되었다. Fabius 의장은 법률검토위원회 의장을 맡은 콜롬비아 대표에게 검토 보고를 요청하였다. 이어 사무국의 기술적 수정사항(technical corrections) 보고가 있었다. 필자 앞열에 앉아 있던 니카라과 대표가 발언권을 신청했다. 그러나 Fabius 의장은 이를 무시하고 파리위원회에 최종문안(FCCC/CP/2015/L.9/REV1)채택을 상정하였고 반대가 없으므로 이를 채택한다고 했다. 니카라과 대표는 명패를 치켜들면서 발언권을 요구했다. 이미 회의장을 꽉 메운 참석자들은 기립하여 환호성을 지르고 있었다. Fabius 장관은 떨리는 목소리로 COP21 총회를 재개하고 최종문안 채택을 상정한다고 선언했다. 그리고 곧바로 이의가 없으므로 파리협정과 관련 결정을 담은 최종문안을 컨센서스로 채택한다고

선언했다. 이때가 19시 29분이었다. 불과 10여 분만에 파리위원회 상정과 채택, COP21 총회 속개, 최종문안 상정과 채택이 이루어진 것이다. 본회의장은 열광의 도가니였고 니카라과 대표는 명패를 세워 둔 채로 멍하니 앉아 있었다.

회의장 분위기가 가라앉기를 기다렸다가 Fabius 의장은 G−77/중국을 대표한 남아공 대사에게 발언권을 주었다. 2011년 남아공 더반 개최 COP17에서 채택된 신기후체제 협상이 파리에서 마무리된 것이다. 남아공 대사는 만델라 대통령의 민주화를 위한 긴 여정을 상징적으로 나타내는 명구를 인용하였다. "It always seems impossible until it's done." 필자의 머릿속에는 지난 2014년 기후변화대사로 임명되어 지금의 시간에 이르는 과정이 주마등처럼 스쳐갔다.

기후변화대사로 임명되다

5년간의 해외 근무를 마치고 2014년 5월 17일 서울로 돌아왔다. post−2020 신기후체제 협상을 전담할 외교부 기후변화대사에 5월 16일 임명되었기 때문이다.

외교통상부 국제경제국장직을 마치고 2009년 3월 아프리카 최북단의 모로코왕국 주재 대사로 부임하였다. 주모로코 대사로 근무 중인 2011년 하반기에 서울로 들어오라는 제의가 있었으나 가정 형편상 받아들이지 못했다. 2012년 3월 프랑스 파리로 부임하여 주프랑스대사관과 주OECD 대표부에서 근무하였다. 10년 만에 다시 근무하게 된 주

OECD 대표부에서 개발협력, 기후변화와 환경 업무를 다시 접할 수 있어 기뻤다. 주OECD 대표부에서 근무한 지 2년차에 접어들던 2014년 초에 외교부 인사부서에서 근무하는 후배에게서 전화가 왔다. 기후변화 협상을 총괄하는 기후변화대사직이 조만간 공석이 될 예정이며 필자가 서울로 들어올 수 있다면 후보자 명단에 올리겠다고 했다. 외무고시 기수로 보면 1년 후배가 담당하던 자리였지만 신기후체제 협상에 참여하고 싶은 마음으로 본부 귀임을 원한다고 밝혔다.

그로부터 아무런 추가소식 없이 몇 주가 지났다. 2014년 3월 하순 제네바 국제회의 참석을 위해 파리를 경유하는 윤병세 장관이 필자에게 기후변화대사로 내정되었으니 귀임 준비를 하라는 이야기를 하였다. 외교부 인사과의 요청으로 임명과정에 필요한 각종 신원 및 재산 조회 문서를 제출하고 한 달이 지났다. 발령 절차가 진행되던 때에 비극적인 세월호 사건(4.16)이 발생하였다. 외교부 인사담당자는 세월호 사건으로 고위직 인사가 동결되어 언제 발령이 날지 모르니 준비를 하면서 기다리는 게 좋겠다는 연락을 해왔다.

발령대기 상태에서 EU가 주최한 기후변화비공식각료회의와 UAE가 주최한 2014년 유엔기후정상회의 준비회의에 기후변화대사 내정자로 참석하면서 본격적인 기후협상무대에 서게 되었다.

첫 협상 무대: EU 각료회의와 UAE 고위급회의

기후변화대사 내정자 자격으로 2014년 4월 30일 벨기에 브뤼셀소재 EU 본부에서 개최된 비공식 각료회의에 참석하였다. 4월 29일 오후

파리에 TGV열차를 이용하여 브뤼셀 숙소 The Hotel에 도착하니 외교
부 기후변화환경과에서 출장 나온 박꽃님 사무관이 미리 도착하여 회
의 자료를 갖고 기다리고 있었다. 필자보다 벨기에에 먼저 도착하기
위해 이스탄불을 경유하여 아침에 도착하는 항공일정을 택했다고 한
다. 박 사무관의 설명을 듣고 바로 EU의 Connie Hedegaard 기후변화
집행위원이 주최하는 업무만찬에 참석하였다. 만찬에 참석한 각료들과
협상대표들에게 한국의 새로운 기후변화대사라고 인사를 하였다. 만찬
에 참석한 대부분이 모르는 얼굴이었다. 조금 막막한 느낌이 들었다.
기후변화 협상무대를 떠난 지 5년이란 시간이 흘렀지만 그래도 아는
얼굴이 한둘은 있을 것으로 생각했다. 지정된 만찬 자리에 가니 옆자리
에는 벨기에 출신 IPCC 부의장이 앉아 있었다. 그는 IPCC 제5차 보고
서의 주요 내용을 참석자들에게 설명하기 위해 초청되었다고 했다. 필
자에게 명함과 소개 브로슈어를 주면서 2015년 하반기에 선출예정인
IPCC 의장직에 출마한다고 지지를 요청하였다. 기후변화대사에 임명
된 지 얼마 되지 않아 사정을 잘 모르지만 염두에 두겠다고 대답했다.

　　만찬이 진행되는 중에 아는 모습이 들어왔다. 모로코에서 함께
대사로 있던 멕시코 대사였다. 필자가 모로코를 이임한 후 그도 주
UNESCO대사로 발령받았고 2015년 COP21이 파리에서 개최되기에
기후변화대사를 겸한다고 설명을 했다. 필자도 최근에 기후변화대
사로 내정되었다고 하고 한국과 멕시코가 함께 환경건전성그룹
(EIG: Environment Integrity Group)이기에 서로 협조를 잘 하자고 했다.
EU 기후변화집행위원의 환영연설에 이어 벨기에 IPCC 부의장이 IPCC
제5차평가보고서의 요지를 설명하였다. 만찬 중에는 주로 EU회원국
기후변화담당장관들이 2013년 폴란드 바르샤바 기후변화 당사국총회

(COP19)에서 채택된 "의도된 국가결정기여"(INDC)를 당사국들이 2015년 3월까지 제출해야 할 중요성과 당위성을 설명하였다. OECD에서 기후변화문제를 계속 다루어 왔기에 용어가 낯설지 않게 들려 다행이라는 생각이 들었다.

4월 30일 아침 박꽃님 사무관과 함께 비공식 각료회의가 열리는 회의장으로 갔다. 박 사무관에게 필자가 준비한 발언문을 보여주면서 혹시 본부의 훈령과 다른 점이 있으면 지적해 달라고 했다. 첫 세션의 주제인 "2015 합의문에서의 감축"(Mitigation in the 2015 Agreement)과 3세션의 "이행수단"(Means of Implementation)이 중요할 것으로 보여 회의 참가를 준비하면서 발언문을 작성해 보았다. 2011년 남아공 더반개최 기후변화총회(COP17)에서 post-2020 기후체제는 모든 국가에 적용되는 것으로 합의하였다. 이에 따라 모든 국가는 "의도된 국가 결정기여"(INDC)라는 배낭을 준비하여 신기후체제 여행에 동참하여야 한다고 발언을 시작했다. INDC 배낭은 모든 국가가 자국의 역량과 여건을 고려하여 꾸려야 하며 지원이 필요할 경우 국제사회로부터 지원이 있어야 함을 강조했다. INDC에 포함될 요소는 감축, 적응, 이행수단이 될 수 있으며 이는 2014년 12월 예정인 페루 리마 총회(COP20)에서 합의되어야 한다고 했다. 아울러 각국이 제출한 INDC는 투명성, 비교 가능성, 예측 가능성에 대한 필요 정보를 담고 있어야 한다고 했다. 한국은 2015년 4월 말까지 INDC를 제출할 계획으로 준비를 시작하였으나 세월호라는 비극적 사고로 인해 예정된 내부 작업이 지연되고 있음을 설명했다.

post-2020 기후체제협상에 첫선을 보이는 자리이기에 발언문 작성에 신경을 썼다. 그간의 경험에 비추어 볼 때 수년간 협상을 같이 해야 하는 회의꾼들에게는 첫 발언에 그 내공이 묻어나기 때문이다. 사전 준비 덕분인지 첫 세션이 끝난 후 커피타임에 몇몇 대표들이 찾아와 인사를 나누었다. 그중에 가장 기억에 남는 분이 남태평양 마샬제도의 Tony deBrum 외교장관이었다. deBrum 장관은 마샬제도의 수산장관으로 한국을 여러 차례 방문하였고 노래방에서 한국 가요도 부를 수 있다고 했다. 2015년 12월 파리 COP21까지 협상무대에서 여러 차례 만나 많은 이야기도 나눴고 협상과정에 많은 조언도 주었는데 2017년 8월 작고 소식을 들었다.

첫 발언의 영어 발췌문

(중략) When we face global−scale problems such as climate change and loss of biodiversity, as a solution−seeking process, we often say, "Think globally, act locally." This means global solutions start from local actions. This kind of bottom−up approach has an important role to play in addressing climate change. We agreed at Durban that the post−2020 climate regime shall be applicable to all parties. If I compare this to a time−bound journey of climate change by the end of this century, every country should be ready to be on board with the tool−kit for journey. This tool−kit is called INDCs. Every country should prepare its tool−kit by 2015. In this process, we need a strong message from world leaders who are responsible for organizing the climate journey. The world leaders, when gathered at the upcoming UN climate summit in September, should state jointly the following message;

> − Every country shall be on board with its own INDC, no country
>   left behind,
> − Those who need assistance for the preparation of INDCs will
>   have it via means of implementation such as finance, technology
>   and capacity building.
>   The leaders' strong political commitment is a solid foundation
>   for collective action based on mutual trust and global
>   partnership. (이하 생략)

휴식시간 이후에 적응(adaptation), 이행수단(means of implementation)을 주제로 한 세션이 진행되었다. 이어 유엔사무총장 기후특사와 페루 대표가 다가오는 유엔기후정상회의와 리마 COP20 준비사항에 대한 발표로 회의가 끝났다. 2015 파리 COP21에 이르는 협상무대에서 핵심 역할을 하는 40여 개국의 대표들과 첫 인사를 나누는 기회였다.

벨기에 브뤼셀에서 회의를 마친 다음날인 5월 1일 파리로 돌아와서 5월 4일~5일간 UAE 아부다비에서 유엔기후정상회의 준비의 일환으로 개최되는 아부다비 고위급회의(Abu Dhabi Ascent)에 수석대표로 참석할 준비를 했다. 외교부 윤현수 기후변화환경과장이 아부다비 회의는 9월 유엔기후정상회의 준비과정의 일환이기에 반드시 참석해야 한다는 메시지를 전해 왔다. 회의 참가 지원을 위해 유엔대표부의 서상표 참사관과 본부 과의 실무자를 대표단에 포함시켰다고 했다. 5월 3일 저녁 늦게 아부다비 호텔에 도착하니 UAE주재 권해룡 대사가 마중 나와 있었다. 권 대사는 필자의 본부 국제경제국장 시절에 심의관으로 있었고 2009년 3월에 필자가 주모로코 대사로 나가면서 국장직

을 이어받은 인연이 있었다. 호텔 리셉션에서 체크인을 하려니 누가
벌써 체크인을 하고 열쇠를 받아갔다고 했다. 본부 실무자가 미리 체
크인을 하였을 것으로 생각하고 서 참사관이 휴대폰과 룸으로 연락을
해 보았으니 응대가 없다고 한다. 호텔 로비에서 권 대사와 차를 마시
면서 1시간 이상을 기다리는 데 그제야 실무자가 나타났다. 방에서 깜
빡 잠이 들어 전화를 받지 못했다고 한다.

　이튿날 회의장에 가서 반기문 유엔사무총장께 인사를 드렸더니
저녁에 권 대사가 주최하는 관저 만찬에서 만나자고 하였다. 식사 중
에 반 총장은 필자의 기후변화대사 내정을 축하하면서 한국이 협상과
정에 적극적 중간자 역할을 잘 해 주기를 바란다는 말씀을 하였다. 아
부다비 고위급회의는 정부, 기업, 시민사회 및 관련 국제기구 대표들이
모여 에너지, 교통, 도시, 생물다양성 등 주요 분야별로 9월 유엔기후
변화정상회의에서의 성과물을 준비하는 것이었다. 필자가 특별히 제시
해야 할 의견은 없었지만 대통령이 참석하는 9월 정상회의의 목적과
우선순위를 파악하는 데 도움이 되었다.

　아부다비 회의에서 중국의 시젠화 기후변화특사, 슈웨이 협상대
표를 만나 반갑게 인사를 나누었다. 이들은 필자의 기후협상 무대 복
귀를 진심으로 환영한다고 했다. 특히 슈웨이 대표는 2006~2010년간
교토의정서 의무준수위원회(Compliance Committee)에서 필자와 함께 활
동하여 알고 지내는 사이였다. 시젠화 특사는 협상 과정에 한·중 대표
들간의 긴밀한 협력 필요성을 이야기하였고 필자도 공감을 표했다. 중
국 대표들과 이때 나눈 이야기를 바탕으로 2014년 8월 제주에서 중국
과 기후변화정책협의회를 개최하였고 한−중 기후변화협력협정을 체

결하기로 의견을 모았다. 슈웨이 대표는 회의 세션에서 중국의 배출권
거래시장 도입계획에 대해 설명을 하였고 EU 및 민간 기업대표들이
많은 관심을 보였다. 5월 5일 늦은 밤 비행기를 타고 파리에 5월 6일
새벽에 도착했다. OECD각료이사회에 참석하기 위해 5월 6일 오후 늦
게 서울에서 도착하는 부총리를 공항에서 영접해야 하였기 때문이다.

기후변화대사 부임과 ADP 협상 회의 참가 준비

　세월호 사건으로 지연되었던 절차가 진행되어 2014년 5월 16일자
로 기후변화대사 발령이 났다. 기후변화협약 부속기구회의와 병행하여
2014년 6월 4일~15일간 독일 본(Bonn)에서 개최되는 더반플랫폼특별
작업반협상회의(ADP2-5) 준비작업에 들어갔다. 기후변화대사 업무를
보좌하는 직원으로 기후변화환경과의 박꽃님 사무관을 지정했다. 다른
추천직원도 있었지만 박 사무관의 업무 스타일이 다자협상에 더 맞을
것으로 생각했다. 2년 반의 기후변화대사직을 그만 둔 시점에서 돌이
켜 보았을 때도 잘한 선택이었다는 생각이 들었다.

　협상회의 참석을 위해 독일 Bonn으로 떠나기 전에 본부에서 입장
을 정해야 할 현안들이 있었다. 첫 번째가 우리나라의 INDC 제출 작성
계획과 제출 가능 시기였다. 협상회의 기간 중 양자회의에서 제기될 의
제였기 때문이다. 국무 조정실이 주관한 관계부처 고위급 TF(Task
Force)회의에서 늦어도 2015년 1/4분기까지 INDC작성을 완료한다는
일정계획에 대해 협의하였다. 당초 2014년 말까지 INDC를 작성하고
2015년 초에 마무리 작업을 한 후 주요국들의 제출 동향을 보아가며

제출시기를 정한다는 입장을 수립하였다고 한다. 그러나 세월호 사건으로 사전 준비 작업이 지연되고 있었다.

그리고 INDC에 포함될 2030감축목표 수립을 위한 작업에 과거 우리가 수립한 목표를 어떻게 반영할 것인지에 대한 관계 부처간의 공통된 인식이 없었다. 둘째는 우리의 온실가스 감축정책수단의 도입 및 시행시기였다. 이명박 정부는 2009년 12월 코펜하겐 기후변화당사국총회(COP15)를 앞두고 2020년까지 배출전망치(BAU)대비 온실가스 배출 30% 감축을 약속하고 녹색성장기본법을 제정하였다. 아울러 정부는 온실가스배출권거래제도와 저탄소차협력금제(Bonus – Malus)를 온실가스 감축목표 달성을 위한 정책수단으로 도입하기로 하였다. 배출권 거래시장은 2015년 1월 출범할 예정이었다. 저탄소차 협력금제도는 당초 2013년 7월부터 도입 예정이었으나 미국과의 통상마찰을 우려하여 2015년 1월로 시행시기를 연기하였다. 그리고 온실가스 감축을 위한 입법 취지와 미국과의 통상마찰 우려 등을 종합적으로 고려하여 우선 전기차와 같은 저탄소차에 보조금을 지원하고 배출량이 높은 차량에 대한 부과금은 일정기간 유예하여 시행하는 것으로 의견이 모아진 상태였다.

INDC 제출시기와 의욕성(ambition)에 대해서는 현재 상황 설명과 함께 작성 작업이 진행 중이라는 선에서 대응키로 했다. INDC 제출시기와 국내 온실가스 감축 정책의 이행 방향에 대한 입장정립은 협상 기간 중 주요 국가들과 가질 양자 협의를 위해 반드시 필요했다. 가끔 협의 의제에 대한 분명한 우리 입장을 갖지 않고 양자 대화를 하는 경우가 발생하지만 이는 가급적 피해야 한다. 이런 일이 되풀이될 경우 우리 대표단에 대한 좋지 않은 평가가 순식간에 퍼지게 되기 때문이다. ADP의 2개 핵심의제인 2015 합의문 작성과 pre-2020 감축의욕 상향에 대한 입장은 관계부처 대책회의를 통해 기존 입장을 확인한 후 독일 Bonn으로 출발했다.

더반플랫폼 특별작업반회의(ADP2-5)

▌회의 진행 방식과 협상 그룹 회의

ADP(Ad hoc Working Group on the Durban Platform for Enhanced Action)는 '행동강화를 위한 더반플랫폼에 관한 특별작업반'으로 2011년 12월 남아공 더반에서 개최된 제17차 당사국 총회(COP17)에서 설립되었다. 2012년 5월 독일 Bonn에서 ADP 제1기 1차 회의(ADP1-1)가, 2012년 11월 카타르 도하에서 제1기 2차 회의가 개최되어 ADP 공동의 장단 구성과 2개의 작업주제(workstream)를 확정하였다. 이를 근거로 당사국들은 2013년 3월까지 2개 작업주제-2015합의문 작성과 pre-2020 감축의욕 상향-에 대한 각 협상그룹 내지 국별 제안서를 제출하였고 2014년 3월까지 4차례의 ADP 회의(ADP2-1~4)를 가졌다. ADP 공동의장단은 회의개최 3~4주 전에 회의조직과 운영방향에 대해 설명하는 시나리오 문서(scenario note)와 지난번 협상회의의 진전사항을 바탕으로 작성한 숙고문서(reflections)를 비공식 서한(informal note) 형태로 회람하여 협상 참가자들의 이해를 도왔다. 이 비공식 서한은 필자와 같이 협상 중간에 참여하는 협상 대표들에게 매우 유용하였다.

ADP 회의는 공식 개막되기 하루 이틀 전부터 협상그룹별 회의,

협상그룹과 2개 부속기구/ADP 공동의장간의 사전 협의회가 개최되어 회의 진행 방향과 각 협상그룹별 중점사안 등에 대해 의견을 교환한다. 기후변화협상무대에는 어느 국제회의보다 많은 협상그룹이 있다. 우선 기후변화협약에 근거하여 부속서(Annex) I, II 그룹과 비부속서(non-Annex) 그룹으로 나누어지고 협약하의 선출기구 위원 배정은 유엔의 지역별 그룹분류에 따른다. 그리고 정치적·경제적 이해관계와 외교적 고려에 따라 구성된 여러 협상그룹들이 있다. 개도국들과 중국의 모임인 G-77, EU 그룹, OECD 회원국 중에 EU를 제외한 국가들이 주축을 이룬 Umbrella 그룹, 그리고 2000년에 스위스, 한국, 멕시코가 주축이 되어 출범한 환경건전성(EIG) 그룹, 군소 도서국가들의 모임인 AOSIS 그룹 등이 대표적이다. G-77/중국은 Africa, Arab, SIDS(Small Islands Developing States), GRULAC(Group of Latin America and the Caribbean)와 같은 소지역별 그룹과 협상 이해관계에 따라 이루어진 BASIC(Brazil, South Africa, India, China), LMDC(Like-minded Developing countries) 등으로 세분화되며 별도 모임을 가진다.

EIG 그룹은 한국, 멕시코, 스위스, 모나코, 리히텐스타인으로 구성되었다. ADP 협상과정에 이스라엘과 터키가 참여를 희망하였으나 그룹 국가들간의 합의 부재로 5개국만으로 2015년 12월 COP21까지 활동을 계속하였다. EIG 그룹은 통상 회기가 시작되기 1~2일 전에 모여 회기 중에 제출할 공동 제안서 합의, 회의별 개막일 대표연설자 선정, 의장단과의 사전협의 대책, 주요 의제별 입장 교환 등을 논의했다. ADP2-5 회의가 개막하기 이틀 전인 6월 2일 EIG 그룹은 회의를 가졌다. 스위스, 멕시코, 모나코, 리히텐슈타인 대표들과 인사를 나눈 필자는 기후협상회의에 다시 돌아와 기쁘지만 무거운 책임감을 느낀다고 하면서 파리 COP21의 성공을 위해 함께 노력할 것을 당부했다. EIG 그룹은 그간 이메일 교환 등을 통해 작성한 작업주제 1(2015 합의문)에 관한 공동 제안서를 작성하는 데 많은 시간을 할애하였다. 돌이켜 볼 때 EIG 그룹이 파리합의문 요소 전 분야에 걸쳐 공동 제안서를 제출할 것이 이때가 처음이자 마지막이었다. 그 이후 적응, 이행수단 등 일부 분야에서는 EIG 공동 제안서를 제출했으나 모든 분야를 포괄하는 공동 제안서는 합의 부재로 더 이상 제출하지 못했다.

2014년 6월 EIG 그룹명의로 제출된 공동 제안서는 일반, 감축, 적응, 이행수단(재원, 기술이전, 능력형성)으로 나누어 구성되었으며 각 장별로 2015 합의문에 반영이 되는 것이 바람직한 할 요소들을 망라하고 있다. 당시 EIG 그룹이 이러한 포괄적인 입장을 제출한 이유는 협상 과정에 중간자 역할을 강화해 나가려는 의도 때문이었다.

2014년 6월 2015 합의문요소에 관한 EIG 공동 제안서 주요내용

1) 일반 입장(general remarks)

- 파리 COP21 결과는 기후변화협약 원칙을(형평성, 공동의 그러나 차별적인 책임과 각자의 능력) 존중하는 법적 구속성을 가진 수단(a legally binding instrument: LBI)이어야 한다.
- LBI는 2015 합의문, 당사국총회 결정, 당사국의 NDCs를 포함하여야 한다.
- 이를 위해 리마 COP20에서 LBI 협상문안 요소들, INDCs의 명확성, 투명성, 이해도를 높이는 정보에 대해 합의할 필요가 있다.

2) 감축분야

- INDC의 명확성, 투명성, 이해도를 높이기 위한 정보 제공

- 감축 유형, 기간, 준거치(기준연도 또는 시작 종료기간)
- 온실가스의 종류와 포함분야, IPCC 지침준용 여부
- 토지 분야와 국제이전거래(international transfer)에 대한 회계 방식(시장 및 비시장 메커니즘 포함)
- 제반 가정(assumptions)사항과 다른 관련 정보
- 모든 당사국에 적용될 규범 체제(rule-based system)
  - 기여(contributions)의 핵심 특성과 관련한 사항으로 수량화가 가능하여야 하고(quantifiable), 종료시점이 같아야 하며 국내정책과 법규에 의해 이행이 보장되어야 함.
  - 모든 국가에 적용가능한 회계 규칙으로 측정(Measurement), 보고(Reporting), 검증(Verification)을 적용하나 국별 여건과 역량, 감축유형 등을 감안하여 차별화되어야 함.
  - 배출전망치(BAU), 집약도(intensity)목표와 같은 감축방식에 대한 핵심 지침 등
- 모든 국가에 적용할 보고(Reporting)규범
- 이행 검토: 모든 국가가 검증과 의무준수 절차에 참여
- 당사국이 제출한 INDC를 2015 합의문에 안착시킬 수 있는 국제적 절차

3) 적응(adaptation)분야

- 모든 국가가 적응계획과 전략을 개발 이행하여야 함.
- 모든 국가가 역량개발, 지식 및 최선 관행과 경험 공유 협력
- 적응 결과 관찰 및 평가를 통한 결과 지향 접근 강화
- 기상이변 대응 메커니즘 구축 및 강화 등

4) 이행 수단(Means of Implementation: MOI)

- 일반 조항: 이행수단에 대한 공약과 공여 명확화, 투명성 규정
- 이행수단의 항목별 포함 요소
  - 재원: GCF를 포함한 재정 메커니즘 지정, 공공 및 민간재원 증액 지원

과 공공 재원의 주도적 역할 명시
- 기술개발과 이전: 기술의 개발, 도입, 확산 및 이전 증진 규정
- 역량 배양: 감축, 적응 이행 및 재원, 기술의 효과적 이용을 위한 역량
  배양 필요성 강조

EIG 회원국들은 공동 제안서에 따라 입장을 취하지만 협상장에서는 각국이 재량권을 갖기로 양해하였다. 또한 EIG 그룹은 매일 회의 시작 1시간전에 그룹회의를 갖고 전날의 각 분야별 회의 결과를 공유하고 그 날의 회의 의제에 대한 입장을 교환하였다. 특히 EIG 공동 입장이 필요할 경우 분야별 협상 담당자들이 의견을 모아 유연하게 대처키로 하였다.

▌기후변화 고위급회의와 대외직명표기문제

기후변화협약 부속기구 제40차회의(SB40) 및 ADP2-5 협상회의가 진행중인 가운데 2014년 6월 5일~6일간 2개의 각료급회의가 열렸다. 6월 5일에는 "교토의정서에 관한 고위급 원탁회의"(High-level roundtable on the Kyoto Protocol)가, 6월 6일에는 "더반플랫폼에 관한 고위각료급회의"(High-level ministerial dialogue on the Durban Platform for Enhanced Action)가 각각 개최되었다. 필자는 더반 플랫폼에 관한 고위 각료급회의에 발언을 신청해 두고 6월 5일에는 주요 국가 대표들과 양자 회담을 가졌다. 6월 6일 고위 각료급회의 발언자 순서가 나왔는데 한참 후순위였다. 회의장에서 과거 교토의정서 의무준수 위원회 위원활동으로 알게 된 UNFCCC 사무국 직원을 만나 발언자 순서가 어떻게 결정되는지를 문의하였다. 해당 직원은 통상 국가원수(King 또는 Queen, President), 총리(Prime Minister), 각료(Minister, Vice/Deputy minister), 청장

(Head of agencies), 대사, 고위급 공무원 순으로 발언 순서가 결정되며 동일 직급의 경우 신청순서 내지 국가명 알파벳 순으로 정한다고 한다. 그래서 필자가 각료급(deputy minister)에 해당되며 순서를 앞당길 수 있는지를 문의하니 대표단 등록시 직위를 그렇게 명기하면 된다고 한다. 신기후체제협상 과정에 많은 협상 수석대표들이 국내 직급에 관계없이 대사(ambassador) 직명을 활용하고 있었다. 우리 대표단에 포함된 외교부 직원에게 사무국에 필자의 직위(deputy minister and ambassador for climate change)변경을 요청하라고 했더니 이번 회의에는 이미 늦었고 다음 회의부터 그렇게 등록하겠다고 한다.

각료급회의 발언시간이 5분이라 A—4 용지 3장 분량의 발언문을 준비했다. 우리의 INDC 준비현황을 설명한 후 INDC에 포함되어야 할 사항, 명확성과 투명성과 이해도를 높이기 위해 제공되어야 할 정보의 종류 등을 제안했다. 그리고 pre—2020 감축의욕 제고와 관련하여 한국은 온실가스 배출권거래제와 저탄소차협력금 제도를 도입할 예정으로 준비 중에 있다고 설명하였다. 고위급회의와 협상회의 때 다수의 대표들이 노트북을 이용하여 발언을 하였는데 일부 대표의 경우 발언 도중에 노트북이 꺼져버려 당황해 하는 해프닝이 있었다. 이를 보면서 협상그룹 대표 발언이나 고위급 회의 기조 연설 세션에는 사전에 발언문을 출력해 두는 게 좋겠다는 생각을 했다.

국내로 돌아와서 외교부 근무 경험을 가진 행정자치부 동료에게 deputy minister 영문 명칭 사용 가능 직위에 대해 문의했다. 그 동료는 1급 직위 보직자들의 국내 보직 명칭이 다양하여 모두 실장이나 차관보로 사용하기 어렵지만 영어로 표현할 때는 모두 deputy minister

로 표기할 수 있다고 했다. 이 문제를 당시 외교부 조태열 2차관과 상의를 했다. 조 차관은 간부회의에서 논의한 적이 있다고 하면서 자신은 deputy minister 명칭 사용에 긍정적이나 1급 간부 일부가 1급 직위 대사 보직자들의 deputy minister 명칭 사용을 반대하고 있다고 했다. 당시 옆 사무실에 있던 재외동포영사대사는 자기도 그런 이야기를 들은 적이 있지만 외국 인사들과 회의나 협의를 할 때 편의상 deputy minister 직위를 사용한다고 했다. 그리고 필자의 전임자도 그렇게 했다고 덧붙였다. 그래서 명칭 사용 문제를 더 이상 거론하지 않고 고위급 내지 각료급 협상회의를 할 때만 deputy minister & ambassador로 병기된 직위로 등록하도록 했다.

2015년 7월 9일~11일간 크로아티아 두브로보니크에서 개최된 Croatia Forum 2015에 한국대표로 참석하면서 deputy minister라는 명칭을 사용했다. 당시 포럼참석은 우리가 UNESCO 세계유산위원회 부의장국인 크로아티아에 한 약속의 이행 차원이었다. 장·차관 등 간부들의 일정이 여의치 않자 오영주 개발협력국장이 장관에게 개발협력 분야 근무경력을 지닌 필자를 파견할 것을 건의한 것이다. 당시 윤병세 장관이 크로아티아 외교장관에게 각료급 인사의 참석을 약속하였기에 담당과에서는 필자의 직책을 글로벌이슈/기후변화담당 조정관(deputy minister)으로 표기한 명함을 만들어 주었다. 돌이켜 보면 별 가치가 없는 일에 신경을 쓰던 시간이지만 직위의 영문표기를 둘러싼 내부의 불협화음을 보게 된 것이 쓸쓸한 기억으로 남아 있다.

▌기후협상 동료들과의 인사: 반가운 재회와 아쉬운 작별

기후협약 부속기구와 ADP 회의가 수요일인 6월 4일에 시작되어

일요일인 6월 15일에 끝나는 것이 이상하게 생각되었다. 필자가 기후변화협상에 참여하였던 1990년대와 2000년대에는 대개 협상이 월요일에 시작되어 2주차 금요일에 종료되었다. 물론 주요 결과물 채택을 위해서 회의가 일요일까지 연장되는 경우도 있었다. 대표단 회의에서 질문을 던졌더니 고려대학교 이재형 교수가 관련결정문을 찾아왔다. 2011년 남아공 더반 개최 COP17에서 회의기간 변경결정이 있었다. 이에 따라 2014년~16년간은 주말 없이 수요일에 회의를 시작하여 다음 주 일요일에 끝나는 10 working days 방식으로 회의를 하며 이번 회의가 첫 적용 사례라고 하였다.

2014년 6월 부속기구와 ADP 회의는 기후변화대사로서 처음 참가하는 공식회의인 만큼 많은 대표들을 만나는 데 시간을 할애했다. 미국의 국무부 소속 기후협상대표로 오래 활동해 온 Trigg Talley가 반갑게 축하인사를 하면서 bad timing에 돌아왔다고 한다. 많은 대표들이 협상 무대에서 하차하고 싶어 하는 시점에 필자가 탑승했다고 하면서 함께 파리까지 가자고 한다. 2000년대 초반부터 알고 지냈던 사우디 대표 Khalid는 만면에 미소를 지으면서 좋은 시절은 다 지났고 이제부터 본격적인 협상에 들어가는 때라고 은근히 겁을 준다. 싱가포르 대표단과 양자 면담을 가졌다. 지금까지 협상 수석대표를 맡아왔던 Burhan Gafoor 대사가 주호주대사로 부임하고 주제네바대사를 지낸 Kwok Fook Seng 대사가 협상을 총괄한다고 하면서 동병상련의 맘을 표한다. Kwok 대사는 제네바 대표부 근무시절인 2013년 하반기에 기후변화 협상대표로 내정되어 2013년 12월 바르샤바 COP19, 2014년 3월 Bonn ADP2-4 회의에 대표단 자문으로 참가하여 협상 준비를 하였다고 한다. 역시 외교의 선진국답게 싱가포르는 후임자에게 충분히

현장 감각을 익힐 시간을 준다는 생각에 부러움이 느껴졌다. 파리협정
이 타결되고 수개월이 지난 2016년 여름 Kwok 대사는 싱가포르 외교
부내 기후협상대사직 폐지에 따라 전임 대표였던 Gafoor 대사의 후임
으로 주호주대사로 부임하고 Gafoor 대사는 주 유엔대사로 전보되었
다는 소식을 들었다.

호주와의 양자 협상시에는 Umbrella 그룹의 대변인 역할을 하던
Justin LEE 기후변화대사 역시 자신은 인도네시아로 부임하게 되었고
차기 협상회의부터는 주제네바 대사를 지낸 Peter Woolcott가 환경대
사로 임명되어 협상을 총괄한다고 하면서 후임자를 소개한다. 일본 외
교부 소속 협상대표도 자신이 유엔대표부 차석으로 부임 예정이며 한
국 근무 경험이 있는 심의관급 외교관이 기후협상대표를 담당할 것이
라고 한다. 이들의 모습에 기후협상무대를 떠나는 아쉬움보다는 후련
해하는 모습이 보였다. 회의장 커피숍에서 만난 UNFCCC사무국의 지
인들은 지금까지는 협상을 위한 warming-up 기간이었고 금번 회의
부터 협상문안을 본격적으로 작성하는 contact group이 운영될 것이라
고 한다. 아침 8시에 시작해서 끝나는 시간이 정해지지 않은 협상회의
가 시작되는 그 타이밍에 필자는 협상무대에 복귀한 것이다.

▌ 네트워킹을 위한 부대 행사들

통상 협상회의 기간중 점심 또는 저녁 시간에 부대행사들이 많이
개최된다. 기후변화와 지속발전분야에 활동하는 국제기구와 연구소들
은 협상대표들을 초청하여 부대행사를 개최하는데 참석규모에 따라 프
로젝트의 성패가 좌우된다. 6월 8일(일) 저녁 6시 The New Climate
Economy 프로젝트 발주국 대표들이 참석하는 중간 발표회가 독일 환

경부 회의실에서 개최되었다. 노르웨이, 스웨덴, 한국, 인도네시아 등 4개국 협상대표와 용역 수행 전문가들이 참여하였다. 참석자들은 사업의 파급 영향력을 제고하기 위해서 2014년 9월 유엔기후정상회의에 맞추어 보고서가 발표되어야 한다는 입장에 공감하였다. 6월 15일(일) 오전에 132개국이 참여하는 G-77/중국 설립 50주년 축하모임이 있었다. EIG 그룹회의를 하다가 축하모임에 참가하여 한국도 한때 G-77의 일원으로 활동했던 좋은 기억을 갖고 있다고 인사를 했다. 6월 부속기구 및 ADP회의가 막을 내리는 날이어서 그런지 모든 참석자가 긴장을 풀고 여유를 즐기는 시간이었다. 게다가 수년간 회의 장소로 이용되던 Maritim Hotel에서의 마지막 회의여서 많은 참석자들은 아쉬움과 함께 새로이 완공된 UN conference center에 대한 기대감으로 축배를 들었다.

글로벌 녹색성장기구(GGGI)와 라스무센 총리와의 인연

기후변화대사로 맡게 된 역할 중의 하나가 글로벌녹색성장기구 (GGGI) 이사회에 한국대표로 참가하는 것이었다. 외교부 내에서 GGGI 업무를 누가 관장하는가를 두고 경제외교조정관과 기후변화대사간에 신경전이 있었다는 이야기를 들었다. 당시 안총기 경제외교조정관은 필자와 서울대 불문과 동기였고 담당 업무를 두고 서로 다툴 사이가 아니었다. GGGI의 재정 위기 상황을 두고 여러 이야기 나오고 있어 누군가가 책임감을 갖고 해결할 필요가 있었다. GGGI 사무총장을 맡고 있던 Yvo de Boer는 2006년~10년간 유엔기후변화협약 사무총장을 역임하였고 필자와는 기후협상회의 및 OECD 환경회의 등을 통해

서로 안면이 있는 사이였다. 2014년 5월 하순 GGGI에 파견 나가 있던 김효은 대외관계국장과 함께 만나 재정위기가 초래된 이유와 극복방안 등에 대해 의견을 나눴다. Yvo de Boer 사무총장은 한국정부로부터 500만 달러의 긴급 수혈이 없다면 조만간 직원들에게 봉급 줄 여력도 없다면서 지원을 요청하였다. 필자는 고정비용이 많이 들어가는 해외 사무소와 방만한 인력 정리를 전제 조건으로 제시하고 6월 이사회에서 돌파구를 마련키로 하였다.

덴마크 총리 출신인 라스무센(Lars L. Rasmussen) 의장의 주재로 2014년 6월 19일 이사회가 서울 GGGI 사무국에서 개최되었고 필자는 런던 사무소 폐쇄 내지 축소, 연구인력의 GGGI 본부 근무, 해외주재 인력의 타당성 평가 등을 제시하여 이를 이사회 결정에 반영하였다. 그리고 예산당국에 요청하여 하반기에 출연 예정이던 500만 달러를 앞 당겨 GGGI에 송금토록 협조하였다. GGGI의 방만한 예산 운영에 기 여금 납부를 주저하던 영국, 호주 대표도 이사회 결과를 평가하고 하 반기 납부를 약속하였다.

인천 송도의 GGGI 사무실에서 가진 이틀째 이사회 말미에 라스 무센 의장은 덴마크 정계로 복귀하기 위해 GGGI 이사회 의장직을 사 퇴한다는 의사를 밝혔다. 필자에게는 당황스런 시간이었다. GGGI 소 재지 국가 대표로서 당연히 뭔가를 이야기해야 하는데 사전에 전혀 언 질을 받지 못했다. 담당과에서는 이미 알고 있었다고 했으나 이사회에 참석하는 필자에게 한마디 보고도 없었다. 현장에 바로 임기응변으로 대처해야 하는 상황이었다. 라스무센 의장의 사임 발언이 끝난 후 필 자는 발언권을 신청하여 아래와 요지로 이야기했다. "라스무센 의장의

사임은 GGGI에 큰 손실이지만 다른 목표를 위해 떠나는 라스무센 의
장에 행운이 함께 하기를 빈다. 다음에 한국을 방문할 때는 덴마크 총
리로서 공식 방문하기를 기대한다"

　　GGGI 이사회의장으로 항공기 1등석과 호텔 스위트룸 이용, 법인
카드 사용 등으로 인해 덴마크 언론과 국민들로부터 호된 비판을 받았
던 라스무센 의장은 2015년 6월 18일 총선에서 우파연합의 승리로 다
시 총리직에 선출되었다. 덴마크 국민들은 GGGI의 잘못된 관행을 타
파하기 위하여 투명성을 높이고 엄격한 북유럽식 윤리기준을 GGGI에
도입하였다는 라스무센 총리의 설명을 수용한 것이었다. 좌우 정파를
아우르는 그의 협상력과 포용력이 총리 재선으로 연결되었다는 평도
함께 있었다. 라스무센 총리는 GGGI 이사회의장을 그만둔 지 2년 반
이 지난 2016년 10월 23일~25일간 한국을 공식 방문하였다. 필자는
주덴마크 대사 내정자(ambassador designate)로 공항에 나가 라스무센
총리 내외의 공식방문을 환영하였다. 비행기에서 내려 공항 입국장으
로 함께 걸어오면서 총리에게 GGGI 이사회의장직을 그만둘 때 고별
인사 이야기를 하자 총리는 "Dreams come true"라고 화답했다. GGGI
에서의 짧은 인연이 길게 이어지는 날이 된 것이다.

프랑스 파리에서 열린 주요경제국포럼(MEF)회의

　　미국 정부가 주도하는 제19차 기후변화와 에너지에 관한 주요 경
제국 포럼(MEF: Major Economies Forum on Energy and Climate)회의가
2014년 7월 11일~12일간 파리15구에 위치한 외교부 회의실에서 프랑

스 Laurent Fabius 외교장관과 미국 NSC Caroline Atkinson 부보좌관 (Deputy Advisor)의 공동 주재로 개최되었다. 파리에 도착하기 전에 주미 대사관으로부터 연락을 받고 NSC 부보좌관과 7월 11일 Novotel 1층에 있는 La Seine 레스토랑에서 조찬 만남을 가졌다. Caroline 부보좌관은 필자에게 협상대표 수임을 축하하고 현안 사항으로 두 가지를 이야기했다. 첫째 안건은 저탄소차협력금제도 도입에 대한 미국의 우려 사항이었고 두 번째는 오존층 파괴물질규제에 관한 몬트리올의정서 회의에서 논의되고 있는 HFC 철폐일정에 대해 한국이 전향적 입장을 취해 주기를 요청하는 내용이었다. 필자는 저탄소차협력금 제도는 본격 시행에 앞서 해당 부서에서 미국과 충분한 협의를 가질 것으로 보며 HFC 철폐 논의에 관한 사항을 파악하지 못하고 있다고 했다. 이에 대한 미국의 입장을 본부에 잘 전달토록 하겠다고 했다. 그 날 이후 미국은 여러 차례 몬트리올의정서 회의에서 한국이 일부 중동국가들과 함께 HFC 철폐일정 작성에 계속 반대하고 있다고 불만을 제기하였다.

프랑스 외교장관의 주재로 시작된 7월 11일 MEF 회의는 기후협상의 난제로 알려진 ① 재원(finance), ② INDC 제출과 국제협의 시기, ③ 기후 행동과 지원의 투명성·책임성·모니터링과 관련한 규칙과 회계 표준 등 3가지 사항을 다루었다. MEF 17개 회원국과 옵저버 국가 대표들이 돌아가면서 의견을 피력하는 Tour de table 방식으로 첫 세션이 진행되었다. 필자는 첫 세션 발언을 프랑스어로 시작했다. 드골 대통령의 "258개의 다양한 치즈를 가진 국가를 어떻게 다스리겠느냐"(Comment pouvez-vous gouverner un pays où il exite 258 variétée de fromage?)는 말을 인용하였다. 관용과 다양성의 존중(la tolérance et le respect de diversité)이 지금의 프랑스를 만든 핵심 원칙이었다고 평가하고 이 원칙을 지키는 프랑스의 리더십이 2015년 12월 파리에서 열릴 COP21의 성공을 가져다줄 것으로 확신한다고 했다. Fabius 장관이 발언하는 필자를 주시하는 모습이 느껴졌다.

그날 저녁 프랑스 외교부가 보유한 파리 외곽 샤토(chateau)에서 참가국 수석대표들을 위한 만찬이 Fabius 장관 주최로 열렸다. 환영 칵테일 후 만찬 테이블을 찾는데 필자가 배치되었을 만한 테이블에 이름표가 없었다. 어디에 있나 하고 찾는데 프랑스 준비 요원이 Fabius 장관 주재 테이블에 마침 결원이 생겨서 필자를 그곳에 배치했다고 설명했다. 그 테이블에 배정된 인사를 보니 COP20 의장인 페루 환경장관, 미국 Todd Stern 기후특사, 중국의 시젠화 특사, 인도 환경장관, Figures UNFCCC 사무총장 등이었다. 프랑스어를 한 덕분에 그 자리에 앉았고 그 후부터 Fabius 장관과는 좋은 관계를 유지하면서 COP21에 이르기까지 알게 모르게 도움을 받은 것 같다는 느낌이 들었다. 다자 외교무대에서의 프랑스어의 중요성을 일깨운 시간이었다.

피터스버그(Petersburg) 기후대화와 메르켈 총리

파리에서 주요 경제국포럼(MEF)회의를 마치고 필자는 다른 참석자들과 함께 독일과 COP20 주최국 페루가 공동 주관하는 Petersburg 제5차 기후대화회의(7월 13일~15일) 참석을 위해 베를린으로 이동했다. Petersburg 기후대화 설립배경은 2009년 12월 코펜하겐 COP15의 합의문 도출 실패와 깊은 관련이 있다. 미국과 중국에 휘둘린 EU의 기후외교력에 실망한 독일 메르켈 총리는 선진국과 개도국, 지역별 고려를

통해 선정한 40여 개국의 기후환경장관들이 참여하는 고위급 대화의
설립을 선언하였다. 그리고 제1차 회의를 2010년 5월 2일~4일간
Bonn 인근 Petersburg 성에서 2010년 COP16 개최국인 멕시코와 공동
으로 개최하였다. 이후 독일 정부는 매년 상반기에 장관급 Petersburg
Climate Dialogue를 해당연도 기후변화총회(COP) 개최국과 공동으로
주최하여 왔다.

독일 Barbara Hendricks 환경장관과 페루 Manuel Pulgar—Vidal
환경장관 공동명의 초청장이 우리 환경부 장관에게 전달되었다. 이 초
청장을 보고한 Bonn 분관 환경관이 장관급만이 참석할 수 있다는 점을
강조하였기에 필자의 출장 계획에 포함하지 않았다. 회의 일자가 얼마
남지 않은 시점에 환경부 장관이 갈 수 없다고 하였고 독일 측에서 기
후변화대사가 참석해 주었으면 한다는 보고가 있었다. 파리개최 MEF
회의에 연이어 베를린에서 열리기에 참석을 수락하였다. 개회식 전날인
2014년 7월 13일(일) 저녁에는 독일 환경부장관의 초청으로 참석자들이
월드컵 축구결승을 시청하면서 친교를 나누는 시간이 있었다.

다음날 아침 "Addressing the urgency: stepping up our con—
tributions"를 주제로 한 2014 Petersburg Climate Dialogue Ⅴ 개회식
에서 독일과 페루의 환경장관이 간략한 개막 연설을 하였다. 그리고
바로 2015 기후합의문의 특성에 관한 논의 세션을 가졌다. 오찬 이후
열린 기조연설시간에 메르켈 총리와 COP20 개최국인 페루 Humala
대통령이 개막연설을 하면서 의욕적인 INDC의 차질 없는 제출과 선진
국과 개도국간의 상호신뢰를 위한 녹색기후기금(GCF)의 조기 조성 필
요성을 강조했다. 특히 독일 메르켈 총리는 GCF 초기재원 출연규모를

7억 5천만 유로로 발표하여 참석자들의 갈채를 받았고 100억 달러 기금 조성의 시발점을 제공했다. 참석 대표들은 2015 파리합의문의 특성, 참가국들의 INDC 준비상황 공유, 9월 유엔기후정상회의 기대성과, COP20에서의 합의문 초안 작성 진전 필요성 등에 대한 의견을 교환하였다. Petersburg 회의에 초청받은 멕시코 Calderon 전대통령은 "The New Climate Economy"보고서의 내용을 소개하였다.

필자는 수석대표들이 Tour de table로 발언하는 첫 세션에서 통상 알파벳 순으로 배치되는 참가국들의 좌석 배치가 그렇지 못한 것에 대한 불만을 간접적으로 나타내면서 발언을 시작했다. 우리 대표단이 새로운 이웃으로 남아공(South Africa)과 수단(Sudan)을 두게 되어 기쁘다고 하면서 그 이유를 파악하는 과정에 "외교는 상상력의 예술"(Diplomacy is the art of imagination)이라는 것을 실감했다고 하였다. 대각선으로 앉아 있던 독일 대표가 웃으면서 고개를 끄덕였다. 필자는 2015 합의문의 특성을 다자 외교의 역량으로 설정해 나가야 한다는 뜻을 밝혔다. 싱가포르 환경장관은 필자의 발언을 인용하면서 자신은 외과 의사 출신으로서의 상상력을 통해 2015 합의문의 특성을 해부학적으로 풀어보겠다고 하였다. 수석 대표들간의 서로 주고받는 Tour de table 방식이 회의 진행을 매끄럽게 해 주었다. 또 회의에 참석한 각 수석대표의 사안에 대한 숙지도를 외부로 표출시키는 방안이기도 했다. 쓰인 발언문을 낭독하는 것만으로는 회의 진행에 기여할 수 없음을 깨닫는 시간이었다.

첫날 회의 후에 수석대표들을 위한 만찬은 독일 외교부 국제클럽(International Club)에서 독일 외교장관과 페루 외교장관의 공동 주최로

개최되었다. 만찬에서 필자는 마샬제도 외교장관, 탄자니아, 수단의 환
경장관들과 함께 테이블을 배치받아 친교를 쌓는 기회를 가졌다. 만찬
후에 폭우가 쏟아지는 바람에 호텔로 돌아오는 교통편을 구하지 못해
빗속에 한참 기다려 택시를 타야 했던 기억이 새삼스럽다.

Lima 총회를 앞두고 우리 입장을
되돌아보다

하계휴가: 협상 역량 강화를 위한 시간

다자협상을 주관하는 국제기구는 통상 7월 중순부터 8월 중순까지 하계휴가에 들어간다. 이 기간 중에는 공식 협상이 없기 때문이다. 협상대책반은 2014년 7월 24일~25일간 인천 송도 글로벌캠퍼스에서 1박 2일의 합숙세미나를 개최하였다. 정부 각 부처와 연구소에서 50명이 넘은 인원이 참석하였다. 필자는 중국의 기후협상팀들이 실전과 같이 영어로 세미나를 진행하고 있다는 이야기를 듣고 우리도 이처럼 하면 좋겠다는 의견을 제시하였으나 별 호응이 없었다. 과거 협상 경험 공유차원에서 국립외교원 리더십 과정에 참석중인 김찬우 대사와 GGGI의 김효은 국장이 참석하여 과거의 협상 경험을 참석자들과 공유하였다.

파리합의문에 포함될 감축, 적응, 재원, 기술, 역량강화, 투명성 분야에 대한 우리 입장을 해당 부처별로 발표하고 협상에서 밝힐 우리 입장에 대해 논의하는 방식으로 진행하였다. 필자는 세미나에서 시장메커니즘 논의에 환경부 관계자의 참여를, 투명성(transparency)체제 논의에 산자부 관계자의 참여를 주문했다. 과거 협상회의에서 취한 시장메커니즘과 투명성에 대한 우리 입장을 다른 시각에서 살펴볼 필요가 있었다. 당시 일부 전문가는 일본의 공동크레딧체제(Joint Credit Mechanism: JCM)를 비판하기 바빴고 투명성 체제에서는 우리가 일본과 같은 입장을 취하고 있었다. 필자가 보기에는 오히려 시장메커니즘에서는 일본과 유사한 입장을 취하고 투명성 분야에서는 차별화된 입장을 취하는 게 좋을 것 같았다. 특히 투명성 분야에서 2010년 칸쿤 COP16에서 수립된 선진국 대상 국제평가와 검토(IAR)체제, 개도국 대상 국제협의와 분석(ICA)체제를 각국이 이행한 경험과 교훈을 협상과정에 반영할 필요가 있다는 생각을 했다. 지난 6월 독일 Bonn 협상회의에서 일본대표와 양자 협의를 가졌을 때 필자는 일본 대표에게 이러한 입장을 밝혔다. 이후 일본 환경성 대표는 우리 환경부 대표에게 투명성분야의 한국 입장이 바뀌었는지를 문의해 왔다고 했다. 필자는 각 협상의제에 대한 우리 입장은 늘 진화(evolving)한다고 답변했다. 협상대책반 첫 세미나 개최를 통해 협상팀간에 거리감을 줄이고 파리 COP21까지 함께 가자는 연대감을 구축했다는 점에 의미를 두었다.

환경외교의 외연을 넓히는 아웃리치 활동도 있었다. 한국외국어대학 모의국제연합(HIMUN)이 "생물 다양성의 보존과 지속가능한 발전"을 주제로 하여 강남 코엑스센터에서 8월 9일 개최한 모의유엔회의에 참석하여 기후변화와 생물 다양성에 대해 이야기하는 기회를 가졌다. 8월 12일에는 외교부 녹색성장외교과에서 주관하는 글로벌 녹색성장 서포터즈 행사에 참여하여 기후협상 과정에 대해 설명하면서 젊은 세대의 관심을 촉구하였다. 산림청 주최로 국회 도서관에서 8월 22일에 열린 REDD Plus 행사에 참석하여 축사를 하면서 기후변화협상에서의 산림분야 중요성을 강조했다. 산림은 사안의 복잡성 때문에 대부분 국가의 협상수석대표들이 이 분야 협상을 전문가들에게 위임하다시피 해왔다. 같은 EIG그룹의 스위스 협상수석대표도 산림 담당자에게 협상이 잘 되어가고 있는지만 질문하고 협상 내용에 대해서는 언급을 피한다고 했다. 교토의정서 체제하에서 벌목(deforestation)과 산림황폐화(forest degradation)로부터의 배출감소를 REDD라고 하고 2010년 칸쿤 당사국총회에서 개도국에서의 산림의 탄소흡수원보존과 제고, 산림의 지속관리 등을 위한 정책과 조치를 추가하여 REDD plus로 명명하였다. 신기후체제 출범에서 산림의 역할을 별도 조항으로 만들기 위해서는 전문가들의 역량결집이 필요한 시점이었다. 이렇듯 5년간의 해외 근무 후 국내에서 처음 맞이한 여름은 협상 역량 강화를 시간으로 채워졌다.

중국·싱가포르와의 기후대화 그리고 EIG 유선회의

중국의 협상대표인 국가발전개혁위원회(NDRC) 슈웨이(Su Wei) 국장과 6월 Bonn 협상회의에서 협의한 바에 따라 8월 26일~27일간 제주 중문단지 롯데호텔에서 제2차 한-중 기후대화를 가졌다. 전임 기후변화대사가 중국 북경을 방문하여 기후대화를 개최하였다고 하여 중국 슈웨이 대표와 대화 채널을 정례화하는 차원에서 2차 대화로 부르기로 하였다. 그러나 2차 대화에서 합의한 한-중기후변화협력협정이 채택·발효하면서 협정에 근거한 공동위원회가 기후대화를 대체하게 되었다. 2차 대화의 의제로 한—중정상회담(2014.7)에서 합의된 기후변화협력협정 체결협의, 9월 유엔기후정상회의 기대사항, 리마개최 COP20 예상성과, INDC 준비현황과 예상제출시기, 배출권거래시장 준비현황 등을 채택하였다. 회의 진행은 양측 수석대표가 의제별로 번갈아 입장을 발표하고 질의·응답을 갖기로 하였다.

필자는 2014년 7월 시진핑 주석 방한시 양국 정상이 합의한 기후변화협력협정의 조속한 체결 필요성을 강조했다. 이번에서 합의문 도출을 위해 노력해 보고 미진한 분야는 외교채널을 통해 협의해 나가자는 입장을 밝혔고 슈웨이 국장도 이에 동의했다. 필자는 당시 양자 대화에 참석한 이형종 심의관에게 중국 외교부 담당자와 협정 문안을 집중 협의토록 하였다. 슈 국장은 9월 유엔기후정상회의에 시진핑주석이 난징에서 개최되는 국내 기념일 행사로 참석치 못하고 기후관계부처위원회 부의장을 맡고 있는 장가오리 부총리와 양제츠 외교부장이 참석할 예정이며 정상회의 성공을 위해 유엔 사무국과 긴밀히 협의하고 있다고 밝혔다. 필자는 대통령이 참석할 예정이며 유엔기후정상회의가 선진국과 개도국의 신뢰를 굳게 하는 좋은 기회로서 정상들이 2015 합의문 채택과 녹색기후기금(GCF) 조기 충원을 위한 정치적 의지를 밝혀야 한다고 했다. 슈 국장은 GCF 출연계획은 없고 남남협력의 일환으로 개도국의 감축과 적응 지원을 위해 천만 달러를 기여할 예정이라고 설명했다.

중국 측과 INDC의 준비 상황에 대해 많은 의견 교환을 하였다. 중국은 BASIC(Brazil, South Africa, India, China) 그룹 환경장관 회의에서

제출시기를 2015년도 가급적 빠른 시일 내(as early as possible)로 합의
하였고 상반기 중 제출을 생각하고 있으며 내용에 감축과 적응을 포함
할 예정이라고 밝혔다. 슈웨이 대표는 중국이 참여하는 BASIC 그룹은
발전 정도가 비슷하여 기후대응에 대해 같은 우려를 공유하며 LMDC
(like-minded developing countries) 그룹은 2015 합의문 원칙과 같은 특
정 사안에 대해서만 공동 입장을 추구한다고 했다. 우리도 2015년 상
반기 제출을 염두에 두고 INDC를 준비 중에 있으며 10년 단위의 감축
목표와 국가 적응계획 포함을 생각하고 있다고 밝혔다. 중국 측의
INDC 제출 시기는 기후협상에 주요한 분기점이 될 수 있기에 많은 국
가들이 중국의 입장에 큰 관심을 갖고 있었다. 한-중 협상 수석대표
들 간에 기후 대화가 열렸다는 소식이 알려지자 다수의 선진국 대표들
이 필자에게 중국과 나눈 대화의 내용에 대해 문의하였다. 또한 한-
중 양국의 대표들은 배출권거래시장 도입과 관련한 준비 사항에 대해
서도 많은 의견을 교환하였다. 회의 첫날 중국 대표단을 위한 만찬을
제주도 전통 레스토랑에서 갖고 우의를 다졌다.

싱가포르의 요청으로 9월 1일 서울에서 제1차 정책협의회를 가
졌다. 필자와 비슷한 시기에 임명된 싱가포르의 곽푹셍(Kwok Fook
Seng) 기후변화대사가 총리실, 외교부, 환경부, 산업부 관계자들로 구
성된 대표단을 이끌고 방한을 하여 외교부에서 회의를 가졌다. 한국
과 싱가포르 양국은 에너지 집약형 경제구조를 가진 신흥국가로 온실
가스 감축, 재원, 기술이전, 역량배양 등 협상의제의 많은 분야에서
입장을 같이 하고 있었다. 양국 대표단은 오전 회의에서 9월 유엔기후
정상회의와 12월 페루 리마개최 COP20의 기대성과에 대한 의견을
나누고 각자의 INDC 준비상황과 제출 시기 등을 공유하였다. 곽 대

사와 친분 관계를 구축한 것이 추후 협상 과정에 많은 도움이 되었다. 싱가포르 Vivian Balakrishnan 환경장관(2015년부터 외교장관)과 곽 대사가 2015년 COP21에서 협상의제 투명성 분야의 교섭 중재역을 담당하였다. 곽 대사는 일부 우리 대표들의 지나친 행동에 대해 다른 대표단들이 언급한 사항을 가끔 전해 주기도 하였다.

9월 11일에는 환경건전성그룹(EIG) 수석대표들 간에 유선회의를 가졌다. 기후변화대사로 부임후 처음 가지는 유선회의였다. 지난 6월 독일 Bonn 협상회의이후 그룹 국가들간의 협상동향이나 국내조치사항 등에 대한 의견 교환과 10월 협상회의에 제출할 EIG 공동제안서 등을 협의하였다. 필자는 중국과의 양자 협의와 기후변화협력협정 체결합의, 싱가포르와의 기후대화 정례화 협의, 부산 APEC 기후센터에서 가진 태평양도서국들과의 적응역량강화 회의내용을 공유하였다. 그리고 국내적으로는 국무회의에서 2015월 1월 1일부터 시행할 온실가스 배출권거래시장 준비의 일환으로 각 대상분야별 배출량을 확정하였다고 설명했다. 스위스 대표는 INDC를 2015년 초에 제출할 예정이고 교토개정의정서 비준 준비가 진행 중에 있다고 했다. 그리고 2015년 여름까지 스위스와 EU의 배출권 거래시장 연계를 목표로 한 협의가 진행중에 있음을 설명했다. 멕시코 대표는 캘리포니아 및 일본과 기후변화협력 양해각서(MOU)를 체결했다고 밝혔으며 모나코 대표는 유엔 기후정상회의에서 GCF 기여를 발표할 예정이라고 했다. 그리고 EIG 명의로 INDC 절차(process)와 새로운 시장메커니즘(New Market Mechanism)에 관한 공동 제안서를 제출키로 합의하고 이메일 교신을 통해 문안을 협의키로 하였다.

뉴욕개최 주요경제국포럼(MEF)회의와 외교장관 세션

미국정부가 주관하는 주요경제국포럼(MEF)회의가 2014년 9월 21일(일)~22일(월)간 뉴욕에서 열렸다. 회의 첫날인 9월 21일 의장을 맡은 미국 NSC Caroline Atkinson 부보좌관은 미국과 노르웨이를 공동의장으로 하여 9월 20일에 열린 15개 공여국 기후재원장관회의(climate finance ministerial)에서 2020년까지 1,000억 달러 목표달성 방안에 대한 논의가 있었음을 소개했다. 2013년도에 다자개발은행과 투자기금이 400억 달러 상당의 기후재원을 조달하였으며 공공재원이 핵심이었고 현재 올바른 방향으로 나아가고 있다고 했다. 우리는 기후재원 공여국에 포함되지 않아 참석하지 않았다.

첫 발제에 나선 싱가포르 환경장관은 INDC 준비와 관련하여 선행정보(upfront information)의 중요성, 제출시기, 포함범위에 대한 이해, 실용적 접근이 중요하다고 밝혔다. INDC에 감축(mitigation)을 공통사항으로 하고 개도국은 다양성, 국가 우선순위와 여건 등을 반영할 수 있어야 하며 적응(adaptation) 제출의 기회가 보장되어야 함을 밝혔다. 그리고 INDC에 대한 적정성 검토(adequacy review)는 간략해야 하며 검토 참여에 대한 인센티브가 필요함을 지적했다. 멕시코 환경장관은 INDC 작성을 위한 국내절차와 정치적 노력이 매우 중요하며 감축만 포함할 경우 다른 많은 것들이 방기되는 결과를 초래할 수 있다는 우려를 표명했다. 작은 국가들이 기후변화에 더 취약한 만큼 포용적이고 포괄적인 접근이 필요하다는 입장을 밝혔다. 인도 환경장관은 INDC는 각국이 열린 마음으로 스스로 결정하는 것이라고 하고 기후변화협약 부속서 I 국가는 감축목표 중심으로, 비부속서 I 국가는 에너지 효율성

에 초점을 맞춘 행동계획을 담는 방안을 제시했다. 미국은 INDC가 상
향식 접근을 통해 2℃ 목표를 달성할 수 있을 지를 검토할 수 있도록
COP21 개최 6개월 이전까지 제출되어야 만 협의 기간을 갖고 각국의
INDC를 검토할 수 있음을 강조하고 적응은 각국의 자발성에 맡기자는
입장을 제시했다. 중국은 INDC 작성에 협약의 원칙을 존중하는 실용
성을 강조했다.

이어 MEF 회의는 17시부터 미국의 John Kerry 국무장관이 주재
하는 외교장관 세션으로 회의 모드를 전환했다. Kerry 국무장관은 기
후난민 발생, 물 부족과 생태계 멸종 위기 등 기후변화의 부정적 영향
에 대해 위기의식과 시급성을 가질 필요가 있다는 말로 개회사를 하였
다. COP20 개최국인 페루 외교장관은 외교장관들이 기후변화를 심각
하게 다루어야 할 시점임을 강조하였다. COP21 개최 예정국 프랑스의
Laurent Fabius 외교장관은 9월 23일 유엔기후정상회의가 기후변화를
중대한 사안(affaire majeure)으로 인식하는 정치적 메시지를 전파하고
유엔사무총장의 기후대응 이니셔티브를 만장일치로 지지하는 행사가
되어야 한다고 밝혔다.

미국 Todd Stern 기후특사는 정상들이 GCF 100억 달러 달성,
2015년 3월 말까지 의욕적인 INDC 제출, 강한 감축 목표와 기술이 주
도하는 재생에너지 시장 전환 등에 대한 정치적 메시지를 국제 사회에
보내야 한다고 했다. 호주 Julie Bishop 외교장관은 2020 온실가스 감
축 목표달성을 위한 방안으로 에너지 가격상승 없이 온실가스를 줄일
수 있는 혁신적·창조적·스마트한 사고에 기반을 둔 배출감축기금
(Emission Reduction Fund)을 도입하였다고 소개하였다. 이어 post-2020

목표는 산업 경쟁력을 보호하면서 국가별 여건을 고려한 유연한 것이 되어야 하며 이러한 차원에서 각국의 목표를 검토할 필요성이 있음을 지적했다. 일본 외상은 post-2020 기후체제는 현재와 미래 세대를 고려하고 모든 국가들이 참여하며 정당하고 효과적인 수단과 국내 여건을 반영하면서 의욕적인 행동을 촉진하는 것이 되어야 한다고 주장했다. 그리고 INDC를 가급적 빠른 시일 내(as quickly as possible) 제출할 예정이라고 했다. 이번 기후정상회의에서 아베 총리가 취약 개도국의 적응 지원을 위한 새로운 이니셔티브를 선언할 예정이며 2015년 3월 일본에서 정상급들이 참여하는 세계재난대책회의가 개최될 계획임을 밝혔다. 그레나다와 페루 외교장관들은 개도국의 기후변화대응을 위해 지원할 금액이 핵심이 될 것이라고 주장했다. 그외에도 멕시코, 덴마크, 싱가포르, 중국, 노르웨이 등 참가국 외교장관과 기후특사들은 기후변화 대응에 대한 시급성, GCF 초기기금 조성, INDC 적기 제출 등에 대한 확고한 정치적 의지가 유엔 기후정상회의에서 선언되어야 한다고 밝혔다. 당시 한국의 외교장관은 대통령의 캐나다 방문 수행으로 참석하지 못하였다. 필자 입장에서는 주요국 외교장관들이 기후변화문제에 높은 관심을 갖고 주요 외교의 영역으로 다루고 있다고 이야기하는 게 부러울 따름이었다.

9월 22일(월) 9시부터 속개된 MEF 회의 모두에 영국 Sir David King 기후특사는 재생에너지와 에너지 저장 연구투자에 GDP의 일정 비율 이상을 투자하는 국가들을 대상으로 하는 국제 이니셔티브를 발족할 계획을 설명했다. King 특사는 리마 COP20회의에서도 우리 환경장관과 유관부처 대표들이 참석한 양자 면담에서 같은 요지의 이니셔티브를 설명하고 우리의 참여를 요청하였다. King 특사의 제안은 2015

년 COP21에서 발족한 "Mission Innovation"에 반영되었다.

EU의 기후담당집행위원이 차별화(differentiation)에 대해 발제를 하였다. 기후변화협약상의 "공동의 그러나 차별적인 책임과 각자의 능력"(common but differentiated responsibility and respective capabilities: CBDR/RC)원칙이 차별화의 기준이며 간결하면서 실용적 접근을 필요하다고 했다. 그리고 INDC는 각자가 자체적으로 결정하기 때문에 이미 CBDR/RC와 함께 서로 다른 국가적 여건(national circumstances)을 반영한 것이라고 주장했다. 특히 공약방식(commitment type)에 차별화를 이미 내포하고 있기에 사전정보제공, 시장메커니즘, 토지이용 등의 사용여부를 명시할 필요가 있다고 했다. 미국, EU 등 선진국 그룹은 차별화 문제가 post-2020 기후협상과정에 가장 미묘하고 정치적 성격을 갖고 있음에 따라 이를 MEF에서 우선 공론화하여 합의점을 찾으려는 전략적 접근방안을 취했다.

개도국 그룹을 대표하여 발제한 브라질 협상대표는 차별화의 유형을 기술적 차별화와 정치적 차별화로 나누어 설명하였다. 기술적 차별화는 방식의 디자인(design of modality)을 통해 이루어질 수 있으며 정치적 차별화는 근거는 CBDR이라고 했다. 협약 부속서 I 국가들은 온실가스 배출의 역사적 책임이 있고 비 부속서 I 국가는 인구 증가, 경제 성장을 하고 있어 차별화가 중요하다는 점을 강조했다. 모든 국가가 기후협약의 원칙하에 INDC를 제출하지만 개도국은 다양한 감축방식을 옵션으로 선택할 수 있어야 한다고 했다. 미국 대표는 신기후체제하에서는 자체차별화(self-differentiation)가 도입되어야 하며 부속서에 기반한 차별화는 수용할 수 없으며(unacceptable), 졸업(graduation)

조항 도입시 검토해 볼 수 있다고 밝혔다. 사우디와 남아공 대표는 협약의 원칙에 근거하여 이행수단의 차별화, 역량의 차이에 따른 추가적 유연성 등이 차별화의 방식으로 제시했다. 중국 대표는 협약 4조와 관련 규정들이 차별화의 근거로 제시하고 INDC의 사전정보는 리마 회의에서 채택될 결정에 따라 각자가 정할 사항이라고 했다. INDC에 대한 협의(consultation), 검토(review), 사전평가(pre-assessment)는 바르샤바 COP19의 결정사항 밖이라고 주장했다. 리마 COP20에서는 협정문 초안의 핵심요소들과 INDC에 수반할 정보의 유형에 집중하여야 한다고 밝혔다. 뉴질랜드 기후장관은 얼마나 많은 국가들이 COP21 훨씬 이전에(well in advance)에 INDC를 제출하느냐에 따라 당사국들 간의 신뢰성과 믿음이 조성될 수 있다고 하였다. INDC에 대한 사전 절차(ex ante process)의 목적은 수량화(quantify), 비교(compare), 데이터 합산(data aggregate)이며, 이는 웹사이트에 데이터를 e-format으로 게시하고 질의응답 세션을 가지는 방식으로 실행할 것을 제안했다.

필자는 우리 입장으로 INDC 작성에 자체차별화가 반영되어야 하며 사전 검토절차에 대해서는 입장이 열려 있다고 했다. 당시 차별화에 대한 우리 입장은 애매한 상태였다. 자체차별화를 선호하면서도 우리가 개도국의 지위를 취하기를 바라는 것이 국내 에너지부처의 완고한 입장이었고 환경부는 INDC에 대한 사전검토를 지지하는 입장을 취하고 있었다. 필자 입장에서는 INDC에 대한 사전검토가 우리에게 생각지도 못한 부담이 될 수 있다는 우려를 갖지 않을 수가 없었다.

미국 대표는 INDC에 포함된 감축기여(mitigation contributions)의 책임성(accountability)은 신기후체제의 법적 성격과 연계되어 있으며 파

리 회의에서 채택될 규범(norm)의 형태는 매 5년 단위로 각자의 NDC
를 갱신(update)하는 것이어야 한다고 밝혔다. 신기후체제 규칙(rule)과
관련하여 법적 구속력을 지닌 수단(Legally Binding Instrument: LBI)과 규
범(norms)에 대한 논의가 있는데 LBI가 의욕수준(ambition level)을 높일
수 있을지 의문이며 규범(norms)이 더 효과적으로 작용할 수 있다고 했
다. 영국 대표는 책임성이 체제의 신뢰성과 함께 게임 규범이라고 하
면서 같은 종료 시점이 투자자들에게 확실성을 부여한다고 주장했다.
신기후체제는 법적 구속력을 지닌 수단(LBI)이어야 하고 INDC는 각자
국내법으로 규율하는 게 좋으며 10년 단위의 INDC 제출을 선호한다고
했다. 영국 대표의 발언은 EU 입장을 대변하는 것이기도 했다. 캐나다
대표는 시장수단과 토지이용 분야에서의 이중계산(double counting) 방
지를 위한 원칙이 필요하며 post-2020 체제에서의 공통의 투명성체
제(common framework)를 지지하고 과도기적으로 칸쿤 COP16에서 채
택된 보고·측정·검증체제(MRV)를 이용하는 게 좋겠다는 입장을 밝혔
다. 사우디와 인도는 협약과 교토의정서상의 검토 체제가 차별화를 반
영하고 있기 때문에 신기후체제에서도 이를 이용하는 게 좋다는 입장
을 견지했다.

필자는 신기후체제가 모든 국가에 적용되는 만큼 공통된 투명
성 체제가 수립될 필요성을 인정했다. 그러나 선진국의 경우 이미
IAR(International Analysis and Review)라는 MRV 체제를 통해 역량을 강
화해 왔으나 비부속서 I국가의 경우 2015년부터 ICA(International
Consultation and Analysis)라는 가벼운 형태의 MRV 기회를 가질 예정이
라고 하면서 공통된 체제 적용에 유연성이 필요하다고 했다. 투명성
체제 논의가 끝난 후 미국 대표는 필자에게 "your point is valid"라고

하면서 유연성을 어떻게 적용하는 게 좋을지에 대한 생각을 문의하였다. 필자는 국가의 역량과 MRV 이행 경험이 유연성 적용기준이 될 수 있다고 하면서 개도국들의 경우 ICA 단계를 거치면서 역량을 강화해 나가게 될 것이라고 했다. 그리고 나중의 일이지만 2015년 12월 파리 COP21에서 투명성 체제 협상 촉매자 역할을 맡은 싱가포르 외교장관도 필자에게 똑같은 질문을 던졌다. UNFCCC 사무총장은 투명성체제를 도입하는 데 연속성(continuity), 이행순서(sequencing), 관리구조(governance)가 핵심이 될 것이라고 하였다. 특이한 점은 중국이 투명성 체제 논의에서 입장을 밝히지 않았다는 점이다. 아직 입장이 정해지지 않아서일까?

9월 22일(월) 오후에는 적응에 대한 세션에서 영국 대표의 발제가 있었다. 그는 2015년 이후에는 적응이 중요성을 더해 갈 것이라고 하면서 적응의 범위를 어떻게 해석하는지가 재원의 규모를 산정하는 데 핵심이 될 것이라고 했다. 예를 들어 어떤 개도국이 커피산업을 다른 산업으로 대체하기 위한 정책을 추진하면서 이를 기후변화 대응을 위한 적응사업으로 지원을 요청하는 경우도 발생할 수 있다는 것이다. 마샬제도 대표는 적응의 일환으로 손실과 피해(Loss and Damage)에 대한 비용 반영이 필요하다는 입장을 제시했다. ADP 공동의장은 협상 방향으로 장기 목표 2℃ 달성을 위한 감축 경로가 10월 IPCC 보고서에서 제시될 전망으로 이후에야 집중된 논의를 할 수 있을 것으로 전망했다. 재원이 협상의 가장 큰 난제일 것으로 생각되나 장기기후재원 조성은 ADP 영역 밖이라고 하고 새로운 기후합의문에 재원을 어떻게 다룰 것인지에 대한 합의가 필요하다고 입장을 밝혔다.

　　뉴욕에서의 이틀간 MEF 회의는 힘든 시간이었지만 필자에게 핵심의제에 대한 새로운 시각을 갖게 하는 시간이었다. 특히 차별화, 투명성, 기후재원 분야에서 2015 합의문 협상에 우리가 어떤 입장을 취해야 할지를 고민하게 하는 계기가 되었다. 우리가 협상 과정에서 중간자 역할을 할 수 있는 분야에서는 당연히 역할을 해야 하겠지만 신기후체제하의 투명성 체제 수립에 관한 선진국들의 입장을 그대로 수용하기는 어렵겠다는 생각을 더욱 굳게 하는 시간이었다.

2014 유엔 기후정상회의와 GGGI 의장 교대행사

　　9월 22일 오후 늦게 MEF 회의가 끝났고 필자는 뉴욕 맨해튼 Park Avenue 건너 맞은편에 있는 Waldorf Astoria 호텔로 옮겨갔다. 2014 유엔기후정상회의(UN Climate Summit 2014)에 참가하는 정부 공식 대표단에 포함되었기 때문이다. 9월 22일 저녁 정상 회의장소인 유엔본부를 미리 찾아보았다. 유엔본부의 건물 벽면을 이용한 기후변화구호가 번갈아 가며 비춰지고 있었다.

　　"지금이 바로 그때이다(Now is The Time)
　　해결책은 있다(Solutions Exist)
　　경주는 시작되었다(The Race is On)
　　정치적 의지를 모으자(Mobilize Political Will)
　　의미 있는 글로벌 협정(Meaningful Global Agreement)"

　　간결하지만 맘의 열정을 깨우는 명문이었다. 9월 23일 오전 유엔

기후정상회의 개막식에는 유엔사무총장, 뉴욕시장, IPCC 의장, Al Gore 전부통령, 영화배우 리빙빙(Li BingBing)과 디카프리오(DiCaprio) 그리고 마샬제도의 시민사회단체 대표가 연단에 섰다. 모두가 기후변화의 심각성과 조기 행동의 필요성을 강조하고 2015년 12월 파리 COP21에서의 합의문 도출을 촉구했다. 이어서 100여 개국 정상, 기업 대표, 시민사회단체 대표들의 기조연설을 위한 본회의가 4개로 나누어져 개최되었다.

박근혜 대통령은 반기문 유엔총장이 주재하는 제1본회의에서 정상연설을 하였다. 연설의 요지는 '기후변화를 위기가 아닌 기회로 삼고 창조경제를 새로운 패러다임으로 하여 에너지 신산업 발굴과 일자리 창출을 통해 새로운 성장 동력을 육성하겠다. 2015년 1월 1일부터 아시아 최초의 배출권 거래시장을 출범시킬 예정이고 GCF에 이미 출연을 약속한 5천만 달러를 포함한 1억 달러의 기금을 출연하겠다'는 것이었다. 유엔 기후총회에 참석한 협상대표들은 무엇보다도 우리의 GCF 출연 규모에 큰 관심을 가졌다. EIG 그룹에서는 스위스가 1억 달러, 멕시코가 1,000만 달러 출연을 약속했다. 모나코, 리히텐슈타인도 추후에 기금 출연을 약속하여 리마 COP20회의에서 EIG 그룹 모두가 GCF에 출연을 약속하였다고 다른 협상그룹과의 회의에서 자랑하기도 했다.

박 대통령의 연설문에 GCF 기여금 규모를 포함시키는 과정이 쉽지 않았다. 연설문 초안을 관계부처와 협의하는 과정에 GCF 업무를 담당하는 부처에서는 11월초 예정인 GCF재원충원회의에 고위급이 참석하여 규모를 밝힐 예정이기 때문에 유엔정상회의 연설에서는 출연방

침만 언급하여야 한다는 입장을 강하게 주장했다. 그러나 유엔기후정상회의 참석하는 선진국 정상들이 선진국과 개도국 간의 신뢰형성 차원에서 GCF 출연규모를 밝힐 예정이라는 보고가 재외 공관에서 들어오고 GCF 사무국 유치국으로 모범을 보일 필요가 있다는 판단에서 액수를 밝히기로 했다. 그리고 출연규모는 초기 조성목표를 100억 달러로 상정하고 우리의 온실가스 배출규모가 전 세계 배출량의 1% 내외임을 감안하여 기존 지원금을 포함하여 1억 달러로 책정하였다.

9월 23일 정오경에 오전의 4개 본회의 세션을 결산하는 전체회의가 총회장에서 반 총장의 사회로 개최되었다. Obama 대통령, 페루 및 프랑스 대통령, 중국의 장가오리 부총리가 전체회의에서 연설을 하였다. 미국 Obama 대통령은 2020년까지 2005년 대비 17%의 온실가스 감축을 추진하고 있으며 현재 계획대로 잘 진행되고 있다고(on track) 밝히고 2015년에 새로운 온실가스 감축 계획을 발표하겠다고 했다. 중국 부총리는 2020년까지 탄소집약도(carbon intensity)를 2005년 대비 40~45% 감축할 예정이고 2015년에 post-2020목표를 발표할 예정이며 온실가스배출량은 가급적 빠른 시일 내 최고치(peaking as soon as possible)에 도달토록 하겠다고 밝혔다. 또한 기후변화 대응을 위해 남남협력기금(South-South Fund for climate change)을 설립하겠다고 했다. 중국과 양자 협의시에 왜 GCF에 출연하지 않고 남남협력기금을 만드느냐고 문의하였더니 GCF에는 기후변화에 역사적 책임을 지닌 선진국이 출연하는 것이며 중국은 남남 협력의 일환으로 개도국을 지원하는 것이라고 했다. 그리고 남남협력기금이 중국이 일대일로 사업 지원을 위해 만든 아시아인프라투자은행에 편입된 것은 그 이후의 일이다. 군소도서국(AOSIS)대표로 나선 나우루 Baron Waqa 대통령은 GCF 초기

재원조달 목표로 150억 달러를 제시했다. 그러나 유엔 기후정상회의에서 주요국 정상들의 GCF출연 약속이 생각보다 미흡하였고 반기문 사무총장은 100억 달러를 선진국과 개도국의 신뢰를 보여주는 초기 목표액으로 제시하였다.

9월 23일 오후에는 주제별 세션(thematic session)이 개최되었고 박근혜 대통령은 멕시코 Enrique Pena Nieto 대통령과 함께 재원회의를 공동주재하게 되었다. 유엔기후정상회의를 준비하던 8월초까지만 해도 우리의 성공적 산림녹화 경험에 비추어 산림세션 공동의장을 원했다. 그러나 유엔 사무총장실에서는 열대림 보유국인 인도네시아 유도요노 대통령과 열대림 보호 기금 출연을 약속한 노르웨이 Erna Solberg 총리가 산림세션을 공동 주재하기로 했다면서 재원분야를 권했다. 청와대 외교부서에서는 이미 보고된 사항을 바꾸는 게 난감하다고 하면서 당초 안대로 하면 되지 않느냐고 하여 유엔사무총장실의 권유도 있고 GCF 사무국 유치국으로 재원분야가 더 의미 있다고 설득했다. 9월초에 유엔 사무국, 멕시코와 3자 유선회의를 두 차례 하여 회의 진행방식과 예상 결과 등에 대해 미리 협의하였다. 그리고 공동의장직 진행 시 나리오는 유엔 사무국에서 작성하여 주기로 하였다. 9월 19일 뉴욕에 도착했을 때도 유엔 사무국의 시나리오가 나오지 않아 애를 먹었다. 주말에 시나리오를 받아 유엔대표부 서상표 참사관에게 번역을 부탁했다. 시나리오상의 재원회의 결론에 해당하는 동원 가능한 기후재원의 총 규모는 (   ) billion dollars로 하고 회의 진행 중에 유엔 사무국이 공란상의 숫자를 알려 주기로 했다.

재원 세션은 참석 인사들이 많아 2개 패널과 마무리 세션으로 나누어 진행하였다. 멕시코 Nieto 대통령이 제1패널 진행 후에 이석해야 한다고 해서 박 대통령이 제2패널과 마무리 세션까지 진행을 맡았다. 제1패널 회의에 반기문 유엔사무총장, 김용 세계은행 총재가 모두 발언을 하였고 Bank of America, Credit Agricole, 스웨덴 연기금, 라틴 아메리카 개발은행 대표들이 기후금융 조성방안과 규모에 대해 밝혔다. 제2패널 회의에서는 노르웨이 총리, 프랑스 개발장관, EU 집행위원장, 브라질 개발은행총재, IDB(Inter-American Development Bank) 총재 등이 발언에 나섰다. 제2세션 발언 예정자 명단에 르완다 Paul Kagame 대통령이 포함되어 있었다. 발언 순서가 다가왔지만 차기 발언자 대기석이 비어 있어 유엔대표부 관계자에게 확인을 부탁했다. 유엔대표부 직원이 사무국 관계자에게 확인을 하니 르완다 대통령이 앞쪽 연사들의 발언이 길어져서 중도에 포기하고 나갔다고 했다. 그래서 의장직을 수행하고 있는 박 대통령에게 르완다 대통령 다음 순서의 발언자를 호명토록 안내했다.

회의 중에 우리 대표부 관계자가 필자에게 공란상의 숫자를 200억 달러라고 알려왔다. 박 대통령은 그렇게 결론 부분을 읽었다. 그런데 영어 통역은 200 billion dollars(2,000억 달러)로 나왔다. 뭐가 잘못되었다는 생각이 들어 회의 진행 시나리오를 확인해 보았다. 영문 시나리오상의 (   ) billion dollars가 한글 번역 시나리오에는 (   )억 달러로 번역되어 있었다. 여기서 실수가 생긴 것이었다. 박 대통령은 번역된 시나리오에 따라 정부, 기업, 금융, 다자금융기구 등이 조성할 기후금융이 200억이 넘을 것이라고 읽었고 통역은 영어 시나리오에 따라 200 billion dollars로 읽어 다행으로 생각하고 넘어갔다. 이 같은 해프닝에도 불구하고 재원 세션은 성공적으로 마무리되었다. 오후 6시부터

진행될 GGGI 의장 교대행사 준비 때문에 폐회식에는 참석하지 못했
다. 박꽃님 사무관이 폐회식 행사에서 반기문 사무총장은 공공 및 민
간부문의 기후 재원 동원 규모를 2,000억 달러로 발표했다는 보고를
해 왔다.

GGGI 의장 교대식은 2014년 5월 이사회에서 라스무센 전덴마크
총리가 사임을 표명하였고 후임 의장으로 2014년 10월 20일 퇴임하는
유도요노 인도네시아 대통령을 내정하였다. 두 분이 모두 유엔기후정
상회의에 참석하는 계기에 의장 교대식 행사를 갖기로 한 것이다. 이
는 GGGI 의장으로 많은 기여를 하였지만 덴마크 내에서는 우여곡절
을 겪은 라스무센 전총리에 대한 배려와 함께 GGGI에 대한 박 대통령
의 관심을 높이기 위해 마련한 행사였다. 행사장은 유엔본부 연회장이
었는데 추위를 느낄 정도로 냉방이 심했지만 교대식 행사는 무난하게
진행되었다. 이튿날 아침 박 대통령이 반기문 사무총장 주최 만찬에
몸이 불편하여 참석하지 못했다는 이야기를 전해 들었다.

기후정상회의 내용을 정리한 보고서를 검토하고 있는데 청와대
경제부서에 근무중인 직원으로부터 연락이 왔다. 대통령 경제수석이
기후재원세션 마무리 발언에서 나온 200억 달러의 근거가 무엇인지 궁
금해 한다는 것이었다. 반기문 총장이 정상회의 결과를 요약하면서 기
후금융 조성 약속액이 2,000억 달러이기 때문에 200억 달러는 더 이상
의미가 없다고 설명했다. 그렇지만 이 직원의 이야기는 2,000억 달러
가 중요한 게 아니라 대통령이 말한 200억을 어떻게 설명할 수 있느냐
하는 것이었다. 그래서 대통령이 말한 200억은 공공분야에서의 재원
조성 약속 규모로 해석될 수 있다고 하면서 총회 기조연설에서 나온

각국의 GCF 출연 약속 규모와 기후분야 양자 및 다자 지원 약속 규모
등을 적어 주었다.

　서울로 돌아온 후 르완다측이 주유엔대표부에 박 대통령이 회의
를 주재하면서 르완다 대통령을 호명하지 않아 발언을 할 수 없었다고
항의를 해 왔고 유엔 사무국에서 해명을 했다는 이야기를 들었다. 르
완다측 설명에 따르면 자국 대통령이 발언자 대기석이 아닌 외부에 입
구가 있는 정상 대기실에서 호명이 나오기를 기다렸다고 했고 유엔 사
무국은 기후재원세션 발언 예정자들은 회의장의 대기석에서 기다려야
한다고 밝혔다. 결국 대통령을 잘 모시려다 발언을 못하는 상황이 발
생했던 것이다.

　2014 유엔기후정상회의는 과거에 개최된 두 차례의 기후정상회의
와는 달리 정부수반뿐만 아니라, 지방자치단체의 장, 기업경영자, 투자
금융그룹대표, 시민사회단체대표 등 여러 주체들이 참여하는 복합적
성격의 정상회의였다. 이를 계기로 하여 기후변화대응을 위한 비정부
단체의 역할에 중요성이 부여되었고 2015년 파리기후총회에서 비정부
단체들의 기후행동계획 채택으로 연결되었다. 유엔정상회의를 마치고
돌아오니 헤럴드 경제에서 인터뷰 요청이 있었다. 2014 유엔기후정상
회의는 반기문 사무총장의 이니셔티브에 의한 것으로 2014년 페루 리
마총회에서의 성과물 도출, 선진국과 개도국의 신뢰를 가늠할 수 있는
GCF 초기재원 조성, 2015년 상반기까지 각국의 INDC 제출을 독려하
는 정치적 모멘텀을 조성한 회의라고 설명하였다.

COP20 준비에 초점을 맞춘 ADP2-6 협상회의

기후변화대사로 임명된지 두 번째 참석하는 협상회의였다. ADP 공동의장은 10월 ADP 회의에서는 페루 리마 COP20에서 채택될 두 가지 결정문안, 즉 ① 2015 합의문 문맥상의 INDC에 대한 정보와 ② 강화된 pre-2020 기후행동 이행촉진을 마무리하고 COP20에서는 2015 합의문의 요소를 추려내는 데 중점을 두면 좋겠다는 입장을 밝혔다. 공동의장단이 이러한 입장을 밝힌 배경은 카타르 도하개최 COP18 결정(2/CP.18)에 따라 2015년 5월 이전에 협상문서(a negotiating text)가 회원국에 배포되어야 하며 6개 유엔 공용어로 작성된 협상문서를 배포하기 위해서는 2015년 4월 초까지 협상문서 작성이 완료되어야 하기 때문이라고 했다.

우리 대표단은 10월 19일(일) 스위스, 멕시코 등과 EIG 그룹회의를 갖고 ADP 공동의장과의 면담시 제기사항, 개막식 대표연설, 공동제안서 작성, 회의 핵심의제 등에 대해 협의하였다. 그리고 회의 기간 중 매일 9시에 그룹회의를 갖고 전날의 협상 경과와 당일 회의 대책 등을 논의키로 하였다. ADP 공동의장은 양자 면담에서 각 당사국이 국내적으로 INDC를 준비하는 과정에 있으므로 금번회의에서 INDC에 포함될 요소(감축+)와 수반정보(accompanying information)에 대한 합의점을 도출할 수 있도록 EIG 그룹의 적극적 중재 역할을 요청했다. 또 금번회의에서 pre-2020 행동강화를 위한 기술전문가그룹(TEM)이 탄소포집·이용·저장(CCUS), 비탄소 온실가스(non-CO2 GHGs)를 다룰 예정이라고 하면서 전문가들의 참여를 독려했다. 아무래도 각국의 협상가들은 두 번째 작업주제(pre-2020 ambition)보다는 첫 번째 작업주제(the 2015 agreement) 논의에 더 많은 관심과 시간을 할애하는 경향을 보였기 때문이다.

ADP contact group에서는 첫 번째 작업주제에 속하는 적응, INDC, 재원, 감축, 주기(cycle)를 다루었다. 적응 논의에 있어 다수의 국가들이 국가별 적응계획의 수립 이행 필요성을 제시하였고 멕시코 등 중남미 국가들은 글로벌 적응목표 설정을 지지했다. 수단은 적응 지원을 위한 수량화된 목표 설정을 강조하였고 스위스, EU는 정성적 글로벌 적응목표 설정은 지지할 수 있다는 입장을 보였다. 우리는 국가별 적응계획 수립과 국제적 경험 공유를 위한 플랫폼이 설립되어야 한다는 입장하에 같은 EIG 그룹인 멕시코의 글로벌 적응목표 설정 제안에 대해 정성적 방식으로 목표를 설정하는 방안에 대한 공감을 밝혔다.

INDC에 대한 논의는 차별화 방안, 범위, 수반정보, 사전검토 필요성 등에 대해 포괄적으로 진행되었다. 차별화 방안에 대해서 강성 개도국들은 부속서 I 국가와 비부속서 국가들간의 차별화 필요성을 주장했다. 브라질 대표는 동심원적 접근방식(concentric approach)의 차별화를 제의하여 많은 국가들의 관심을 모았다. 선진국의 경제전반 절대감축목표를 동심원의 중앙에 두고 모든 개도국들이 중심부를 향해 진전해 나가는 방식으로 외곽에 위치할수록 느슨한 방식의 감축을 이행하는 방식이었다. 브라질 대표는 리마 회의에서 자국의 제안에 대한 설명회를 갖겠다는 입장을 밝혔다. 우리 대표단의 일부는 브라질의 제안이 우리에게 유리하다면서 관심을 보였다. INDC의 범위에 대한 협상에서는 감축이 포함되어야 한다는 점에는 선진국과 개도국의 공감대가 형성되어 있었으나 적응과 이행수단(MOI)의 포함 여부에 대해서는 의견이 대립되었다. 미국, EU, AOSIS 그룹은 감축만의 포함을 주장하였고 개도국들은 적응과 지원도 포함되어야 한다는 입장이었다. 한국과 멕시코는 적응의 포함을 지지하면서 유연한 입장을 취하였다. INDC의 취지가 각 당사국의 주권적 결정 사항을 존중하는 것임을 감안하여 INDC의 범위(scope)는 각국이 결정하되 감축을 포함토록 해야 한다는 점에 공감대가 형성되었다.

INDC의 제출 시기에 대해서는 미국, EU, AOSIS 국가들은 2015년 1/4분기까지 가급적 많은 당사국들이 INDC를 제출하여야만 국별 감축의 적정성을 사전 검토할 수 있다는 입장을 제시하였으나 중국, 인도, 사우디 등은 제출 시기의 차별화, 사전검토 불필요 입장을 견지하였다. 각 당사국의 INDC 준비를 용이하게 하여야 한다는 차원에서 수반되어야 할 정보의 종류로 기여의 형태(type), 시간표와 기간(timeframe and periods), 포괄범위(scope and coverage), 결과 기대치, 참고자료, 산출방식, 국별 여건 등이 COP20 결정문 초안에 포함되었다.

필자는 INDC 제출시 수반되어야 할 정보의 유형을 모든 국가에 적용될 필수정보와 감축 방식과 국별 여건에 따른 보완 정보로 나눌 필요가 있다는 의견을 제시하였다. INDC 제출 시간표를 두고 미국과 AOSIS가 5년을, EU와 다수의 개도국은 10년 단위를 주장하였다. EIG 그룹은 10년 단위를 선호하나 5년 단위 제출도 검토해 볼 수 있다는 입장을 제시하였다. 비공식 협상과정에 10년 단위 목표치를 제출하는 국가는 5년 단위 중간 경로를 참고치로 제시하는 방식이 합의 가능 대안으로 부상되었다. 그리고 INDC의 법적 성격은 2015 합의문에서 정할 사항으로 남겨졌으나 모든 당사국이 과거에 세웠던 목표를 능가하는 최고 수준의 의욕(the highest level of ambition)을 지닌 INDC을 제출해야 한다는 데에 공감대가 형성되었다.

재원(Finance)분야 논의에서는 선진국과 개도국간의 첨예한 대립이 지속되었다. 최빈개도국(LDC)그룹은 선진국이 약속한 2020년까지 1,000억 달러의 기후재원 조성을 출발점으로 하여 post-2020 재원 증액 로드맵을 작성해야 한다고 주장하였다. 반면 미국, 스위스, 캐나다, 호주, EU 등은 단기적 post-2020 양적 목표액 설정에 동의하지 않으며 선진국뿐만 아니라 능력 있는 다른 국가들도(others in a position to do so) 기후 재원 조성에 참여해 한다고 대응을 했다. 필자는 GCF가 post-2020 체제의 주요 재원기구(main entity)가 되어야 하며 능력이 있는 모든 국가들이(all countries in a position to do so) 기후재원 조성에 참여해야 한다는 입장을 밝혔다. 그리고 기후재원 조성에 공공 분야와 함께 민간분야가 참여할 수 있도록 공공-민간 파트너십(public-private partnership)이 강화되어야 한다고 밝혔다.

ADP 회의 마지막 날인 10월 25일(토) 많은 대표단들이 짐을 꾸리는 가운데 INDC와 2015 합의문의 법적 성격, 주기(cycle), 차별화 등 민감한 주제에 대해 오랜 협상 경륜을 자랑하는 주요 국가 협상대표들이 입장을 자유롭게 피력하였다. 미국 대표는 최빈 개도국을 제외한 모든 국가가 수량화되거나 수량화가 가능한 감축 기여목표를 제출하여야 한다고 하면서 방향을 제시했다. 노르웨이 대표는 2050년 순배출량 제로 목표 설정을 제시하여 일부 국가들의 호응을 받았으나 뉴질랜드 대표는 글로벌 목표 설정논의에 많은 협상 시간이 소요될 수 있다는 점에 우려를 표명하고 2015 합의문은 많은 분야에 "제한적 유연

성"(bounded flexibility)을 지닌 법적 체제가 되어야 한다고 밝혔다. 차별
화 방식에 대해 EU 대표는 미국 대표와 같이 "자체적 차별화"
(self-differentiation)를 제안하였으나 브라질 대표는 자체적 차별화로는
합의에 도달할 수 없다고 하면서 "concentric approach"을 재차 강조
하였고 라틴 국가들이 지지 입장을 보였다. 캐나다 대표는 기여의 국
가별 결정이 차별화 문제를 해결한다고 했다. INDC의 주기(cycle)와 중
간 검토(mid-term review)에 대해 다시 한 번 입장 교환이 있었고 5년
과 10년 주기에 대해 국별 입장이 갈렸으며 싱가포르는 7년 주기를 제
안했다. 중간 검토에 대해서도 현재의 MRV 방식을 사용하자는 입장과
검토를 주기에 포함해야 한다는 입장이 대립되었다. ADP 공동의장이
회의 마무리 전에 민감한 사안에 대해 비교적 자유롭게 의견을 나눌
수 있는 기회를 마련한 배경은 다가올 Lima 회의에서의 협상 난제가
무엇인지를 사전에 알려두고 준비토록 하고자 하는 의도였다는 생각이
들었다.

많은 협상대표들이 귀국을 위해 자리를 뜬 상황에서 토요일 오후
늦은 시간에 폐회식이 열렸다. ADP 공동의장은 금번 협상회의가 매우
집중적이고 성과가 있었다고 결론을 내리고 리마 COP20에서의 ADP
회의 및 2015월 2월 제네바에서 ADP 회의 개최 계획에 대해 설명하였
다. 특히 예상치 못했던 마지막 세션에서의 민감한 의제에 대한 포괄
적 논의가 필자에게 충격으로 다가왔으며 더 이상 사전에 준비된 입장
을 반복할 수 없는 단계에 이르렀다는 생각을 하게 되었다. 다가오는
리마 COP20 회의를 앞두고 관계부처와 우리 입장을 논의할 때 우리가
고수해야 할 몇 가지 기본적인 사안에 대해서만 우리 입장을 정하고
나머지 사안은 유연하게 대처하면서 회의의 진전에 기여하는 게 좋다

는 생각을 갖게 되었다. 이러한 배경하에서 리마 COP20 회의에 참가할 우리 대표단 훈령을 작성하게 되었다.

기후변화 현장을 가다: 제2차 북극써클회의 참석

독일 Bonn에서 귀국하기가 바쁘게 아이슬란드 그림손(Olafur R. Grimsson) 대통령의 이니셔티브로 레이카비크에서 2014년 10월 30일~11월 2일간 개최되는 제2차 북극써클총회(Arctic Circle Assembly)에 정부 수석대표로 참가할 준비를 해야 했다. 한국이 2013년에 북극이사회에 정식 옵저버 자격을 획득하였고 그 해 열린 제1차 북극써클총회에 안총기 경제조정관이 정부수석대표로 참석하여 한국의 북극정책을 설명하였다. 2차 회의에서는 지난 1년간의 활동실적을 갱신 보고하기로 되어 있었다고 한다. 북극업무 담당과장은 당초 퇴임 대사 중의 한 분을 수석대표로 보내는 것을 건의하였으나 안 조정관이 제1차 회의 참석 경험에 비추어 기후변화대사가 참석하는 게 좋다는 의견을 제시하였다고 하면서 필자의 일정 가능성을 문의해 왔고 필자는 좋다고 했다.

필자는 우리의 북극 관련활동이 북극해빙에 따른 북극 항로 활용과 광물 탐사 등과 경제적 측면에 우선순위가 있지 않나 우려하면서 금번 회의 참석 계기에 우리의 기후변화 대응활동도 곁들어 알리면 좋을 것 같다는 생각을 가졌다. 그러나 이는 기우에 불과하였다. 우리 정부가 노르웨이 스발바르 소재 북극 다산기지 및 쇄빙선 아라온호를 활용한 극지 생태계 연구에 많은 기여를 하고 있으며 또 북극 지역 원주

민들을 위한 여러 가지 사업을 전개하고 있음을 알게 되었다. 북극써클 총회에 참석을 해보니 기후변화협상장에 만났던 익숙한 얼굴들이 많았다. Christian Figueres UNFCCC 사무총장은 북극 빙하 해빙과 기후변화를 주제로 한 세션에 발표자로 참석하였다고 하면서 한국의 북극 활동에 대해 관심을 보였다. 2013년도에 한국과 함께 북극이사회에 정규 옵저버 지위를 획득한 싱가포르, 중국, 일본의 고위급 대표들도 참석하여 자국의 북극 정책과 활동을 설명하였다.

필자는 회의 첫째 날 오후에 한국의 북극활동을 소개하고 이튿날 아침 그림손 대통령과 양자 면담을 가졌다. 북극써클 총회 소회를 묻는 그림손 대통령에게 필자는 우선 훌륭한 이니셔티브로 평가한 후 진행 프로그램과 관련하여 짧은 시간에 많은 국가들이 자국 입장을 설명하는 행사로는 아쉬움이 있다고 했다. 북극써클 총회의 위상과 임팩트를 높이는 방안으로 참가국들 중에 어느 한 국가를 주빈국(guest of honor)으로 하여 국가의 날(national day) 행사를 개최하면 좋겠다는 의견을 제시했다. 그림손 대통령은 좋은 아이디어라고 하면서 한국이 2015년에 가장 먼저 주빈국이 되어 국가의 날 행사를 개최해 주면 어떠냐고 문의를 해 왔다. 필자는 웃으면서 질문에 답변할 권한이 없다고 했다. 귀국 후 회의 참가 보고서에 북극 업무를 담당하는 고위급 대표를 임명하는 게 좋겠다는 건의 사항을 포함시켰다. 2015년초에 그림손 대통령이 박 대통령앞 친서를 통해 우리에게 주빈국으로 국가의 날 행사를 제3차 북극써클 총회에서 개최해 주기를 요청해 왔다. 우리정부에서는 새로이 임명된 북극 협력 대표를 수석으로 하는 정부대표단과 공연단을 파견하여 한국의 날 행사를 성황리에 개최하였다는 이야기를 들었다. 북극써클 총회에 참석하는 동안 수천년 동안 쌓여있던 빙하가 녹아내리는 기후변화의 현장을 돌아볼 수 있었고 이는 기후변화대사로서의 각오를 다짐하는 계기가 되었다.

Lima로 향하는 길목: COP20 준비와 국내 일정

2014년 12월 1일~12일간 페루 리마에서 개최된 제20차 기후변화협약 당사국 총회(이하 COP20)는 2015년 post-2020 신기후체제 출범의 성공 여부를 가늠할 수 있는 중요한 회의였다. COP20의 성공을 담보하기 위한 다양한 국제적 노력이 있었다. COP20 주최국인 페루 정부는 총회의장으로 내정된 Manuel Pulgar-Vidal 환경장관이 2014년에 개최된 주요 공식·비공식 협상회의에 참석하도록 하여 각국의 협상 수석대표들과 신뢰와 협조 관계를 구축토록 하였다. 반기문 유엔사무총장은 9월 유엔기후정상회의를 개최하여 녹색기후기금(GCF) 초기재원조성, INDC 조기제출을 위한 각국 정상들의 정치적 의지를 확인하고 민간기업, 지방정부 등 비정부 행위자의 기후행동 참여를 확보하여 COP20의 성공 분위기를 조성하였다. EU는 10월 23일 회원국 정상들이 참여한 이사회에서 EU의 2030 온실가스감축목표에 합의하고 늦어도 2015년 1/4분기에 INDC를 제출하겠다고 결정했다. 그리고 11월 12일에 미국 오바마 대통령과 중국 시진핑 주석간에 "기후변화에 관한 미-중 공동발표"(The US-China Joint Announcement on Climate Change)가 있었다. 발표문에서 미국과 중국은 파리개최 COP21에서 야심적 2015 합의문 도출을 위해 협력하며 각자의 post-2020 온실가스 감축목표를 발표하고 이를 담은 INDC를 가급적 2015년 1/4분기까지 제출하겠다고 하였다. 미국과 중국 간의 합의 사항을 보면서 필자를 비롯한 많은 협상대표들은 긴 협상의 터널 끝에 빛이 보이기 시작함을 느꼈다.

국내에서도 COP20 회의 준비와 관련한 여러가지 활동이 있었다. 11월11일에는 주한프랑스대사관과 GCF의 공동 주관으로 외교단 대상 GCF 설명회가 열렸다. 한국정부를 대표하여 설명회에 참가하여 신기후체제 협상에 임하는 한국의 기본 입장과 INDC 준비현황, 그리고 GCF 초기재원에 1억 달러 상당을 기여할 계획이라고 설명했다. GCF 사무국장과는 정기적으로 주한 외교단을 대상으로하는 설명회를 갖기로 합의했다. 필자가 설명회에 GGGI의 참여 가능성을 타진하였으나 GCF 사무국장은 아직은 시기상조라는 입장을 보였다.

11월 14일에는 기후협상 대표단 자문으로 참여하는 고려대 이재형교수의 협조를 얻어 고려대 법대 대회의실에서 COP20 정부대표단과 전문가 워크숍을 개최하여 11월 21일 예정된 대외경제장관회의에 보고할 COP20 훈령과 참가 계획을 준비하였다. COP20에 참가하는 정부대표단의 기본 입장을 모든 국가들이 참여하는 효과적인 신기후체제 창출에 건설적으로 기여하고 우리나라의 국가여건(national circumstances)을 최대한 반영한다는 것으로 정하였다. 특히 협상 민감의제에 속하는 차별화(differentiation)와 관련해서는 선진국과 개도국간의 건설적 중재를 통해 협상 진전에 기여하고 선진국의 리더십과 능력에 상응하는 개도국의 참여 필요성을 균형 있게 고려하며 기후재원분야에서 선진국과 개도국간의 신뢰구축에 기여한다는 방향으로 입장을 수립했다. 협상을 총괄하는 수석대표 입장에서 재량권을 갖고 활동할 수 있는 여지를 확보했다는 생각이 들었다.

11월 18일~19일간은 GGGI 행사에 참석했다. 11월 18일 인천 송도 G타워에서 개최된 GGGI 제3차 총회를 겸한 제6차 이사회 회의에서는 윤병세 장관이 임시 의장으로 사회봉을 잡았다. 지난 5월 이사회에서 사임한 덴마크 라스무센 의장 후임으로 인도네시아의 유도요노(Susilo Bambang Yudhoyono) 전대통령을 총회의장 겸 이사회의장으로 선출하였다. 윤병세 장관이 임시 의장으로 사회를 본 배경은 Yvo de Boer GGGI 사무총장이 유도요노 전대통령에 대한 배려 차원에서 필자에게 몇 차례 요청하였고 이를 윤 장관에게 건의하여 이루어졌다. 필자는 11월 19일 GGGI 국제회의 참가자 만찬에 참석하여 한국정부 대표로 축사를 하였고 IPCC의 파츄아리 의장이 제5차 IPCC 보고서에 대해 발표를 하였다. 11월 20일에는 기후변화센터가 에너지경제연구원과 환경정책평가연구원과 공동 주관한 "포스트 2020 신기후체제 마련을 위한 리마 유엔기후변화회의 논의현황과 전망" 세미나가 프레지던트 호텔에서 열렸으며 필자는 "COP20 전망과 우리 입장"에 대해 발표를 했다. 세미나에는 기후변화센터의 공동대표인 유영숙 전환경장관과 국회 외통위 소속 나경원 의원이 참석하여 각각 개회사와 축사를 하였다. 나 의원은 필자에게 국회 외교통일위 차원에서 기후협상에 도움이 줄 수 있는 사안이 있으면 언제든지 이야기해 달라고 하면서 관심을 표시했다.

11월 24일에는 신라호텔에서 14개 태평양 도서국 외교장·차관이 참석하는 제2차 한국－태평양도서국 외교장관 회의가 개최되었고 기후변화 문제에 대한 양측간의 의견교환이 있었다. Tony deBrum 마샬제도 외교장관 등 참석 각료들은 기후변화가 이들에게 가장 중요한 안보문제이며 기후변화 문제에 대응하는 역량 강화를 위한 우리나라와의 협력에 관심을 보였다. 외교장관들간의 회의였기에 다룰 의제가 많아 기후변화 문제 논의에 할애된 시간이 너무 부족하였다. 좀 더 시간을 할애하여 GGGI, GCF 및 부산에 있는 아태기후협력센터(APCC) 대표들을 불러 이야기를 나눌 수 있었다면 하는 아쉬움이 들었다.

국내에서의 여러 바쁜 일정을 소화한 후 11월 25일 파리행 비행기에 몸을 실었다. 11월 26일 OECD 회의장에서 열린 제156차 국제박람회기구(BIE) 총회에서 집행위원회 활동 결과를 보고하였다. 필자는 2013년 11월 BIE 총회에서 4개 위원회(집행위, 행정예산위, 규칙위, 홍보위) 중 선임인 집행위원회 위원장에 선출되었다. BIE는 올림픽, 월드컵과 함께 세계 3대 축제의 하나인 세계박람회의 개최와 조직을 규율하는 기구이며 집행위는 박람회 유치와 조직을 총괄하는 업무를 담당한다. 총회에서 집행위원장 활동 보고 후 네덜란드와 프랑스 대표가 각각 2025 세계박람회를 로테르담과 파리에서 유치를 희망한다는 발언을 하였다. 그러나 의욕을 앞세운 네덜란드는 2025 박람회 유치 신청서류 조차 제출하지 못하였다. 프랑스는 2018년 3월 2025 세계박람회 후보국 실사 방문이 이루어지기 전에 2024년 올림픽 개최 확정을 이유로 유치 의사를 철회하였으나 실제로는 중앙정부 차원의 지지 부족과와 재원 조달의 불확실성 때문이었다. 제대로 된 준비 없이 박람회 유치 열망을 앞세운 결과라는 생각이 든다.

BIE 총회를 마치고 바로 11월 28일 프랑스 자산공사(CDC)기후센터와 국제관계연구소(IFRI)가 2015년 파리개최 COP21회의 준비의 일환으로 파리를 방문하는 각국의 기후협상 수석대표들을 초청하여 개최하는 조찬간담회의 발표자료 준비에 들어갔다. 지난 6개월간의 협상회의

국제박람회기구(BIE) 집행위원회 회의장면. 필자는 2013년 11월 BIE 4대위원회 가운데 선임위원회인 집행위원회 의장으로 선출되어 6년(3선) 재임 후 2019년 11월 BIE 총회의장에 선출되었다.

참석과 주요 국가들과의 양자 회담 경험을 바탕으로 자료를 만들었다. 에너지 자원이 없는 국가이지만 에너지 집약적 산업구조를 지닌 우리의 국가적 여건과 어려운 온실가스 감축 여력, 협상 과정에서의 선진국과 개도국간의 교량역할 수행 등에 초점을 맞추었다. 회의에 참석한 프랑스 일부 전문가는 우리의 원자력 발전사업 확대 여부에 관심을 보였고 필자는 원자력이 저탄소 경제로의 전환에 큰 역할을 할 것이나 적정 규모에 대해서는 국민적 합의가 필요한 사항이라고 답변했다.

Lima COP20: 파리에서의 합의 도출을 위한 길잡이

　파리에서 리마로 가는 직항편이 없어 마드리드를 경유하여 주말 새벽에 리마에 도착하는 노선을 택했다. 주말 토요일 새벽에 리마에 도착하니 공항에 홍석인 공사참사관이 마중을 나와 있었다. 공항에서

호텔로 가는 차 안에서 페루 정부의 회의 준비 상황에 대한 설명을 들
었다. 마땅한 대규모 회의장이 없어 리마 인근 군 기지 내에 여러 동의
텐트를 쳐서 2만여 명을 수용하는 회의 시설을 건설하였다고 한다. 리
마의 12월 날씨가 온화하여 텐트 시설만으로도 회의 진행에는 무리가
없어 보였다.

대표단 등록을 한 후 숙소에서 11월 30일(일) 예정된 EIG 그룹회
의, COP20 총회와 부속기구 의장, ADP 공동의장과의 면담시에 제기
할 사안을 준비했다. EIG 그룹회의에서 멕시코 대표는 고위급 회의 때
대통령이 참석할 예정이라고 하면서 EIG 대표연설을 희망하여 이를
수용키로 했다. 이스라엘의 EIG 그룹 참여 희망은 터키의 참여 요청과
함께 검토해 나간다는 입장에 합의했다. 그 외에도 COP20에서 다루어
질 청정개발체제(CDM)의 이중계산문제와 CDM 집행위원회(EB)의 예산
조기 소진우려에 따른 작업방식개선, ADP 작업을 문장별 검토 방식
(textual mode)으로 변경하고 소그룹(spin-off group)을 만들어 진행하는
것들에 대해 의견을 교환했다. EIG 회원국 수석대표들은 SBSTA, SBI,
ADP 의장단을 만나 회의 진행방식, 우선순위 의제와 예상 난제 등에
대해 협의한 후 마지막으로 COP20 의장인 페루 Manuel Pulgar-Vidal
환경장관과 양자회의를 가졌다.

COP20 의장은 Lima 총회의 성공 없이는 파리 COP21의 성공을
담보할 수 없다면서 3가지 결과물을 반드시 도출해야 한다는 입장을
밝혔다. 그 3가지는 ① 모든 국가가 2015년에 제출할 INDC에 관한 결
정문, ② 2015 합의문의 협상 토대가 될 Lima Text 작성, ③ 선진국과
개도국의 신뢰구축의 잣대가 될 적정규모의 GCF 조성이었다. GCF 초

기 재원규모에 대해서는 100억 달러 또는 150억 달러가 거론 되었으나 100억 달러가 현실적이라는 대체적 중론이었다. Pulgar-Vidal 장관은 회의 진행 계획으로 첫 주에는 모든 회의가 가급적 많은 진전을 이룰 수 있도록 독려하고 둘째 주에는 각료급 회의를 통해 구체적 결과물을 도출토록 하겠으며 각료들을 중재자(facilitator)로 활용하겠다고 밝혔다. 그리고 모든 회원국들이 회의 결과물에 주인의식(ownership)을 가질 수 있도록 투명성(transparency), 개방성(openness), 포용성(inclusiveness), 공평성(fairness)을 보장하겠으며 회의 정시 운영과 시간의 효율적 배분을 약속했다. 그리고 일요일 마지막 일정으로 싱가포르 대표단과 만찬을 겸한 양자 회담을 갖고 미-중 기후변화 공동성명, 차별화의제, COP20의 예상 성과물 등에 대해 의견을 나누었다. 싱가포르 대표단은 모두가 해당 분야에 전문성을 지닌 소수 정예로 구성되어 있어 부럽다는 말밖에 달리 표현할 수가 없었다. 싱가포르 대표단과의 양자 협의는 회의 흐름에 대해 이해를 높이는 데 큰 도움이 되었다.

    12월 1일(월) 대표단 내부회의를 갖고 회의 각의제별로 담당부서와 담당자들을 지정하면서 책임감을 갖고 회의 진행사항을 정리 보고토록 당부했다. 기후변화협상회의에 참가하는 우리 대표단은 규모면에서는 참가국들 중 top 5에 속하였지만 회의 기여도나 참여도 측면에서는 기대치에 한참 못 미쳤고 일부 협상의제에 따라 대표단이 몰려다니는 경향이 있었다. 비공식 그룹회의의 경우 각 국가별 또는 각 협상 그룹별 참가 인원을 제한하기도 하여 우리 대표단의 참석자를 사전에 지정하였지만 일부 전문가들은 회의장에 몰래 들어와 앉아 있는 사례가 여러 차례 있어 다른 대표단들의 눈총을 받기도 했다. 필자는 협상 수석대표로서 첫 주에는 SBI 개막회의에서의 EIG 대표연설, 기후재원,

페루 Lima에서 2014년 12월에 개최된 기후협약 제20차당사국총회에 참석한 우리 대표단이 회의장 입구에서 함께 기념사진을 찍었다.

INDC 결정문과 2015 합의문 요소 작성회의, 그리고 양자 및 다자 아웃리치 활동에 중점을 두겠다고 밝혔다. 그리고 필자가 협상 수석대표로 참석하는 회의에는 외교부, 산자부, 환경부 대표 각 1명씩만 배석하라고 지시했다. 회의에 큰 도움이 되지 않은 전문가들이 자리만 차지하고 시간을 떼우지 말고 각자의 전문 분야와 관련 있는 회의나 부대행사에 참여하라고 권했다. COP20회의를 돌이켜 볼 때 우리와 비슷한 일본 대표단의 일부 전문가들은 의제별 합의를 도출하기 위한 비공식 작업반의 중재자로 선정되어 회의진행에 기여하는 역할을 하였으나 우리 대표단의 대표나 전문가들은 이러한 역할을 수행하지 못하였다.

12월 2일(화) 시작된 ADP2-7회기는 지난 10월 Bonn 협상회의 결과를 토대로 작성된 ADP 공동의장의 "non paper"를 중심으로 협상을 시작하였다. "non paper"는 ADP 실무그룹회의가 "contact group"을 만들어 2015 합의문 작성을 위한 협상모드로 들어가면서 ADP 공동의장이 문서 형식에 구애받지 않고 대표단의 협상 편의를 위해 작성하기 시작한 문서로 2014년 6월 개최 ADP2-6 회의 이후부터 작성되기 시작했다. 공동의장단은 모두 발언을 통해 각 협상 대표들이 더 이상 자국 입장에 집착하지 말고 차이점을 극복할 수 있는 중재 문안을 제시해야 할 때라고 하면서 공동의장이 작성한 "non paper"상의 문안들을 중심으로 협상에 임해 줄 것을 촉구하였다. 그러나 각국 협상대표들은 조금이라도 유리한 협상문안을 갖기 위해 공동의장의 기대와는 다른 목소리를 내었다. 특히 다수의 개도국 대표들은 각 당사국들이 제시한 문안을 화면에 띄워두고 직접 문안 협상을 할 것을 주장하였고 선진국들은 공동의장의 문안을 중심으로 논의를 이어가자고 했다. 중재 방안으로 공동의장은 non paper의 문안들을 화면에 띄워놓고 각국이 입장을 제시하는 방식으로 협상을 진행하였으나 진전 없이 시간만 낭비하는 결과를 낳았다. 공동의장이 제안한 문안(draft text)을 갖고 협상대표들이 독회를 가지는 작업은 수요일 밤이 되어서 시작되었다. 12월 4일 토요일에 가진 ADP 비공식 중간점검회의(stocktaking meeting)에서 COP20 의장은 12월 11일(목) 저녁까지 모두가 기다리고 있는 결과물을 작성해 달라고 당부했다.

회의 작업방식과 협상 토대 문서를 두고 선진국과 개도국 그룹이 기 싸움을 하는 상황하에서 필자가 할 이야기는 그리 많지 않았다. SBI에서 논의되는 장기 기후재원 의제에서 GCF가 신기후체제의 주요 기구(main entity)가 되어야 하고 기후재원 확대방안에 있어 공공재원과 함께 민간재원을 조달할 수 있는 혁신적인 접근방안이 필요하다고 했다. 그리고 첫 주의 많은 시간을 네크워크와 아웃리치를 강화하는 데 할애했다. 12월 1일 저녁시간에는 WRI(World Resource Institute)의 Jennifer

Morgan 기후에너지국장의 초청으로 Westin Lima 호텔에서 개최된 2015 합의문에 대한 연구 성과 발표회에 참석했다. WRI가 세계 각 지역별로 순회 워크숍을 개최하면서 만든 "Agreement for Climate Transformation 2015(ACT2015)" 작업의 결과물을 공유하고 합의문안과 COP20에서 다루어야 할 사안들을 그룹별로 나누어 토의하는 실무 만찬 모임이었다. 정부 협상대표보다는 WRI 작업에 참여했던 전문가들이 많이 참석하였고 감축, 적응, 재원, 기술, 역량배양 등 각 분야별로 목표설정, 이행, 투명성 검토 등을 5년 주기로 실시하는 방안이 핵심이었다. ACT2015작업을 총괄한 Jennifer Morgan는 한국에서 워크숍을 개최할 기회가 없어 아쉬웠다는 말을 했다.

12월 4일 한국 홍보관에서 국회 기후변화포럼, 유네스코한국위원회 등에서 선발된 한국 대학생 참관단 40여 명을 대상으로 "기후변화체제의 발전과정과 협상전망"에 대해 설명을 하고 질의응답 시간을 가졌다. 젊은 세대와의 대화가 지리한 협상장에서 시간을 보내는 것보다 더 유용하게 느껴졌다. 그리고 미국 하바드대의 Robert N. Starvins 교수가 이끄는 기후연구팀과 야외에서 만남을 갖고 2015 신기후체제 출범협상에 임하는 한국의 입장과 배출권거래시장 출범 계획에 대해 이야기를 나눴다. 외교부 박꽃님 사무관과 환경부 최한창 사무관이 함께 자리를 했다. 12월 8일 저녁에는 제네바소재 '무역과 지속발전에 관한 국제센터'(ICTSD)가 "Fostering climate action through the cross−border flow of clean energy technology"를 주제로 개최한 부대 행사에 발표자로 참석했다. 필자는 환경청정기술의 확산을 저해하는 요인으로 지나친 지재권보호와 같은 제도적 장애물을 지적하였다. 이를 낮출 수 있는 국제적 공조와 여건 조성이 필요하다는 이야기를 하면서 과거 몬트리올 의정서상의 CFC 대체기술 이전 장애 요인들을 사례로 들어 설명했다. 행사 후 제네바에서 근무한다는 한 여성이 필자의 발표문을 자신의 연구에 인용해도 되겠느냐고 문의하여 그렇게 해도 좋다고 했다. COP20에서 만들어진 ICTSD의 Ricardo Melendez-Ortiz소장과 스웨덴 출신 Ingrid Jegu 연구원과의 인연은 파리 COP21을 거쳐 지금까지 이어지고 있다.

12월 9일부터 COP20 고위급회의가 시작되었다. 고위급회의는 COP20/CMP10 합동고위급회의, 기후재원에 관한 각료급 원탁회의, 강화된 행동을 위한 더반 플랫폼 각료대화 및 Lima 기후행동 고위급회의로 나누어 진행되었다. 고위급 개막연설에서 반기문 유엔 사무총장은 2℃ 미만이라는 목표를 달성하기 위하여는 모든 국가와 사회가 해결책 모색에 참여해야 한다고 밝혔다. 그리고 COP20에서 2015 합의문 협상의 토대가 될 문서작성, INDC 범위에 대한 합의 및 기후재원 논의의 성과가 있어야 함을 강조하면서 주요 경제국들은 신기후체제 출범의 토대가 될 수 있는 의도된 국가결정기여(INDC)를 2015년 3월 말까지 제출하여 줄 것을 촉구했다. 회의장에서 필자와 잠시 만난 반 총장은 호주 총리와 통화하여 2억 호주 달러를 GCF에 출연하겠다는 약속을 받아내어 GCF 100억 달러 목표를 달성하게 되었다고 기뻐하는 모습을 보였다.

고위급회의에 참석한 윤성규 환경장관에게 지난 한주 협상경과를 보고하는 과정에 INDC 제출시기에 대한 이야기가 있었다. 윤 장관은 국회 환노위 회의에서 INDC를 9월 30일까지 제출하면 된다는 보고를 했다고 했다. INDC에 관한 결정문 초안을 협상하는 과정에 제출시한을 9월 30일로 하는 안이 제시된 적이 있었지만 논의 과정에 제외되었다. 그렇잖아도 국내 관계 부처간의 이견으로 INDC 작성을 위한 기본 협의와 기초자료도 제대로 작성되지 못하고 있는 상황에서 제출 시기를 느슨하게 이야기하는 것은 일의 진전을 더욱 어렵게 할 뿐이었다. 다른 협상 대표들과 INDC 제출 시기에 대해 이야기를 나눌 때는 곤혹스럽기 그지없었다. COP20 회의를 참관한 국회의원 몇 분과 저녁을 같이 하면서 회의 진행사항과 INDC 조기 제출의 의미와 중요성에 대해 설명하였다.

2주차 협상회의는 고위급회의와 병행하여 수시로 소집되었다. COP20 의장은 노르웨이 Tine Sundtoft 환경장관과 싱가포르 Vivian Balakrishnan 환경장관을 고위급 중재자로 하여 협상그룹별 대표들과 쟁점사항을 타결토록 하였다. 우리는 INDC의 범위에 대해서는 감축을 반드시 포함하고 적응은 각국이 포함여부를 선택할 수 있다는 유연한 입장을 취했고 제출은 10주기로 하되 5년 단위의 중간 점검도 수용할 수 있다고 밝혔다. 협상 수석대표입장에서 기존 감축 약속에서의 후퇴 금지 조항이 맘에 걸렸으나 대표단 내부협의에서 수용해도 별 문제가 없다는 의견이 대다수여서 이를 지지키로 하였다. "Lima Call for Climate Action" 결정문의 10항 "해당 당사국의 현재 목표를 넘어선 진전"(a progression beyond the current undertaking of that Party) 문구가 뒷날 우리의 2030 온실가스 감축 목표가 2020 목표를 뛰어넘을 수 있도록 한 묘수가 되었다. 2009년 코펜하겐 개최 COP15 이후 한국을 비롯한 많은 개도국들이 자발적 감축목표를 제시하였다. 그런데 다른 국가들의 경우 대개 조건부 감축 목표를 제시하였지만 우리의 경우 어떤 연유에선지 무조건부 감축목표를 제시하여 훗날 우리의 행동반경이 제한받게 되었다. INDC의 제출시기와 관련하여 2015년 1/4분기 말까지 제출하지 못한 당사국들은 5월 31일 또는 그 이후 가장 빠른 시일 내 (by 31 May 2015 or as soon as possible thereafter) 제출토록 한다는 문장은 개도국들의 강력한 반대로 삭제되고 COP19 결정문과 같이 "well in advance of COP 21"문구를 유지키로 하였다. 필자 입장에서는 국내의 INDC 준비를 독려할 수 있는 예시적 제출 시한이 삭제되는 것에 아쉬움이 남았다.

2015 합의문 협상문서에 포함될 요소(elements for a negotiating text)들을 작성하는 회의는 문안별 협상 없이 각국 대표들이 의장문서에 제안을 추가하는 방식으로 진행되었다. 선진국들은 모든 당사국(all parties) 내지 각 당사국(each party)이 2015 합의문의 행동 주체가 되도록 하는 제안에 주력하는 반면 개도국은 선진국과 개도국을 분리하는 이분법적 행동 주체를 제안하였다. 우리 대표단 내부에서 선진국과 개도국이라는 이분법적 접근방식을 지지하는 그룹이 있어 구체적 제안을 만드는데 제약이 있었다. GCF 기금 조성 주체와 관련한 부속서 I 선진국 당사국 또는 부속서 II 당사국이라는 제안에 대하여 필자는 "출연 용의가 있는 모든 국가"(all Parties in a position to do so)를 조성 주체로 할 것을 제안했다. 이는 GCF에 다수의 개도국이 출연하고 있는 현실을 반영할 필요가 있기 때문이라고 했다. 사석에서 만난 Todd Stern 미국 기후특사는 필자에게 적절한 시기에 공식 제안을 해 준 것을 높이 평가한다고 인사를 전했다. Todd가 필자에게 이런 인사를 한 배경에는 과거 우리 정부가 GCF 사무국을 유치하면서 미측에 GCF 기금출연과 신기후체제 협상과정에서 더 이상 개도국 지위를 추구하지 않겠다고 약속한 것과 관련이 있었다. 반면 개도국들의 모임인 G-77에서는 GCF

기금 조성 주체에 개도국이 참여하는 것과 우리 대표단의 공여국기반 확대 입장에 대해 불평이 있었다고 뒷날 중국 대표가 필자에게 전해 주었다.

리마 COP20에서 ADP 공동의장단 교체가 있었다. 2014년도에 ADP 회의를 이끌어온 공동의장단(트리니다드토바고의 Kishan Kumarsingh 과 유럽연합의 Arthur Runge-Metzger)이 퇴장하고 미국 국무부 출신의 노련한 협상가인 Daniel Reifsnyder와 생물다양성협약에서 활약했던 알제리 외교관 Ahmed Djoghlaf가 2015년 파리 COP21까지 ADP 회의를 이끌어 갈 공동의장단에 선출되었다. 두 사람 모두 필자와는 국제 협상 무대에서 여러 차례 만난 적이 있는 구면이었다. COP20 회의 기간 중에 가진 신임 ADP 공동의장과 주요국 협상 대표들과의 오찬에서 만나 축하 인사를 나눴고 이후 파리 회의시까지 긴밀한 협조관계를 유지했다.

COP20은 폐막예정인 금요일을 넘겨 일요일 새벽에 "Lima Call for Climate Action"으로 명명된 결정문을 채택하고 폐막되었다. COP 20의 결과물에 대해 절반의 성공이라는 평가가 있었지만 2015년 파리에서 개최되는 COP21로 향하는 주요한 길잡이 역할을 한 것으로 평가된다. COP20에서 GTC 성창모 소장이 CTCN관리위원회 위원으로, 에너지관리공단의 오대균 박사가 CDM 집행위원회 교체위원으로 선출되었다.

PART
2

파리 COP21 총회의 성공을 위한 준비과정

01

파리 합의문을 위한 협상의 길목

2015년 새해: 국익과 국격을 생각하는 시간

리마 COP20 이후 가장 시급한 문제는 좀처럼 진전을 보이지 않고 있는 우리의 INDC 작성과 제출시기 결정이었다. COP20에서 채택된 INDC 관련 결정사항과 주요 국가들의 INDC 준비현황과 제출 전망시기 등을 국내 준비를 총괄하는 국무조정실 녹색기획단에 전달하고 INDC 작업이 빨리 진행되어야 한다고 했지만 관계부처의 비협조로 진전이 없었다. 특히 INDC 작성에 전제가 되는 에너지 소비추세, 산업별 전망 등 핵심 사안에 대해 전문가들간의 합의가 이루어지지 않고 있었다. INDC 작성은 총리실 책임하에 이루어지고 있기에 무슨 일이 있어도 2015년 상반기 중에는 제출해야 한다고 이야기했지만 그렇게 심각하게 받아들이는 것 같지는 않았다.

새해 초 런던에 소재하고 있는 기후변화전문 방송언론매체인
"RTCC(Responding To Climate Change)"에서 인터뷰요청이 있었다. Lima
회의 결과에 대한 평가, 그리고 2015년 12월 파리에서의 2015 신기후체
제 협상 마무리를 위한 EIG 그룹의 역할, 활동 계획과 전망 등에 대한
질문이 있었다. RTCC 관계자는 EIG 그룹뿐만 아니라 EU, Umbrella,
G-77 등 주요 협상 그룹 수석대표들과의 인터뷰시에도 동일한 질문
을 한다고 했다. Lima 회의 결과에 대해서는 모든 협상그룹이 만족하
지는 않았지만 COP21에서 합의를 이룰 수 있다는 희망을 가진 결과물
을 도출했다고 했다. 파리에서의 합의 여부를 예측해 볼 수 있는 INDC
의 적기(조기가 아닌) 제출을 위한 여건을 마련했으며 선진국과 개도국
의 신뢰형성의 척도인 GCF 기금 100억 달러가 조성되었음이 그 실례
로 들었다.

RTCC기자의 요청에 따라 EIG그룹의 설립 배경과 역할을 아래와
같이 설명해 주었다.

"EIG그룹은 2009년 9월 프랑스 리옹에서 개최된 기후변화협약 제
13차 부속기구(SB) 회의시에 스위스, 한국, 멕시코 협상대표들간
의 합의로 설립되었다. 이들 국가들이 환경협상회의에서 함께 비
공식 협상그룹을 이루어 활동한 전례가 있다. 1999~2000년 바이
오안전성의정서(Biosafety Protocol) 채택 협상과정에 3개국이 중심
이 된 "Compromise Group"이 조직되어 협상에 참여하였고 성과
도 있었다. 협상의 마지막 단계에서는 대개 비공식적 방식

(informal setting)으로 거래(deal)가 진행되기에 개별국가 단위보다
는 이해를 같이 하는 그룹 대표들간의 협상이 효율적이고 효과적
일 수가 있기 때문이다. EIG 그룹은 지역적, 경제적, 문화적 다양
성을 지닌 국가 그룹으로 기후협상 과정에 교량자적 역할을 수행
할 수 있다. 스위스는 협약 부속서 I 그룹으로, 한국과 멕시코는
비부속서 I 그룹이며 한국은 GCF 사무국 유치국으로 재원분야에
서 중재자적 역할을 할 수 있다. 2015 합의문 협상과정에 EIG 그
룹은 민감한 사안에 대해 테스트 역할(test bed)을 할 수 있다. 리
마 회의 기간중 INDC의 범위에 적응(adaptation)포함 문제, GCF
등 기후재원 확대에 기존 선진국 외에 능력과 의향이 있는 국가들
이 참여하는 문제에 대해 EIG 그룹이 어느 정도 중재 역할을 했
다고 생각한다.”

RTCC와 EIG 대표들과의 인터뷰는 1월 16일 동사 홈페이지에
“The unlikely climate allies bridging divides in UN Talks”라는 헤드
라인 제목으로 게재되었다.

2015년 1월 12일 한국 거래소 부산본사에서 역사적인 온실가스
배출권 거래시장 개장식이 열렸다. 부산시장, 국회 환경노동위원장 등
여러 정·관계 인사들이 개장식 행사에 참석했다. 필자도 기후변화대
사 자격으로 개장식 행사에 참여하고 이어 부산 롯데호텔에서 열린 거
래시장 개장 축하세미나에 참석하여 2015 신기후체제 협상 동향에 대
해 설명하였다. 2010년 제정된 “저탄소녹색성장기본법”에 따르면 국가
온실가스 감축목표달성을 위해 “저탄소차협력금제”와 “탄소시장”을 도
입하게 되어있다. 그러나 온실가스 배출이 높은 차량에 부담금을 부과

하고 저탄소 친환경차량에 보조금을 지불하는 저탄소협력금제는 미국과의 통상 마찰 우려, 특정 국가 차량의 판매 증가 전망 등을 감안하여 친환경 차량에 보조금만을 지불하는 방식으로 변형되었다. 기후변화총회 및 부속기구회의에 정부 고위급인사들이 참석할 때마다 홍보하던 2개의 제도 중에 그나마 온실가스배출권거래제가 신기후체제 협상의 마지막 해인 2015년 새해에 도입된 것이 그나마 다행이었고 국제 사회에도 우리의 온실가스 감축 노력을 보여주는 상징적인 정책이 되었다.

싱가포르와의 정책 협의: 이해를 넓히는 시간

싱가포르 기후변화대사와 Lima 회의 이후 조만간 만나 향후 협상 방향과 전략에 대해 논의해 보기로 하였다. 양측의 일정협의가 잘 진행되어 1월 19일 싱가포르 외교부에서 회의를 갖기로 했다. 2014년 9월 1일 서울 외교부에서 가진 1차 회의에 이은 제2차 정책협의회였다. 우리 측에서는 필자를 수석으로 하여 외교부, 환경부, 산자부 및 에경연에서, 싱가포르 측에서는 외교부 곽풍셍 기후변화대사를 수석으로 하여 총리실, 외교부, 환경부, 산업부 관계자들이 참석하였다. 양측은 리마 개최 COP20 결과에 대한 평가를 공유한 후 각자의 INDC 준비현황과 2015 합의문 초안의 주요 요소(elements for a negotiating text for 2015 Agreement)의 협상 방향에 대해 의견을 교환하였다.

곽 대사는 싱가포르 총리 주재 각의에서 INDC 작성 방향에 대한 논의가 있었고 가급적 2015년 상반기 중에 제출할 수 있도록 준비를 완료할 예정이라고 했다. 목표치 설정과 감축방식은 2020 온실가스 감축 목표의 연장 선장에서 결정될 전망이라고 밝혔다. 필자는 우리 정부의 INDC 작성일정이 관계 부처 간의 협의 지연으로 기본 전제에 대한 합의도 하지 못한 상태이기에 어떤 방식의 목표를 제출할지 미정이고 완료 시기도 현 단계에서는 예측이 어렵다고 밝혔다. COP20의 온실가스 감축 목표 후퇴방지 결정에 따라 INDC 작성시 기존의 2020 목표를 넘어서는 2030 목표를 제시할 것인지를 묻는 필자의 질문에 대해, 곽 대사는 싱가포르의 경우 2020 감축 목표가 post–2012 기후체제 합의 출범이라는 전제 조건을 가진 것이기에 아무런 전제 조건을 달지 않은 한국의 2020 감축 목표와는 성격이 다른 것이라고 했다. 필자는 한국의 2020 감축 목표도 post–2012 기후체제 출범이라는 전제 하에서 국제 사회에 제출된 것이라고 설명하고 더 이상 논의를 이어가지 않았다. UNFCCC 사무국에 전달된 한국의 2020 감축 목표 통보 서한이 너무나 단순하게 작성되어 있는 것을 알고 있기 때문이었다. 코펜하겐 당사국총회(COP 15) 합의에 따라 UNFCCC 사무국에 통보된 주요 비부속서 I 국가들의 서한을 보면 감축 목표 이행을 위한 신기후체제나 국제 온실가스 배출권 거래시장 출범 등과 같은 전제 조건을 단 경우가 대다수였다.

2015 협정문 초안에 포함될 요소 문안에 대한 협상은 현 단계에서 어떻게 진행될지 예단하기 어렵고 새로이 임무를 시작한 ADP 공동의장의 시나리오 노트를 기다려 보는 게 좋겠다는 의견에 공감하였다. 오전 회의를 마치고 싱가포르 시내 전경이 내려다보이는 고층 빌딩 중식당에서 가진 오찬은 에너지 집약형 도시 국가의 모습을 느껴보는 시간이었다.

아쉬움과 회한의 시간: 2월 ADP2-9 협상회의

1월 하순에 임무를 시작한 ADP 공동의장의 2월 협상회의 진행 시나리오가 배포되었다. ADP 공동의장은 종전과 같이 개방성, 투명성, 포용성과 공평성을 원칙으로 하고 "no surprise" 정책과 함께 회원국 중심의 협상 회의를 진행해 나갈 것임을 밝혔다. 2월 8일~13일간 제네바에서 개최되는 회의는 협상회기로서 리마에서 채택된 협상문서 초안 요소문서를 중심으로 간략화, 중복과 중첩사항 제거 등을 통해 협상용 문서(a negotiating text)를 작성하고 5월 이전에 유엔 6개 공용어로 작성하여 모든 회원국에 배포할 계획임을 밝혔다.

EIG 그룹은 회의 시작 이틀 전에 제네바에 모여 제네바 대학 부속건물 회의실에서 그룹회의를 가졌다. 레만호에서 멀지 않은 거리에 위치한 제네바 대학 부속건물은 필자가 1986년~1987년간 제네바 대학 국제문제연구소에서 연수를 할 때 머물렀던 기숙사였다. 외형은 변한 게 없었지만 내부는 완전히 개조하여 강의실과 회의실로 사용하고 있었다. EIG 그룹 대표들은 각국의 INDC 준비현황에 대한 의견을 교환한 후 전문(preamble), 감축, 적응, 손실과 보상, 재원, 기술이전, 역량강화, 투명성체제 등에 대해 논의를 가지면서 각 협상 파트별로 contact point를 지정하여 공동 제안서 작성 등 협력을 해 나가기로 했다. 우리를 제외한 스위스, 멕시코 등의 INDC 작성 작업이 마무리 단계에 접어들었다는 이야기에 답답함을 금할 수가 없었다. 멕시코의 협상대표는 관계부처 실무차원의 논의가 잘 진행되지 않아 환경부 장·차관이 직접 INDC 작성을 챙기고 있다고 했다. 우리 환경부의 경우 무관심 때문인지 아니면 부처의 한계 때문인지 모르지만 INDC 작성 일정에 큰 도움을 주지 못하고 있었다. 뿐만 아니라 청와대 담당 수석에게도 몇 차례 보고를 하였지만 진전이 없었다. 환경이 산업과 에너지를 선도해 나갈 수 없는 현실의 반영이었다.

2월 8일(일) 오전에 짧은 개막식으로 시작된 협상회의는 공동의장의 의도와는 전혀 다른 방향으로 회의가 진행되기 시작했다. G-77 대표인 남아공 대사가 Lima에서 시간 부족으로 요소문서에 회원국들의 입장을 충분히 반영하지 못했다고 주장하면서 문안 간략화 작업은 너무 이르다고 밝혔다. 공동의장 Daniel은 협상용 문서에 모든 국가의 입장을 담을 필요가 있다고 하면서 요소문서 독회시에 모든 국가들이 추가 입장을 제시해 달라고 하였다. 일단 협상용 문서가 확정되면 더 이상 새로운 요소 추가는 없다는 점이 강조되었다. 각 항목별로 독회가 시작되었다.

"일반/목적(General/Objective)"분야 논의시에 AOSIS 그룹을 대표한 몰디브대표는 "1.5℃ 이하"(below 1.5℃)를 목표로 추가했다. EU는 IPCC 제5차 보고서의 권고사항을, 멕시코는 인권 등을 추가 제안했다. 일요일 오후에 열린 "감축"(mitigation)분야에는 각 그룹 대표들이 먼저 발언을 시작했다. 강성개도국그룹(LMDC)을 비롯한 개도국 소협상그룹들은 선진국과 개도국의 이분화(bifurcation)를 전제로 한 차별화된 감축 방식을 제안했다. 미국은 선진국과 개도국이라는 표현을 주기적으로 갱신(update) 가능한 부속서 x와 y국가로 대체할 것을 제안하고 감축주기 만료 6개월 전에 INDC를 제출할 것을 제안했다. INDC에 포함될 감축 기여/공약 방식과 관련하여 절대감축방식으로의 진전, 정점(peaking)전망 포함 등이 제안되었다. 필자는 모든 당사국들은 자국의 여건을 고려할 때 "정점(peaking)" 전망이 어려운 경우 "예시적 장기 경로(indicative long-term trajectory)"를 제출하는 문구를 제안했다. 배출정점 예측이 어렵다는 우리 국내 전문가들의 지속된 입장을 반영한 것이다. 최빈개도국(LDC) 대표는 최빈 개도국에 대한 특별 고려 문구를 추가 제안하였다.

필자는 발언을 끝내고 다른 국가 대표들이 동 조항에 대해 추가 발언하는 것을 듣고 있는데 뒤에서 날카로운 목소리가 들렸다. 기억을 더듬어보면 "대사님, 이러면 안 되시죠. 왜 그런 제안을 하시는 겁니까?"라는 항의의 소리였다. 불과 몇 주 전에 기후변화 협상업무를 맡게 되었다는 모 부처 A 대표였다. 주위에 있던 싱가포르, 스위스, 멕시코 등 다른 대표단들이 놀라서 필자를 쳐다보고 있었다. 정말 놀랍기도 하면서도 창피스러운 순간이었다. A 대표에게 지금 여기서 이야기할 사항이 아니니까 회의 후에 보자고 했다. A 대표는 말도 안 되는 제안이며 그 제안이 파리협정문안에 절대 포함되지 않을 것이라고 하면서 험한 말까지 덧붙였다. 참고로 필자가 제안했던 내용은 파리협정 제4조 19항 "모든 당사자는 상이한 국내 여건을 고려하여…(중략) 장기적인 온실가스 저배출 발전 전략을 수립하고 통보하기 위하여 노력하여야 한다"라고 반영되어 있고 우리 정부가 2010년 제정된 저탄소 녹색성장기본법에도 유사 조항이 있다. A 대표에게 자리로 돌아가라고 한 후 배석하고 있던 외교부 박꽃님 사무관에게 회의 후에 호텔 대표단 CP에서 전체회의를 소집하라고 지시했다. 회의 말미에 친분이 있는 일부 대표들이 찾아와 무슨 일이 있느냐고 문의하였고 별일 아니라고 응대했다.

생각해 볼수록 기가 막힐 노릇이었다. 협상회의에 처음 참석해서 전후 내막도 제대로 알지 못하는 대표가 협상회의장에서 수석 대표에게 고성을 지른다는 게 상상하기 어려웠고 앞으로 대표단의 기강을 위해서도 몇 가지를 짚고 넘어가야겠다고 생각했다. 또한 A 대표도 문제지만 더 큰 문제는 내용을 잘 알지 못하는 A 대표를 부추긴 일부 전문가들이었다. 모 연구원의 경우 그간 협상장에서는 한마디도 하지 못하고 내부 대책회의에서는 어떤 아이디어나 대안을 제시하기보다는 과거의 문안이나 입장에 집착하면서 우리 입장의 진화를 방해했다. 오죽하면 화석이란 별칭이 생겼을까 하는 생각이 들었다. 대표단 대책회의에서 필자는 먼저 왜 예시적 장기경로를 작성토록 하는 제안을 했는지를 설명했다. 우리 정부는 법령에 의거하여 녹색성장 국가전략과 20년 장기전망의 에너지기본계획을 수립하게 되어있으며 이는 온실가스 배출의 장기전망을 포함하고 있다. 우리가 온실가스 배출정점을 국제사회에 밝힐 수 없다고 일부 부처와 산하 연구원에서 수차 주장하였기에 이에 대한 대안으로 제시했다. 이는 모든 국가가 자국의 역량과 여건을 감안하여 온실가스 감축을 위한 국제협력에 참가토록 한다는 우리 기본 입장과 맥락을 같이 하는 것이라고 설명했다. A 대표는 이런 자리에서 할 이야기가 아니라고 강변을 했고 산하 연구원 소속 전문가들은 침묵을 지켰다. 이튿날 오전 A대표는 회의장에 나오지 않았다. 그 이유가 주제네바대표부의 소속부처 주재관을 찾아가서 필자가 월권행위를 하고 있다고 서울에 보고해 달라고 했다는 것이다. 주제네바 최석영 대사가 모부처 주재관이 자신을 찾아와 이러한 이야기를 했다고 하면서 어떻게 하는 것이 좋겠느냐고 전화로 알려왔다. 필자는 최 대사에게 상황을 설명해 주었더니 최 대사는 바로 본부에 해당자의 소환을 건의하라고 하면서 그런 대표는 회의에 도움이 안 된다고 조언했다. 정말 맘 같아서는 바로 소환 건의를 하고 싶었지만 좀 더 두고 보기로 했다.

　적응 분야에 대한 추가 문항 제의 시간에는 환경부에서 작성해 준 자료를 토대로 지구적 적응목표설정, 적응 플랫폼 설립 등을 제안하였다. 아쉬운 점은 대표단 일부의 비협조로 시장메커니즘 분야에 아무런 제안을 내지 못한 점이다. 2015년 1월 한국의 온실가스배출거래시장 출범 소식은 신기후체제하의 시장 메커니즘 도입을 지지하는 국가에 큰 힘이 되었으나 실제 협상장에 우리 대표단은 아무런 역할을 하지 못했다. 그나마 일본 대표가 유엔 중심의 크레딧체제와 양자차원의 공동크레딧체제 도입을 제안한 내용이 필자의 생각과 유사하여 위안을 삼았다. 그리고 2015년 6월 우리의 INDC 목표 상향에 시장 메커니즘 활용이 큰 역할을 하였는데 이는 몇 달 뒤의 일이었다. 재원 분야에 대해서는 Lima 회의에서 제시한 우리 문안이 유효하게 살아 있었고 이행수단과 투명성 분야에는 우리가 추가로 제출할 사항이 없어 각국의 입장 추가를 관찰하는 입장을 취했다. 대표단 숫자가 많다고 해서 적극적으로 회의 진행에 기여하는 게 아니라는 것을 증명하는 시간이었다.

　제네바 협상회기 중 수석대표들간의 비공식 협의회가 활발히 진행되었다. 차별화(differentiation)를 주제로 노르웨이와 브라질 대표가 공동 주최한 비공식 오찬모임(2월 10일)에 참석했다. EU와 호주대표는 국가들의 진전(evolving)을 고려한 차별화를 선호했고 미국은 자체적 차별화(self-differentiation)를 선호한다고 밝혔다. 필자는 감축, 적응, 이행수단(MOI), 투명성 등 6개 분야별로 국가별 능력과 여건을 고려한 차별화가 가능하다는 입장을 밝혔다. 감축분야에서는 INDC를 통해서,

적응분야에서는 국별 적응계획을 통해서, 이행수단에서는 국가별 능력
을 통해서, 투명성 분야에서는 MRV체제 이행경험을 통한 차별화 방안
을 제시했다. 브라질 대표는 진전(progression)개념을 도입한 동심원적
접근(concentric approach)방식에 기반한 차별화를 길게 설명하였다.
2015합의문 협상과정에 차별화가 가장 큰 난제가 될 것임을 예고하는
시간이었다.

    유엔사무총장실 Selwin Hart 기후변화담당국장이 면담을 요청해
왔다. 회의중 자리를 나와 카페테리아에서 박꽃님 사무관과 유엔사무
국의 실무자인 Jannifer Park이 배석한 가운데 면담을 가졌다. 면담 때
마다 감시자처럼 따라 다니던 일부 실무자들이 오지 않아 솔직한 의견
을 나눌 수 있는 기회로 생각되었다. 마침 자리를 지나가던 싱가포르
Kwok 대사가 필자를 보더니 미소를 지면서 손을 흔들었다. 나중에
Kwok 대사가 전한 이야기에 따르면 1월 하순 일본과 브라질이 도쿄에
서 공동 주최한 비공식협의회에서 Hart 국장은 참가국 대표들에게
INDC를 조기에 제출해 달라는 반기문 총장의 당부를 전달했다. 이에
대해 Kwok 대사를 비롯한 일부 대표들은 Hart 국장에게 반 총장 출신
국인 한국이 적기에 INDC를 제출하는 모범을 보일 필요가 있다고 이
야기했다고 한다. Hart 국장은 필자에게 먼저 제네바 협상회의에 대한
평가와 차별화 방안에 대한 의견을 문의하였다. 그리고 반기문 사무총
장의 각별한 관심사항이 한국의 INDC 제출시기이며 자신에게 제네바
에서 한국대표를 만나 INDC 준비현황과 제출 예정시기를 파악해 오라
고 지시했다고 했다. 필자의 솔직한 의견을 구하는 Hart 국장에게 국내
관계부처간에 의견이 맞지 않아 상황이 많이 어려우며 "고르디오스의
매듭"(Gordian knot)처럼 풀기가 어렵다고 비유하고 이를 자를 수 있는

역할을 누군가가 해 주어야 할 상황이라고 설명했다. Hart 국장은 한국 국내 상황을 잘 이해할 수 있겠다고 하면서 반 총장이 한국의 어느 분에게 연락을 취하면 좋겠느냐고 문의하여 최고위층만이 얽힌 매듭을 자를 수 있을 것이라고 했다. 2015년 파리 기후총회의 성공여부가 얼마나 많은 국가들이 INDC를 제때에 제출하느냐에 달려 있다는 점을 유엔 사무총장실에서는 심각하게 인식하고 있었다.

2월 11일(수) 저녁에는 제네바 소재 ICTSD가 주최한 "기후변화와 무역"을 주제로 한 실무만찬에 참석하여 새로이 출범한 한국의 배출권 거래시장에 대해 설명하였다. 국가 단위로는 EU 다음으로 규모가 큰 배출권 시장이어서 많은 참석자들이 관심을 보였다. 필자는 한국 총배출량의 60% 이상이 배출거래제 대상이고 상당기간 "learning by doing" 과정이 될 것이라고 설명했다. 미국 국무부 실무급 대표가 양자 면담을 요청해 왔다고 하여 박꽃님 사무관에게 환경부와 산자부 대표를 1명씩 불러 실무차원의 협의를 가지라고 했다. 미측의 관심은 당연히 한국의 INDC 목표와 제출시기에 있었기 때문이다. 일부 수석대표들이 필자에게 어떤 한국 대표가 2015 합의문 협상과정에 선진국과 개도국 명단을 새로이 작성하는 게 가능할 것인지를 문의하면서 한국이 협약상 개도국으로 분류되어 있다고 주장하고 다닌다는 것이다. 알아보니 대표단 중에 모 부처에서 추천한 연구원이 그런 질문을 하고 다녔다고 한다. 미국 대표가 제네바 협상 회의 초반에 미국은 자체 차별화(self-differentiation)방안을 선호하나 부속서로 국가 그룹을 분류해야 할 경우 세계은행 기준으로 새로운 부속서를 만들 것을 제안했다. 협상 회의에 처음 참가한 일부 우리 대표에게는 미국의 부속서 제안이 새롭게 느껴졌고 뭔가 일하고 있다는 모습을 보여주고 싶었기 때문에 그런 짓을 하고 다녔으리라 짐작되었다. 필자는 우리 대표단이 워낙 다양하게 구성되어 있고 협상회의에 처음 참가하는 이들이 있어 그런 일이 있을 수 있다고 양해를 구했다.

2월 12일(목)부터 협상회의는 사실상 파장 분위기였다. 각 회원국 은 향후 협상의 토대가 될 문서에 각자의 입장을 반영하는 문안을 포 함시킨 것으로 제네바회의의 역할을 끝난 것으로 생각했기 때문이었 다. 페루 리마에서 채택된 38페이지의 협상초안 요소문서가 제네바 협 상회의에서 86페이지로 늘어났다. ADP 공동의장의 주재하에 중복 문 항을 단일화하는 문항 축조회의를 가졌으나 일부 개도국 대표들은 문 항별 축조회의를 가질 준비가 되어있지 않다고 거부하였기 때문이다. 2월 13일(금) 오전에는 6월 독일 Bonn에서 열릴 협약 부속기구 회의와 ADP2-9 회의 진행 방법에 대한 논의가 있었다. 무의미한 문항 축조 회의 보다는 향후 회의에서의 성과 거양을 위한 회의 방식논의가 훨씬 유의미하다는 공감대가 의장단과 회원국 사이에 형성되었기 때문이다. ADP 의장단이 6월회의 시나리오와 제네바 협상 문서상의 중복 문항들 을 분류해 회람하고 사안별 소그룹 협상으로 회의가 진행되는 것으로 의견이 모아졌다. 그리고 각 회원국이 제출하는 INDC에 대한 설명회를 가지기로 하였다. 2월 13일(금) 오후에 파리 COP 21에서 채택될 합의 문의 공식 기초문서로 협상용문서(negotiating text)를 공식 채택하였고 이 문서는 유엔 6개 공용어로 번역되어 회원국에 배포될 계획이었다. 이렇듯 아쉬움만 가득한 채 제네바를 떠나 파리를 경유하여 귀국했다. 인천 공항에 도착하니 제네바에서 화물로 부친 짐가방이 탑승 항공기 에 실리지 않았다고 항공사 화물담당 직원이 알려온다. 오 마이 갓!

국제합의를 지키는 INDC 작성과 제출

스위스를 필두로 한 준비된 국가들의
INDC 제출

제네바 협상회의에서 다녀온 후 총리실 녹색
성장기획단과 온실가스 종합정보센터(GIR)에 INDC
작성을 서둘러야 하며 늦어도 6월 말까지는 제출하
여야 한다고 설명했다. 그러나 국내에서는 INDC를
9월 말까지 제출하면 되지 기후변화대사가 뭘 그렇
게 서두르냐는 의견도 있었다. 환경부 장관이 국회
환노위에서 밝힌 9월 말을 제출 시한으로 이해하고
있었다. 답답한 맘이었다. 국회 기후변화포럼이 신
년행사로 개최하는 대한민국 녹색기후상 시상식이
2월 26일 의원회관에서 개최되었다. 외교부 대표로
참석하여 외교부문 녹색기후상을 페루 리마 COP20
에서 기후재원분야 회의에서 많은 활약을 한 기재
부 유병희 과장에게 수여했다. 행사에 참석한 교수

들과 전문가들에게 INDC의 조기 제출 필요성에 대해 설명하면서 측면 지원을 요청하였다.

국회에서의 행사를 마치고 늦은 오후에 사무실로 돌아왔다. 스위스 Franz Ferrez 대사로부터 2015년 2월 27일 INDC을 UNFCCC 사무국에 제출할 예정이라고 하면서 보안 유지를 요청하는 소식이 와 있었다. 박꽃님 사무관을 불러 메일 사본을 주고 주요 사안 보고로 만들어 청와대, 총리실 및 관계부처에 배포하라고 지시했다. 스위스는 2030년까지 1990년 대비 배출량을 50% 감축하겠다고 하면서 국제 배출권거래제도의 활용 입장을 명시하였다. 2015년 3월 6일에는 EU가 2030년까지 온실가스 배출량을 1990년 대비 40% 감축하겠다는 INDC를 제출하였다.

COP20 의장국인 페루가 42개국 기후협상대표들을 초청하여 3월 20일~22일간 리마에서 개최하는 비공식 협상회의 참석을 위해 3월 19일 출국했다. LA에서 연결 항공편을 기다리는 중에 UNFCCC 사무국이 6개 유엔 공용어로 작성된 "새로운 기후변화 합의문을 위한 협상용 문서"(the negotiating text for a new climate change agreement)를 웹사이트에 3월 19일 게재되었음을 확인하였다. 그러나 경유지인 LA에서 Lima로 들어가는 3월 19일 저녁 항공편이 정비문제로 결항하여 예정보다 하루 늦은 3월 21일 새벽 리마에 도착하여 오전 회의를 참석하였다. 스위스, 멕시코 등 여러 대표들이 반갑게 맞아 주었다. Lima 비공식회의에서는 제네바 협상용문서를 바탕으로 감축, 적응, 재원, 기술, 역량강화, 투명성 등 6개 분야에서 반드시 반영되어야 할 사항에 대한 주요국들의 입장 교환이 있었다. 그리고 파리에서의 합의 도출을 위한 사전 정지 작업의 일환으로 많은 회원국이 INDC를 적기에 제출할 필요성이 있다는 공감대를 공유하는 시간이었다. 귀국길에 경유지인 애틀랜타 공항 라운지에서 작업을 위해 서류 가방을 여니 노트북과 함께 넣어 두었던 아이패드의 홈버튼과 화면이 깨어져 있었고 저장해 두었던 자료들을 다시 보지 못하게 되었다.

3월 27일 노르웨이가 스위스, EU에 이어 3번째로 INDC를 제출하고 3월 28일에는 멕시코가 INDC를 제출한 최초의 개도국이 되었다. 멕시코는 INDC에 국제 배출권시장 활용을 조건부로 하는 목표치와 2026년 온실가스 배출 정점(peak)목표를 포함하였다. 미국 백악관은 멕시코가 선진국과 개도국에 좋은 본보기가 되었다고 평가하는 환영성명을 발표하였다. 미국과 러시아가 3월 31일에 INDC를 각각 제출하였다. 4월 1일 스위스의 Ferrez대사는 필자에게 메일을 보내 스위스가 Annex Ⅰ 그룹에서 최초로, 멕시코는 non-Annex Ⅰ 그룹에서 최초로 INDC를 제출한 만큼 협상그룹 중에서는 EIG가 모든 소속국들이 INDC를 제출한 최초의 그룹이 되자는 내용의 메일을 보내왔다. 우리의 INDC 제출시기를 예측할 수 없는 상황에서 뭐라고 답변할 말이 없었다.

기후변화협상 업무를 담당과에서도 예기치 않은 상황이 발생했다. 2015년 2월 24일~25일간 케냐 나이로비에서 개최된 IPCC 제41차 회의에 참석했던 대표단 사이에 불미스런 사건이 발생하였다. 잘 마무리되리라 생각되었던 일이 비화되어 중간 책임자가 기후협상업무에서 배제되었다. "면목이 없어 인사도 못드렸습니다. 대사님 모시고 올 한해 협상 잘 하려 했는데, 처신을 잘못해서 죄송합니다(이하 중략)"라는 짧

은 메일을 남겼다. 많이 힘든 시간이겠지만 꿋꿋이 잘 견디고 다시 만
나 즐겁게 일할 날을 기다려 보자고 격려 메일을 보냈다. 그가 결백함
을 인정을 받은 것은 수년간 인고의 시간이 지난 후였다. 당시 IPCC
Rajendra Pachauri 의장의 예기치 못한 조기 사임에 따라 이회성 부의
장이 의장직 출마 의사를 표명하여 담당과의 업무가 배가되는 상황이
었다. 과의 일손부족은 남은 직원들이 야근으로 공백을 메울 수밖에
없었다.

2015년도 주요경제국포럼(MEF)회의와 한미 양자 협의

2015년 4월 19일(일)~20일(월)간 미국 워싱톤DC 국무부에서
2015년 제1차 주요경제국포럼(MEF)회의가 개최되었다. MEF 참가국들
의 수가 기존 17개 회원국에서 싱가포르, 스위스, 몰디브, 노르웨이, 페
루, 마샬제도, 사우디, 터키 등으로 확대되었고 ADP 공동의장과 유엔
사무총장실 Janos Pasztor 기후변화담당차장보(ASG on climate change)
도 참석하였다. John Kerry 국무장관은 개막사를 통해 파리 COP21의
성공지표로 협정문, 의욕적인 INDC, 재원과 기술, 비정부 행위자의
기여 등 4개 주축(pillars)을 제시했다. 페루 대표는 지난 3월 하순 리
마에서 개최된 비공식회의에서 개도국들이 파리 회의에서 적응, 손실
과 피해(loss and damage)을 어떻게 다룰 것인지에 큰 관심을 보였다
고 설명했다. MEF 회의에서는 2015 합의문 협상 과정에 가장 큰 장
애 요인이 될 주제인 차별화를 감축 · 적응 · 지원(support)과 보고/검토
(reporting/review)에 어떻게 반영할 것인지와 적응의 목적, 손실과 피해
논의 방향에 대해 의견을 교환하였다.

필자에게는 참가국 대표들이 순서대로 돌아가면서(tour de table) 발언하는 "INDC 준비상황과 제출예정시기"에 관한 첫 세션에 더 많은 신경이 갔다. MEF 회의를 준비하는 과정에 INDC 제출시기와 관련해서 최고위층에서 6월 하순까지 제출이 가능토록 국내 준비 작업을 서둘러 실시하라는 지시가 있었다는 이야기를 들었다. 그래서 고민 끝에 발언문을 만들어 첫 세션에서 발표를 했다. 회의를 진행하던 Caroline Atkinson NSC 부보좌관(Deputy NSC advisor)은 "Wonderful"이라고 반겼다. 휴식시간에 필자를 찾아와서 박근혜 대통령이 6월 중순 미국을 방문예정이며 백악관 기후변화협상 담당자가 필자에게 양자 협의를 위해 연락할 것이라고 알려 주었다. 4월 20(월) 저녁 워싱톤DC를 출발하여 서울에 도착하니 4월 22일(수)이었다. 미 백악관 NSC 에너지 기후변화담당 선임국장(senior director for energy and climate change, NSC)이 현지시간 4월 20일(월) 오후에 필자에게 메일을 보내 박 대통령 방미에 앞서 기후변화사안에 대해 기술적 의견교환(technical exchange)을 하고 싶다고 했다. INDC작성을 위한 한-미간 협의의 시작이었다.

2015년 6월 30일 INDC 제출을 위한 여정

▌ COP19(2013년 12월)총회 이후 진행 경과

필자가 기후변화대사로 부임한 2014년 5월 이미 우리 정부의 INDC 작성을 위한 로드맵이 작성되어 있었다. 폴란드 바르샤바에서 2013년 12월 개최된 COP19 총회에서 모든 당사국들은 COP21 총회 이전 상당한 시간을 두고, 준비된 경우 2015년 1/4분기까지 "의도한 국가 결정 기여"(INDC)를 제출키로 합의하였다. 로드맵에 의하면 국무총리실 녹색성장위원회가 INDC 작성업무를 총괄하고 관계부처 협의를 통해 2014년 말, 늦어도 2015년 초까지 INDC 작성을 완료한 후, 주요 국가들의 제출 동향을 보아가며 우리의 최종 제출 시기를 정한다는 것이었다. 그러나 2014년 4월 16일 세월호 사건으로 인해 INDC 작성을 위한 기초작업이 진행되지 못하고 있지만 그다지 우려할 사항은 아니라는 분위기였다.

필자는 부임 후 국무조정실 2차장이 주재하는 대책회의에 몇 차례 참석하여 협상 동향과 주요 국가들의 INDC 작성 동향에 설명해 주었다. 야심적인 로드맵 일정과는 달리 산업부와 환경부간의 입장 차이가 INDC 작성의 기본 전제가 되는 산업구조와 전력 수요 전망에서 분명히 드러남으로써 작업의 진전이 없었다. 제2차 에너지기본계획에 사용한 산업구조 전망에 대해 에경연과 산업연구원이 문제를 제기하여 다시 작업하는 일이 벌어졌다. 그러나 산업연구원이 작성한 산업구조 재전망에 대해 산업계가 문제 제기를 하였고 이로 인한 2차 재전망 작업이 3월 중순에 실시되었으나 이에 대한 시민사회의 이의 제기가 계속되었다. 게다가 환경부 장관이 국회 환노위에서 2015년 9월 말까지 INDC를 제출하면 될 것이라고 한 발언을 근거로 일부 부처에서는 INDC의 2015년 상반기 제출에 회의적 입장을 보이고 있었다.

▌ INDC의 목표와 제출 시기의 공론화

스위스를 필두로 한 EU, 노르웨이, 멕시코의 INDC 제출을 보면서 필자에게는 두 가지 목표가 생겼다. 첫 번째는 2015년 상반기 중에 INDC를 제출하는 것이고 둘째는 우리가 국제사회에 밝힌 2020 온실가스 감축 목표를 상회하는 2030 감축목표 제시였다. 둘 다 국내 제반 여건상 쉽지 않은 상황이었다. 청와대 미래 수석에게 협상동향과 함께 우리의 온실가스 목표에 대한 국제사회의 기대치를 보고하였으나 큰 기대를 걸 수 없는 상황이었다. 답답한 맘으로 2015년 4월 19일~20일 간 미국 워싱톤DC에서 개최되는 주요경제국포럼 회의를 준비하는 중에 담당과로부터 국무조정실이 6월 말까지 INDC 제출 준비를 마치라는 상부 지시를 받고 관계부처 작업을 서두르고 있다고 보고를 해 왔다. 2015년도 첫 주요 경제국회의(MEF)에서 우리의 INDC 준비상황과 제출가능 시기를 공유하는 것이 협상무대 일부에서 나타나고 있는 우리에 대한 부정적 인식을 제거하는 좋은 방안이라고 생각했다. 그래서 MEF 회의 첫 세션에서 INDC에 관한 각국의 입장을 수석대표들이 돌아가면 발표하는 기회로 활용하기로 결심했다.

백악관 NSC 부보좌관의 주재로 진행된 첫 세션에서 스위스, 멕시코, 미국 대표는 각각 자국의 INDC가 의욕적인 목표와 분명하고 투명하며 쉽게 이해할 수 있도록 필요한 자료와 정보를 제시하고 있다고 발표했다. 중국 시젠화 기후특사는 미-중 정상간 합의를 토대로 INDC를 작성하고 있으며 상반기 중 제출이 가능할 것이라고 발표하였고 인도 환경장관은 수일전인 4월 14일 인도-프랑스 정상선언에서 밝힌 다양한 계획들이 INDC에 포함될 것이라고 했다.

필자는 INDC 준비상황에 대해 아래와 같이 간략하게 발언을 했다.

"(중략) Our high ambition encountered headwinds. However, thanks to timely intervention from our leader and motivated by early submissions of our partners, we are now back on track.

We hope we are able to join by June our partners who already submitted their INDCs. Our INDC, when submitted, will be clear, ambitious and achievable. (중략)"

커피타임에 여러 대표들이 필자에게 좋은 소식을 들려주어 고맙다고 인사를 했다. 미국, 영국, EU 대표들은 주한 공관을 통해 한국의 INDC 준비가 지연되고 있음을 알고 많은 우려를 갖고 있었다고 했다.

미국에서 돌아온 후 4월 23일(목) 국무조정실, 외교부, 산업부, 환경부가 공동 주최한 산업계 및 환경계 대표들과의 이해관계자 포럼에서 INDC의 6월 말 제출 필요성에 대해 아래 요지로 설명하였다.

"파리 회의 성공을 위한 국제사회의 기대와 우리의 국제적 지위 등을 감안할 때 늦어도 6월 말까지는 INDC 제출이 필요하다. 한국이 INDC를 적기에 제출하지 못하면 다른 대다수 개도국들에게 한국도 못하는데 우리가 어떻게 제때에 제출할 수 있겠는가 하는 핑계거리를 제공할 수가 있다. 그러기에 선진국들과 유엔에서는 한국의 6월 말 제출을 기대하고 있다"

특히 산업계 대표들은 INDC 제출 시기가 늦으면 늦을수록 좋고 빨라도 9월 말일 것이라고 생각하고 있기에 6월 말 제출을 본격적으로 공론화할 필요가 있다는 판단에서였다. 주한 독일 대사관과 Konrad Adenauer 재단이 공동 주최한 모임에 참석하여 기조연설을 하면서 "Although it takes time to make convergence on our INDC domestically, we are exerting our best efforts to submit our INDC by the first half of this year"라고 밝혔다. 국내 일부에서 기후변화대사가 너무 치고 나간다는 이야기가 돌고 있다는 소문이 들렸지만 누군가는 해야 할 것 같기에 신경을 쓰지 않았다.

5월 17일~19일간 독일 베를린에서 개최된 제6차 Pertersburg 각료회의에 참석하였다. 5월 18일(월) 35개 참가국 수석대표들과 Joachim Gauck 독일 대통령 주최 오찬 리셉션에 참석한 계기에 마침 독일 정부 초청으로 연수를 와 있던 환경부에 출입하는 CBS노컷뉴스 장규석 기자를 만났다. 회의를 마친 5월 19일(화) 오찬을 함께 하면서 협상 동향과 INDC의 적기 제출 필요성에대한 이야기를 나누었다. 우리도 국제사회에서의 위상과 협상력 견지 차원에서 6월 말까지 INDC를 제출해야 하며 이를 목표로 준비를 서두르고 있다고 했다. 장 기자는 5월 20일(수) 노컷 인터넷 뉴스에 "한국, 온실가스 감축 공약(INDC) 다음달 제출" 제목으로 기사를 내보냈다. 요지는 당초 9월에 제출하기로 한 것보다 일정을 크게 앞당긴 것으로 산업계와의 조율이 관건이라고 하면서 과연 한 달 남짓한 기간 동안 감축 공약을 확정해 발표할 수 있을지가 회의적이라는 것이었다.

필자는 이러한 기사 보도를 전혀 알지 못한 채 파리로 왔다. 5월 20일 엘리제에서 올랑드 대통령 주재로 '탄소 가격제'(carbon pricing)에 관한 산업계와의 오찬 대화에서 발표할 한국의 배출거래제에 관한 발언 자료를 준비하고 있었다. 이른 새벽 시간에 청와대 외교부서에 근무하는 후배에게서 전화가 왔다. 청와대 산업비서관실에서 노컷뉴스에 게재된 보도를 보고 최 대사가 너무 앞서 나간다고 하면서 감찰을 요청하겠다고 해서 자기가 잘 무마시켰다는 이야기를 했다. 필자는 잘못된 게 있으면 당연히 감찰을 받아야 하겠지만 기후변화대사로서 당연히 해야 할 일을 하고 있다고 대응했다. 후배는 잘 알고 있다고 하면서 너무 세게 드라이빙하지 않았으면 하는 바람을 이야기했다. 그 이후 필자가 앞서 나가야 필요가 없이 국내에서는 INDC 작업은 6월 말 제출을 목표로 진행되었다.

세계교육포럼 개회식 참석 등을 위해 방한한 반기문 유엔사무총장이 5월 20일 박근혜 대통령을 면담하고 post-2020 신기후체제에 대해 협의하였다는 보도가 있었다. 필자는 분명히 INDC의 제출시기에 대한 논의가 있었으리라 생각했다. 그리고 박 대통령의 6월 14일~17일간 방미가 예정되어 있기에 INDC 제출시기가 더 이상 늦어지는 일은 없을 것 같았다. 베를린 회의 출장 전에 본부 인사담당자가 장관께 필자를 주유네스코 대사 후보로 추천했다고 하면서 양해를 구했고 필자는 좋다고 했다. 하지만 기후변화협상이 막바지에 이른 시점에서 협상대표를 바꿀 수 없다는 고위 간부들의 주장에 결국 없던 일이 되어 버렸다는 이야기를 들었다. 다시 맘을 가다듬어야 했다.

▌INDC 준비과정에 가진 미국과의 1차 화상회의

미국 백악관 NSC 에너지 기후변화담당 선임국장 Michelle Patron이 4월 20일 필자에게 박근혜 대통령의 6월 중순 방미에 앞서 기후변화 문제에 관한 기술적 협의를 하고 싶다고 연락을 해 왔다. 우선 청와대 외교비서관과 외교부 북미국장에게 관련 사항을 알려주었더니 기후변화대사가 미측과 협의하는 게 좋겠다는 의견을 유선으로 알려왔다. Patron 선임국장은 양국 기후변화팀간에 DVC(Digital Video Conference)를 가질 것을 제의하면서 양국 INDC와 국내정책, 추가 협력사항 및 향후 계획 등 3가지를 의제로 제시하였다. 유관부서와 협의하여 미측의 제안의제를 수용하고 5월 14일(목) 21:30(미국현지시간 08:30)에 화상회의를 가졌다. 미국 측에서는 백악관 NSC, 국무부, 에너지부 등에서 13명과 주한 대사관 관계자가 참여하였고 우리 측에서는 예정과는 달리 외교부 2명, 산자부, 환경부 담당자 등 총 4명이 참석하였다. 그 많은 전문가들이 무슨 이유에서인지 한명도 참석하지 않았다. 필자는 미측에 우리 측 전문가들이 당일 예정된 INDC 준비 작업회의가 끝나지 않아 참석하지 못하였다고 양해를 구하였지만 얼굴이 화끈거리는 시간이었다.

미국 Patron 선임국장은 지난 3월 25일에 제출한 미국 INDC의 2025 온실가스 감축목표와 실행 방안에 대해 설명하였다. 2025년에 경제전반의 온실가스 배출량을 2005년 대비 26~28% 감축하는 목표를 달성하기 위하여는 매년 2.3~2.8%의 감축이 필요하다고 하면서 의욕적임을 강조하였다. 그리고 오바마 행정부의 기후행동계획과 청정발전계획 등에 따라 온실가스 감축이 비용 효과적으로 이루어질 것이라고 밝혔다. 리마 COP20에서 합의한 INDC의 명료성, 투명성 그리고 이해도 요건을 충족한다고 설명하였다. 필자는 미국의 기후대응 리더십을 평가한 후 몇 가지 질문을 하였고 배석했던 미측 전문가들이 답변을 하였다.

필자는 먼저 2020온실가스감축목표 이행을 위한 방안으로 배출권 거래제도가 2015년 1월부터 실시되어 한국의 기후변화대응 핵심 정책 수단이 되었음을 설명하였다. 한국의 INDC 준비는 국내사정으로 다소 지연되었으나 최근 들어 2~3일 간격으로 회의를 갖고 있다고 했다. 그리고 수일 내 부총리주재 관계부처 장관회의에서 몇 개의 온실가스 감축 목표안을 마련하여 공청회를 가질 것이며 2~3주 내 목표안이 마련

될 수 있을 것이라고 설명했다. 그리고 INDC에는 감축과 적응이 포함될 것임을 밝혔다. 감축목표는 경제전반에 걸친 것이 될 것이나 절대치방식이 될지 BAU 방식이 될지 미정이며 BAU 방식이 될 경우 2020년 감축목표의 연장선상에서 정해질 것이라고 했다. 감축대상 온실가스는 IPCC 지침에 따른 6개 온실가스가 될 것이며 주기로 10년 단위를 채택하고 2025년 예시경로와 정점연도(peak year) 포함을 검토하고 있지만 기준연도는 아직 정해지지 않았다고 밝혔다. 그리고 2012년 한국 온실가스 배출량의 87% 정도가 에너지 분야에서 발생하였으며 2035년까지 한국의 에너지 수요공급을 전망하고 있는 제2차에너지기본계획이 한국의 INDC를 설명하는 주요 정책 근거가 될 수 있다고 했다. 적응목표는 서술형으로 포함되며 한국의 적응정책과 경험에 관한 정보공유차원이 될 것이라고 설명했다.

INDC에 관한 정보를 교환하고 질의응답을 가진 후 양측은 6월 중순 예정된 한국 대통령의 방미기간 중 기후변화분야에 성과물을 낼 수 있도록 협력해 나가기로 하였다. 미국과의 1차 화상회의 결과를 청와대, 총리실 및 관계부처와 공유하였다. Patron 선임국장은 5월 15일 이메일을 통해 전날의 건설적 논의에 감사를 전하고 한국의 INDC에 정점연도(peak year), 2025년 예시적 목표와 재생에너지비율확대를 포함하고 의욕적인 감축목표를 제시하여 국제사회에 지속적인 리더십을 보여 달라고 요청하였다. Patron 선임국장의 메일 내용을 청와대, 총리실 및 관계부처에 전달하고 INDC 작업에 참고토록 요청하였다. 관계부처간 입장차이로 INDC 작업의 진전이 없는 가운데 Patron 선임국장의 요청으로 5월 29일(금) 21:00에 기후변화환경과 조계연과장이 배석한 가운데 2차 유선 협의를 가졌다. Patron 선임국장은 화상회의 때 논의했던 온실가스 배출정점연도, 2025년도 예시적 경로, 신재생에너지 목표확대 등이 우리 INDC에 포함될 것인지를 문의했다. 필자는 산업계 등 이해관계자 그룹들의 다양한 의견으로 INDC 작업이 예상보다 더디게 진행되고 있어 아직 공론화를 위한 감축 목표안이 나오지 않았으나 일주일 후에는 INDC공론화 과정을 진행할 수 있을 것이라고 하였다. 그리고 관련 자료가 준비되면 미국과 공유할 수 있을 것이라고 밝혔다. Patron 선임국장은 대통령의 6월 중순 방미시에 발표할 공동성명에 기후변화와 에너지 분야에서의 양국의 협력의지를 담은 문구를 포함하고 싶다는 의사를 밝혔고 필자는 우리 측의 공동성명 준비팀과 협의토록 하겠다고 하였다. 전화 말미에 Patron국장은 5월 말로 자리에서 물러나고 6월 1일 후임자가 부임예정이라고 하면서 그간의 협조에 고마움과 함께 작별인사를 전했다.

▌당혹스런 2030 온실가스 감축목표 공론화 시나리오

독일 Bonn에서 개최되는 ADP2−9 협상회의 참가를 위해 5월 30일~6월 13일간 출장길에 올랐다. 2030 온실가스 감축목표 공론화 추진일정이 6월 중순부터 시작된다는 보고를 듣고 6월 말까지 INDC를 제출하는 데 큰 어려움이 없을 것 같은 생각이 들었다. 다만 국무조정실장 주재 관계부처 회의시에 에경연(KEEI)과 온실가스종합정보센터(GIR)에서 각각 작성한 4가지 목표안들 사이에 너무나 큰 차이가 있는 것을 보고 감축 목표를 설정하고 합의하는 게 쉽지 않을 것 같다는 생각을 했다. 국무조정실장이 KEEI와 GIR에서 감축목표 2개 안을 제출하도록 입장을 정리하였다. 필자는 GIR 유승직 소장에게 Lima 회의 합의에 따라 2030 감축목표치가 2020 목표치는 넘어서야 한다는 점을 강조하였다. KEEI가 가져온 4개 안 중에 가장 높은 안의 감축 목표치도 2020 목표치에는 턱없이 모자랐다.

5월 31일 EIG 그룹회의에서 어려운 과정을 걸쳐 우리도 6월 말까지는 INDC를 제출할 계획임을 밝혔다. 회의 초반에 열린 EIG-EU-Umbrella 그룹 공동회의에서 만난 EU와 미국 대표는 필자에게 고생 많이 했다고 위로의 인사를 했다. 상황이 반전되는 데는 그리 오랜 시간이 걸리지 않았다.

6월 9일 아침 미국 백악관 NSC에너지기후담당선임국장으로 새로 부임한 Paul Bodnar로부터 이메일을 받았다. Michelle Patron의 후임이라고 소개를 하면서 주미 안호영 대사가 백악관 NSC 자문관을 면담하고 조만간 발표될 한국의 INDC 감축목표안들(options)을 전달해 왔다고 했다. 그리고 한국대사와 NSC 자문관은 자신에게 최재철 기후변화대사와 협의를 하라고 요청했다는 것이었다. 그 이유는 일주일 후에 있을 박 대통령 방미시에 오바마 대통령이 논의하고 싶어하는 주제가 기후변화이기 때문이라고 했다. 그리고 가능하면 독일 Bonn에서 미국 협상대표들과 만나 줄 것을 요청했다. Bodnar 선임국장에게 함께 일하게 되어 반갑다고 하고 Bonn에 와 있는 미 국무부 협상대표를 만나보겠다고 하였다. 메일 회신 후 본부 기후변화환경과 조 과장에게 주미대사가 미측에 전달한 INDC 옵션들이 어떤 것인지와 독일 Bonn에서의 미측과 협의를 가지는 것에 대한 본부 입장를 문의했다. 본부 조 과장은 청와대 외교수석과 본부 2차관이 Bonn에서의 협의가 좋다고 했고 INDC 공론화 자료는 국무조정실로부터 6월 10일 받는 대로 보내주겠다고 했다. 그러나 독일 Bonn에서 미측 협상대표들과 서로의 시간이 맞지 않아 면담시간을 잡지 못했다. 다행이라는 생각이 들었다. 우리 감축 목표안들에 대해 제대로 알지 못한 상태에서 미측의 입장을 들었다가는 또 관계부처에서 너무 미국 이야기만 듣는 게 아니냐는 불만이 나올 것이 뻔했기 때문이다. 상대방 이야기는 듣지 않고 자기 이야기만 하고 나오는 일부 인사들에게는 상대측 이야기를 듣고 자세히 보고하는 필자가 불만스러워 보일 것이라는 생각이 들었다.

협상회의 하루를 남긴 6월 10일 오후 감축분야 EU입장을 주로 발표하는 영국 협상수석대표 Peter Betts가 긴급 면담을 요청해 왔다. 서울시간 6월 11일 오전 10시를 엠바고로 해서 6월 10일 배포한 우리의 2030 온실가스 감축목표 4개 안에 대한 것이라는 생각이 들었다. 박꽃님 사무관에게 보도자료 사본을 가져오고 환경부와 산업부 실무자들이 면담에 배석토록 하라고 지시했다. 박 사무관이 가져온 보도자료를 보니 KEEI가 제시한 4개안 중 목표치가 가장 높은 2개 안(14.7%와 19.2%)과 GIR이 작성한 4개안 중 목표치가 가장 낮은 2개 안(25.7%와 31.3%)이 공론화를 위해 제시되었다. Lima회의에서 합의된 "진전(progression)" 조항을 지키기 위해서는 어려운 난관들을 거쳐야 하겠구나 하는 생각이 들었다. Betts 국장은 주한 영국대사관으로부터 보고를 받았으며 한국 정부가 제시한 4개 안이 모두 Lima 합의사항에 배치된다고 지적하면서 한국이 후퇴금지(no backsliding) 합의를 존중해 줄 것을 강하게 요청해 왔다. 영국 정부는 주한 대사관을 기후변화에너지 중점공관으로 지정하고 기후변화 담당관까지 두면서 한국 정부의 의욕적인 기후행동을 지원하고 독려해 오고 있었다. 필자는 Betts 국장에게 주한 영국대사관의 신속한 보고를 평가하고 아직 상세한 내용을 접하지 않아 바로 답변하기는 어렵다고 하였다. 그러나 공론화 과정에서 제시된 4개 안중의 하나가 반드시 선택되는 것이 아니며 목표치가 상향조정될 가능성도 배제할 수 없다고 답변하였다. Betts 국장은 한국이 지금까지 협상과정에 건설적 기여를 해 온 것처럼 국제적 합의를 존중하는 방향으로 목표를 설정해 줄 것을 요청했다. 면담을 마치고 일어서면서 Betts 국장은 필자에게 도움을 줄 수 있는 일이 있으면 언제든지 이야기해 달라고 하고 주한 영국대사에게도 연락을 해 두겠다고 하였다. 영국 협상대표와의 면담내용이 거의 실시간으로 국내 언론에 알려져 내용 누설이 어느 부처에서 되었는지를 두고 일부 부처간에 말싸움이 벌어졌다고 했다. 필자는 서울에서 경위를 파악하겠다고 온 전화를 받고 별 내용도 아니고 공개되어도 무방한 내용이라고 답변했다.

협상회의 마지막 날인 6월 11일 아침 EIG 그룹회의부터 회의 종료시까지 많은 협상대표들이 필자를 찾아와 한국의 INDC 목표가 어떻게 되느냐고 문의해 왔다. 필자 입장에서는 공론화를 위한 감축 목표들이기 때문에 아직 예단하기 이르다고 설명했다. 한편으론 공론화를 위한 시나리오 발표 시기가 협상회의 막바지인 6월 11일이라는 것이 다행이라는 생각이 들었다. 협상회의 초반에 이러한 뉴스가 있었다면 환경NGO소식지 "ECO"지에 게재된 "Three strikes and you're out!"의 대상이 이웃 나라가 아닌 우리가 되었을 것 같다는 생각이 들었다.

▌ 결단을 생각하는 고뇌와 번민의 시간

독일 Bonn에서 돌아오니 반갑지 않은 소식들만 들려왔다. 6월 10일 청와대에서 국내 메르스 확산사태로 6월 14일~18일간 예정된 방미계획을 연기한다고 발표했다. INDC 공론화를 위한 4개의 감축목표안에 대해 6월 11일 민관합동검토반회의, 6월 12일 공청회를 가졌으나 합의 도출은 요원하다고 한다. 경제계는 어려운 경제상황을 감안하여

정부의 온실가스 감축 시나리오 제1안(BAU대비 14.7%)보다 목표를 더 하향 조정해야 한다고 주장하고 환경분야 시민사회단체는 감축 목표를 제4안(BAU대비 31.3%)보다 상향 조정해야 한다고 주장했다. 경제단체에 근무하는 한 선배는 부총리가 경제계에 감축목표 제1안이 선택되도록 하겠다는 언질을 주었다고 귀띔을 해 주었다. 정말 답답한 맘이었다. 독일 Bonn에서 잠시 만났던 중앙일보 강찬수 환경전문기자가 취재일기로 6월 16일 게재한 "온실가스 감축정책, 국격도 생각했으면"라는 기사를 읽으면서 그나마 맘의 위안을 얻었다.

6월 17일(수) 저녁을 먹고 사무실로 돌아와 기후변화환경과 조 과장과 박 사무관을 배석시킨 가운데 Paul Bodnar 백악관 NSC 선임국장과 한 시간 가량 전화 통화를 가졌다. Bodnar 국장은 한국이 공론화를 위해 발표한 4개의 감축목표안이 모두 한국의 2020 감축목표보다 낮다는 점에 우려를 표명했다. 미국 전문가들의 검토에 따르면 한국의 적절한 2030 감축목표 수준은 2005년 배출량대비 5~15% 사이라고 하면서 4개 안보다 높은 수준의 추가적인 목표안이 도출될 수 있는 지를 문의해 왔다. 미국은 한국이 2020 감축목표에서 후퇴한 2030 목표를 제시할 경우 인도, 인도네시아, 브라질 등과 같은 주요 경제국들의 INDC제출과 신기후체제 협상 전체에 부정적 영향을 미칠 수 있기 때문이라고 덧붙였다. 필자는 우리가 2009년도에 자발적으로 제시한 2020 감축목표는 매우 의욕적인 것이었으며 이러한 조기 행동(early action)에 대해 후퇴금지/진전원칙을 적용하여 일방적으로 압박할 게 아니라 합당한 인센티브를 부여해야 할 것이라고 하면서 이야기를 시작했다. 그리고 현재 공론화를 위해 제시된 4개 목표안에 대해 너무 높다는 의견에서부터 너무 낮다는 의견까지 다양한 의견을 나오고 있으

며 공론화 과정에서 다른 감축 목표안 제시 가능성도 열려 있다고 밝
혔다. 그리고 한국의 2020 감축목표는 성장 중에 있는 경제의 역동성
을 반영하여 BAU 방식으로 제시되었으며 이는 당시 IPCC 제4차 평가
보고서의 권고에 따른 것이었고 2030 감축목표도 과거 감축 목표의 연
장선상에 BAU 방식으로 제안된 것이라고 설명했다. Bodnar 선임국장
은 오바마 대통령이 한국측에 감축목표를 최대한 높이 설정하여 줄 것
을(set the bar higher you can) 요청하였다고 밝히면서 지속적으로 협의
해 나가기를 희망하였다. 조 과장에게 통화 결과를 상세히 정리해서
청와대와 관계부처에 배포하라고 했다. 우리 이야기는 간단히 정리하
고 상대방 이야기를 이해하기 쉽게 풀어쓰다 보니 일부에서는 너무 미
국 이야기만 듣고 있다는 불평을 하였기 때문이다.

6월 18일 오전 조선일보가 주최한 "2015 미래 에너지포럼 특별대
담"에 참석하여 한국의 국제적 위상과 국제사회의 한국에 대한 기대치
를 고려하여 2020 감축목표를 뛰어넘는 2030 감축목표를 INDC에 담
아야 할 것이라고 밝혔다. 6월 18일 오후에는 국회기후변화포럼이 주
최한 "국가 장기 온실가스 감축목표 시나리오, 이대로 좋은가?"라는 제
목의 긴급 토론회에 참석하였다. 국무조정실 참석자는 INDC 제출을 9
월에서 6월로 당기면서 의견수렴이 다소 미흡했다고 밝혔다. 협상대표
를 맡고 있는 필자로서는 언제 우리가 9월 말 제출로 합의한 적이 있나
하는 생각이 들었다. 경제단체 대표로 참석한 토론자는 현재 우리가 차
지하는 온실가스 배출량이 전 세계의 1.7%인데 2℃ 목표를 적용한
2030년 세계 배출총량전망치에서 우리는 1.7%에 해당하는 9억톤 상당
을 배출할 수 있도록 협상해야 한다고 주장했다. 협상을 총괄하고 있는
필자는 그러한 기득권 유지주장 논리는 국제사회에서 절대 환영받지

못하며 우리 대표단은 그러한 입장을 취한 적도, 취할 계획도 없다고 반박했다. 토론회를 마치고 무거운 맘으로 사무실로 돌아왔다. 정말 post-2020 기후체제를 바라보는 우리 경제계의 시각이 이러한 것일까?

▌ 희망의 끈을 놓지 말자

6월 19일(토) 답답한 맘을 달래려 아파트 뒷 탕춘대성 길을 따라 북한산에 올랐다. 독일 Bonn 회의를 다녀온 이래 이른 새벽에 일어나 고민의 시간을 가져보았지만 뚜렷한 해결방안이 보이지 않았다. 설사 제출된 4개 감축목표 중 가장 높은 안이 채택된다고 하더라도 2009년에 밝힌 2020년 BAU 대비 30% 감축목표에 한참 못 미친다. 그럴 경우 과연 앞으로 협상장에서 무슨 역할을 하고 무슨 발언을 할 수 있을까? 물러설 자리가 없어 보였다. 끝까지 최선을 다해 보고 안 되면 기후변화대사직에 물러나는 수밖에 없다는 생각을 하니 오히려 편하게 느껴졌다.

등산 중에 청와대 주철기 외교안보수석으로부터 전화가 왔다. "어디냐?"는 물음에 "앞으로 할 일이 별로 없을 것 같아 북한산에 등산을 왔습니다"라고 퉁명스럽게 답했다. 주 수석은 필자에게 자기는 일하게 하고 혼자 산에서 즐기고 있다고 핀잔을 주면서 뭔가 대안을 줘야 할 것이 아니냐고 했다. 필자는 그동안 수차례 검토보고서를 수석실로 보냈는데 못 보셨느냐고 항변을 했다. 주 수석은 구체적인 숫자를 제시해서 주말 중에 자료를 자신에게 보내라고 했다. 희망의 빛이 보이는 것 같았다. 필자가 주 수석에게 허물없이 말할 수 있었던 것은 외교부에서 오랜 기간 같이 근무를 했고 주프랑스 대사관에서 공사참사관으로 주 수석을 대사로 약 2년간을 모시기도 했다. 한편으론 외교부 국제경제국장, 주모로코 대사를 필자보다 훨씬 앞서 역임한 남다른 인연을 지닌 선배였다(*일지를 쓰던 중에 2019년 2월 7일 주철기대사가 작고하였다는 소식을 후배의 페북을 통해 접하고 황망하였다. 덴마크에서 임기를 마친 후 찾아뵙게 되면 문의하고 싶은 게 많았는데 그럴 기회가 없어졌다. 이 기회를 빌려 다시 한 번 고인의 명복을 빈다)

주 수석과 통화를 마친 후 기후변화환경과 조계연과장에게 전화를 하여 국제시장메커니즘을 활용하여 우리 감축목표를 10~15% 정도 높이는 방향으로 INDC 자료를 주말 중에 작성하라고 지시했다. 박꽃님 사무관에게는 신기후체제하의 시장기반 접근방법 논의 동향과 함께 INDC 작성시 적극적인 활용이 필요하다는 검토보고서를 만들도록 지시했다. 교토의정서 체제하의 청정개발체제(CDM)을 통해 2005~2012년간 생성된 전 세계 배출권 규모(2,210백만 톤) 중에 우리가 창출한 배출권이 약 4.7%에 해당하는 103백만 톤 상당이었음을 고려할 때 우리의 감축 잠재력을 높이는 방법이 국제시장메커니즘 활용이라고 생각하였다. GIR 유승직 소장에게 전화해서 2020 감축목표를 상회하고 2005년 배출량대비 5% 감축하는 경로와 전망치 대비 감축률을 작성해 줄 것을 요청하면서 시간이 없는 만큼 가급적 주말에 보내주면 좋겠다고 했다. 유 박사는 상황의 중요성을 알고 있는 듯 토요일 늦게 자료를 보내왔다. 2020 감축목표(547백만 톤)을 넘어서고 2005년 배출량(560백만 톤) 대비 5% 절대 감축할 경우 2030 감축목표는 532백만 톤이 되며 이는 BAU 대비 37.4% 감축에 해당된다고 알려왔다. BAU대비 최소 37% 이상이 되어야만 Lima 회의 합의를 존중할 수 있다는 점이 확인된 것이다. 주말 동안에 경제수석실의 산업비서관에게도 전화해서 INDC 제출시 감축목표 상향을 위한 국제시장메커니즘 활용 방안에 대해 설명

하였다. 환경부 국장에게 전화해서 6월 21일 예정된 비공식 관계장관
회의 자료에 국제시장메커니즘을 활용하여 감축 목표 10~15%을 상향
할 수 있다는 점을 포함토록 했다. 6월 21일 아침 환경부 국장은 청와
대에서 해외배출권을 2%만 활용하도록 정리했다고 알려왔다. 뭔가 잘
못되어 가고 있는 것 같아 주말에 작성해 두었던 "신기후체제하에서의
시장기반 접근법 활용 전망" 보고서를 청와대 관계 수석실에 급히 전
달토록 하고 외교부 조태열 2차관에게도 상황을 설명하였다. 결과를
기다려 보는 것 외에는 필자가 더 이상 할 수 있는 게 없었다.

6월 22일 미국의 Paul Bodnar가 이메일을 보내 주한 미대사관으
로부터 지난주 국회 토론회 결과를 보고 받았고 워싱톤DC에서는 한국
의 INDC에 대해 높은 관심을 갖고 있다고 하면서 진행사항을 문의해
왔다. 필자는 추가적인 옵션에 대해 조심스럽지만 긍정적이라고 하면
서 하루 이틀 더 기다려보자고 답신을 보냈다. 6월 23일 오후에 부총
리 주재로 관계부처 장관과 청와대 수석들이 2030 온실가스 감축목표
작성 추진현황과 대응방향에 대해 회의를 가졌지만 결과가 바로 나오
지 않았다. 그동안 UNFCCC 사무국에 제출할 INDC 문안에 대한 관계
부처 협의가 진행되었다. 협상과 대외관계를 총괄하는 외교부 입장에
서는 BAU 방식 감축 목표 제시에 따르는 불투명성을 해소하는 데 중
점을 두고 2030 감축목표에 대한 정보, 최대 배출연도(peak), 온실가스
감축경로 등의 포함 필요성을 강조했다.

주말에 우리의 2030 온실가스 감축목표를 BAU 대비 37%로 설정
하기로 하였으며 6월 29일(월) 예정된 녹색성장위원회 회의에서 이 안
을 건의하고 6월 30일(화) 국무회의에서 녹색위 건의안을 결정한다는

소식이 들려왔다. 이와 함께 국내감축은 25.7%, 국제시장메커니즘 활용은 11.3%로 나누기로 했다고 한다. 필자는 제출용 INDC에는 국제시장메커니즘의 부분적 활용으로 명기하고 11.3%를 포함하지 않아야 한다고 설명하고 이를 국무회의 자료에 반영토록 했다. 6월 29일(월) 저녁 늦은 시간에 청와대 산업비서관이 연락을 해왔다. 6월 30일 오전 예정된 기자단 설명회에서 국제시장메커니즘 활용과 관련한 질문이 나오면 필자가 답변을 해주면 좋겠다고 했다. 필자는 그렇게 하겠다고 하고 우리가 국제사회에 설명할 때는 국제시장 메커니즘을 부분적으로 활용으로 하고 11.3% 활용은 국내적으로 발표할 때만 이용하겠다고 밝혔다. 산업비서관은 대외 관계는 알아서 해 주면 되겠다고 했다. 주유엔 오준 대사를 통해 반기문 총장께 우리의 INDC 내용과 6월 30일 오전 대외발표 예정임을 알려주었다. 긴 여정의 한 단계가 마무리되는 시간이었다.

6월 30일 이른 아침 박꽃님 사무관과 함께 KTX를 타고 오송을 걸쳐 세종시에 갔다. 윤성규 환경부장관이 주재하는 "post−2020 온실가스 감축목표 설정관련 정부합동 브리핑"에 참석하였다. 윤성규 장관의 모두 발언 후에 질의응답 세션이 있었다. 한 질문자가 2030 예상감축 배출량이 약 536백만 톤이고 2009년에 발표한 2020년 감축 목표 543백만 톤인데 10년 동안 7백만 톤 감축하면서 강화된 안이라고 하느냐는 질책성 질의를 했다. 정말 정곡을 찌르는 질문이었다. 윤 장관은 2030 목표가 2020 목표보다 후퇴되면 백슬라이딩(backsliding)이지만 그렇지 않았기 때문에 국제사회에 설명이 될 수 있을 것이라고 했다. 필자는 국내여건상 최선을 다했고 국제사회의 질의에 사안별로 답변하면 충분히 의미 있는 안이 되지 않을까 하는 의견을 밝혔다. 국제시장

메커니즘에 대한 질문이 다수 있었다. 국내 배출량은 그대로 두고 배출권을 구입해서 상쇄하겠다는 것인데 재원계획이 무엇이냐는 질의가 있었다. 필자는 신기후체제하의 국제시장 메커니즘이 교토의정서하의 배출권거래와는 다르게 해석되어야 한다고 하면서 비정부행위자들의 기후행동과 북한의 기후대응 지원을 변수로 언급하고 공공재원도 동원될 수 있다고 답변했다. 국제시장메커니즘을 활용한 해외 감축을 감축 수단으로 명시한 나라도 없는데 11.3%를 감축하겠다고 한 게 국제적 망신거리가 아니냐는 질의에 대해서는 사실과 다르며 스위스도 INDC 제출에 이런 방식을 사용했다고 답변했다. 11.3%라는 수치가 어떻게 나왔느냐는 질의에 대해서는 좀 당황스러웠지만 스위스의 경우도 20%을 국제시장메커니즘을 활용하여 감축한다고 했지 내역은 밝히지 않았다고 간략히 답변했다. 국제시장메커니즘 활용방안에 대해 여러 가지 내용을 검토했지만 깊이 들어가지 않은 것이 좋다고 생각했다.

브리핑에 참석했던 일부 기자들과 오찬을 함께 한 후 사무실로 들어와 유엔기후변화협약 사무국 웹사이트에 게재할 INDC 문안을 마무리하는 작업에 들어갔다. 국제시장메커니즘에 관한 기술에는 11.3%을 명시하지 않고 탄소크레딧을 부분적으로(partly) 활용할 계획이라고 표현했다. INDC 영문작업을 마무리하는 과정에 일부에서 2025 배출전망치와 2030 감축 후 배출예상량을 삭제하자는 주장이 제기되어 제출 시간을 지연시켰다. 그 사이에 중국의 INDC가 웹사이트에 게재되었다. 결국 우리의 INDC는 6월 30일 자정(서울기준)이 되어서야 기후변화사무국 웹사이트에 게재를 할 수가 있었다. INDC 게재를 위해 밤늦도록 사무실에 남아 함께 일한 사람을 살펴보니 기후변화환경과 조 과장, 박 사무관, 김리라 사무관 3명에 불과하였다. 파리기후총회로 가는 여

정에 고비를 넘겼다는 생각이 들었다. 그리고 협상과정에 감축목표 달
성의 비구속성과 시장메커니즘 활용을 2015 합의문에 반드시 반영해
야 하는 숙제를 안게 되었다.

2030 INDC 목표에 대한 대내외 평가

한국과 중국이 INDC를 제출한 다음날인 7월 1일부터 양국의
INDC 감축수준에 대한 국제 사회의 평가가 나오기 시작했다. 반기문
유엔사무총장은 한국과 중국의 INDC 제출을 환영하면서 양국이 제시
한 감축목표는 상한선이 아니 출발선이라는 점을 강조했다. 미국은 양
국의 INDC제출을 환영하면서 12월 파리회의의 성공에 기여할 것이라
고 평가하였다. 한국의 INDC 감축목표 설정과정을 잘 아는 미국 백악
관 NSC의 Paul Bodnar 선임국장은 이메일로 Lima 회의 합의를 존중
하여 2020 감축 목표를 넘어선 것에 대해 감사의 뜻을 전하고 파리 합
의문 협상과정에 긴밀히 협력해 나가자고 했다. 우리의 사정을 잘 아
는 스위스, 호주, 싱가포르의 기후대사들은 필자에게 고생 많이 했다는
위로를 보내왔다.

주한 EU대표부에서 회원국들을 대표하여 황교안 국무총리 앞으
로 우리가 유엔에 제출한 INDC의 내용에 대한 질의서한을 보내왔다.
서한의 질의 내용이 매우 구체적이고 우리의 미흡한 점을 지적하고 있
는 것을 볼 때 EU집행위 전문가들의 자문을 받아 작성한 것 같았다.
EU 측은 한국의 배출정점, 절대 목표치와 BAU 배출량 산정 가정치,
국내 행동과 국제 크레딧 활용, 재생에너지 목표와 일정 등 우리 INDC

제출내용 중에 분명하지 않거나 포함되지 않은 사항에 대한 질의였다. 필자는 담당과에 외교부가 조치할 사항이 아니니까 국무조정실에서 직접 처리하라고 했다. 물론 답신이 나가지 않았고 서한 접수 후 3개월이 지난 10월 13일 G. Sabathil 주한 EU대사가 부임 인사차 필자를 찾아왔다. Sabathil 대사는 상당히 직설적인 어조로 EU대표부가 3개월 전에 보낸 서한에 대한 답변을 듣기 위하여 10월 12일(월) 국무조정실과 회의를 가졌으나 필요한 정보를 듣지 못했다고 하면서 필자와의 구체적인 협의를 희망했다. 특히 한국이 BAU 대비 37% 감축을 제시하면서 11.3%를 국제시장에서의 탄소 배출권 구매를 통해 달성하겠다는 계획은 국내 감축노력만으로 본다면 2020년 목표보다 후퇴한 것이라는 등의 여러 가지 불평을 늘어놓았다. 필자는 국제메커니즘 활용이 해외시장에서의 탄소배출권 구매만을 의미하는 것이 아니며 제3국과의 공동 감축 사업, 북한의 온실가스 감축 잠재력 활용, 기업 등 비정부기구들의 외국 단체들과의 공동 감축 노력 등을 포괄한다고 했다. Sabathil 대사는 북한 방문기회에 인권뿐만 아니라 기후변화문제도 제기하겠다고 밝혔다. 세간에 나돌고 있는 정부의 배출권거래제(ETS) 폐지 소문에 대해 사실이 아니며 배출권거래제는 이미 우리의 주요한 정책 수단이 되었다고 설명했다. Sabathil 대사는 창조경제와 같이 한국이 지향하는 바에는 공감하나 이는 실질적인 이행으로 뒷받침되어야 한다는 생각을 갖고 있다고 했다. 이후에도 브라질 환경장관이 중국과 한국의 INDC에 대해 혹평을 늘어놓는 등 우리 INDC 감축목표에 대해 국제사회의 평가가 좋지 않게 나오자 8월 28일에 대통령이 우리 INDC가 국제사회에서 인정받을 수 있도록 관계부처들이 함께 노력하라고 지시를 했다고 한다. 이러한 상황하에서 10월 ADP 협상회의 기간중에 한국 INDC에 대한 설명회를 개최하게 되었다.

방대한 협상문서를 줄여라!

제네바 협상문서 간소화 협상회의(ADP2-9)

기후변화협약 제42차 부속기구(SB-42)회의와 병행하여 6월 1일~11일간 독일 Bonn에서 ADP2-9 협상회의가 개최되었다. 필자는 5월 31일에 예정된 EIG 그룹회의, 2개 부속기구의장 및 ADP공동의장과의 사전협의를 위해 5월 30일 출국하였다. 신기후체제하의 시장메커니즘 논의에 공을 들이고 있는 캐나다 출신 Andrei Marcu의 부탁으로 시장메커니즘 관심국 세미나에는 환경관리공단 민미연 차장이 참석하여 논의동향을 파악토록 부탁했다. 시장 메커니즘문제를 한 부처에만 더 이상 맡겨 두어서는 안 된다는 생각이 들었기 때문이었다. EIG 그룹회의에서 ADP 및 부속기구인 SBI와 SBSTA에서 개회식 그룹대표 연설을 서로 분담하여 실시하기로 하고 대표 연설을 하는 국가에서 초안을 작성하여 회람하기로 했다. 스위스가 ADP, 한국과 멕시코는 SBI와 SBSTA를 각각 담당키로 했다. SBI와 SBSTA 의장 면담시에 두 의장은 Cancun개최 COP16에서 합의한 장기 목표 2℃에 관한 2013-15 검토(review)의 적정성을 IPCC에 검토 요청하는 작업범위에 대한 조속한 합의가 필요함을 강조했다. 이회성 박사가 IPCC 의장에 입후보한 상황에서 우리도 작업범위에 대한 조속한 합의 필요성을 지지해야 했으나 에경연 전문가들이 무슨 이유에선지 극구 반대를 했다. 결국 2015년 COP21에서 IPCC에 정기보고서에 추가하여 1.5℃ 목표에 대한 특별작업을 요청하는 것으로 합의되었다. 지금 생각해도 일부 전문가들이 IPCC에 대한 장기목표 적정성검토 작업요청을 왜 반대하였는지 이해할 수가 없다. 어느 협상대표가 추측한 것처럼 IPCC에 대해 호의적이 아니어서 그런 입장을 취하지 않았나 궁금할 뿐이었다.

 SBSTA 의장은 시장 메커니즘(market mechanism)에 대한 작업이 매우 중요하나 비시장 메커니즘(non-market mechanism)의 포함에 의견이 너무 달라 비공식 협의를 진행할 것이라고 했다. 필자가 non-market mechanism이 구체적으로 뭘 의미하느냐는 질문에 SBSTA 의장은 자기도 궁금하다고 하면서 수단 대표가 비시장 편익(non-market benefits)에 대한 제안서를 웹사이트에 올렸다고 하니 참고하는 게 좋겠다고 했다. SBI 의장은 Lima 회의에서 시작된 선진국들의 국가보고서에 대한 다자평가인 국제평가와 검토(IAR)가 금번회의에서 종료되며 2016년 부속기구 회의에서는 비부속서 I국가들의 국제협의와 분석(ICA)이 실시될 예정이라고 했다. 우리도 협약상 비부속서 I국가로서 격년제 갱신보고서(BUR)를 제출한 만큼 ICA 대비 차원에서 IAR 세션에 참석해 보기로 했다. EIG 그룹 협상대표들은 마지막으로 ADP 공동 의장단과 협의회를 가졌다. 공동의장단은 ADP2-9 협상회의를 위해 5월 5일에 배포한 회의 시나리오 노트에 게재된 회의 진행방식을 주로 설명하면서 파리 COP21에서 채택될 5가지 골격문서(skeleton documents)를 염두에 두고 협상에 임해달라고 당부했다. 공동의장단이 설명한 5개 골격문서는 ① 파리협정문 ② COP결정문 ③ Pre-2020행동강화결정문 ④ 잠정조치(interim arrangement) ⑤ 행정예산조항 등이었다. 그리고 INDC를 제출한 국가들이 자발적으로 INDC 내용을 설명하고 참석자들과 질의응답을 가지는 비공식 회의(informal session)를 6월 2일과 6월 9일 점심시간에 개최토록 하겠다고 밝혔다. 이 회의 목적은 절대 사전검토(ex-ante review)과정이 아니면 이해를 돕기 위한 촉진적 방식(facilitative manner)으로 진행될 것이라고 설명했다.

ADP 공동의장단과의 면담을 마치고 6월 1일 아침 우리 대표단 내부회의에서 밝힐 회의 참가대책에 대해 생각했다. 부속기구회의 논의 의제 중 2013-15 검토에 대해서는 이회성 박사의 IPCC 의장입후보 등을 감안해서 전향적인 입장을 보일 필요가 있으며 다자 평가(multilateral assessment)는 GIR과 KEEI에서 잘 follow-up를 해달라고 하고 필자도 시간이 되면 참석해 보겠다고 했다. ADP 회의는 금번부터 짧은 contact group 회의와 공동의장이 각각 주재하는 협상그룹(negotiating group)회의를 제외하고는 각의제별 2명의 촉진자(co-facilitator)들이 주재하는 12개의 비공식 논의그룹(informal facilitated discussion group)이 야간까지 개최될 예정이었다. 이를 감안해서 대표단들이 업무 분장에 따라 나누어 회의에 참석하고 몰려다니는 일들이 없도록 해달라고 당부했다. 필자는 감축(mitigation), 재원(finance), 투명성(transparency) 등 3개 의제와 관련된 그룹회의에 참석하겠다고 밝혔다. 그리고 시간이 허용하면 다자평가 논의와 INDC 설명회에 참석할 예정이라고 밝혔다. 적응 분야는 환경부 박정현 사무관과 환경정책평가연구원 전문가에게, 역량배양 분야는 환경관리공단 민미연 차장에게 협상을 총괄하도록 했다. 두 사람 모두 그간의 협상과정에 좋은 역량을 보여주었기 때문에 맡겨두어도 된다고 판단했다.

6월 1일 오전 10시에 개회식이 개최되었고 Christiana Figures UNFCCC 사무총장, COP20 의장인 페루 환경장관(녹화연설), COP21 의장내정자인 프랑스 Laurent Fabius 외교장관이 기조연설을 했다. Fabius 장관은 COP21 총회 이전까지 많은 진전을 이루어야 하며 이를 위해 선진국과 개도국, 대국과 소국간의 공동 협력이 필요함을 강조했다. 파리 총회를 앞두고 2015년 9월 유엔 기후변화정상회의 및 수차례의 각료회의가 소집되어 정치적 의지를 결집할 예정임을 밝혔다. 금번 회의부터는 협상대표들이 더 이상 자국 입장을 되풀이하지 않고 서로 상이한 입장에서 합의를 도출할 수 있도록 각자의 입장에 유연성을 보여야 하는 만큼 우리가 반드시 지켜야 할 입장(red line)이 무엇인지를 분명히 하는 게 중요했다. 필자는 반드시 지켜야 할 기본 입장으로 ① 선진국과 개도국의 명시적 구별 없이 자국의 역량과 여건(respective capability and national circumstances)을 감안한 기후행동 ② 2015 합의문에 시장 조항 반영 ③ 신기후체제하의 주요 재원 기구로 녹색기후기금(GCF) 지정 ④ 공통된 투명성 체제하의 적용 유연성 확보 등 4가지를 설정했다. 그리고 이러한 입장을 파리 회의시까지 견지하면서 공식·비공식 협상에서 발언을 하였다. 그리고 협상대표들간에 서로 주고받는 협상과정이었기에 대표단 내부에서도 더 이상 발언 문안을 조율할 필요가 없었다.

회의 기간 중에 자투리 시간을 활용하여 INDC, 각국의 협상 red line 및 협상 진행 평가, IPCC 의장 선출 등에 관한 입장을 파악하기 위한 양자 및 다자회의를 많이 가졌다. 6월 2일 협상회의 때마다 가지는 EU−Umbrella−EIG 그룹 협의에 참석했다. 평소 안면이 있던 유럽국가 대표들이 INDC 준비 일정에 대해 문의하여 그룹별 회의에서 6월 말까지 제출할 예정이 밝혔고 모두 환영하는 분위기였다. 아직 우리의 2030 감축 시나리오 안들이 공개되지 않았을 때였다. 그리고 스위스, EU, 노르웨이의 INDC 설명회에 참석했다. 다들 협상 수석대표들이 INDC 골격을 설명하고 기술적 질의가 있을 때 배석한 전문가들이 답변하는 방식의 진행을 보고 우리의 INDC 설명회도 그렇게 진행해야 하겠다는 생각을 하게 되었다.

6월 3일 호주 대표단과 각 5명씩 참석하는 실무 만찬을 가졌다. 에너지 집약적 산업구조를 갖고 있는 양국의 지속적인 협력과 MIKTA 외교장관 기후변화 공동성명을 9월 유엔 총회에 발표하는 일정에 합의하였다. 우리가 제안하고 문안을 교섭하여 온 MIKTA 외교장관 기후변화 공동성명은 호주가 마무리하여 9월 유엔 기후정상회의 계기에 발표되었다. Turkey 협상대표인 환경부 Mehmet Birpinar 차관보가 면담을 요청하여 만났다. Mehmet는 터키가 기후변화협약체제하에서 개도국으로 분류되지 않아 재정지원 혜택을 받지 못하고 있다고 하면서 이번 신기후체제하에서는 반드시 GCF 등 기후재원의 수원국 자격을 가지는 것이 협상의 목표라고 하였다. 필자에게 터키가 GCF, GGGI로부터 기후금융지원을 받을 수 있도록 협조를 부탁한다고 했다. 필자는 터키가 형제국가인 만큼 최선을 다해 돕겠다고 하고 오는 10월 IPCC 의장 선출시 한국 입후보자인 이회성 박사에 대한 지지를 요청하였고 Mehmet 는 자신이 IPCC 총회에 참석할 예정이며 염려 말라고 했다. EIG 그룹과 AOSIS 그룹과의 양자회의에서 AOSIS 그룹은 파리 합의문에 장기 목표로 1.5 ℃를 명기하는 것과 손실과 피해(loss and damage)를 포함하는 것이 매우 중요하다고 하면서 지원을 요청했다.

ADP 중간점검을 위한 세션에 들어가는 회의장 입구에서 대화를 나누고 있는 사우디 Khalid M. Abuleif 협상대표와 중국의 Su Wei 협상대표를 만났다. 두 사람 모두 2006년부터 교토의정서 의무준수위원회 위원으로 활동하였고 필자는 교체위원(alternate)으로 참여하였기에 서로 잘 아는 사이였다. Khalid가 필자에게 2017년 기후변화당사국총회 개최를 한국이 검토하고 있다고 UNFCCC 사무국으로부터 들었다고 하면서 필자의 확인을 요청하였다. 필자는 어느 지방도시가 사무국에 직접 의견을 문의한 모양인데 2017년 12월 중순에 대통령 선거가 예정되어 있어 개최할 여건이 되지 않는다고 했다. Su Wei 대표가 한국이 2012년에 COP 개최를 추진한 적이 있다고 하여 필자는 돌이켜보면 그 당시에 COP을 유치하지 못한 게 다행이었다고 답변했다.

6월 9일 파리에서 개최된 국제박람회기구(BIE) 총회에 참석하였다. 6월 8일 오후에 파리에 가서 6월 9일 오전 총회에서 집행위원회의 상반기 활동과 회의 결과를 보고하고 오후에 바로 독일 Bonn으로 돌아왔다. 미국 백악관 NSC 선임국장의 우리 INDC 감축시나리오에 관한 이메일을 받고 맘이 급해졌다. Bonn에 도착해서 이형종 심의관과 박꽃님 사무관으로부터 회의 진행 사항, 서울로부터 온 INDC 보도자료와 미국의 양자 협의요청에 관한 본부 지침을 보고 받았다. 6월 10일 스위스가 주최하는 차별화(differentiation)를 주제로 한 오찬 회의에 참석했다. 20여 개국의 협상대표들이 참석하여 2015 합의문에서의 차별화 방안을 논의하였다. 다양한 의견이 표출되었지만 각분야별로 방향성을 지니고 진화하는 개념으로 차별화가 반영되어야 한다는 점에 공감대가 형성되어감을 느낄 수 있었다. 6월 10일 오후에 영국 협상대표의 요청으로 면담을 가졌고 그는 우리의 INDC 감축 시나리오에 대한 깊은 우려를 표명했다. 영국 대표는 각 당사국이 2020 감축목표로부터 후퇴하지 않아야 한다는 것이 매우 중요한 정치적 약속이라고 하면서 한국의 후퇴는 다른 국가들에게 긍정적이지 않은 영향을 미칠 것이라고 우려했다.

협상회의 마지막 날인 6월 11일은 EIG 회의부터 시련의 시간이었다. 통상 2주간의 회의를 결산하는 시간인데 회의장에 알려진 한국의 2030 감축시나리오 때문에 스위스와 멕시코 대표가 필자의 의견과 향후 방향에 대해 문의했다. 회의장에서 만나는 거의 모든 대표들이 필자를 붙들고 질의를 하는 바람에 대표단 CP에서 대책협의에 많은 시간을 보냈다. 폐회식을 마치고 나오는 길에 호주 환경대사가 'good luck'이라는 의미심장한 인사를 보냈다. 그나마 우리의 INDC 감축 시나리오가 협상회의 말미에 알려져서 damage를 덜 입을 수가 있었다고 위안을 삼았다.

뜻하지 않은 여유로움: 2015 크로아티아 포럼참석

6월 30일에 맞춰 INDC를 제출한 후 잠시 여유시간을 가지는 중에 생각지도 못했던 임무가 주어졌다. 과거 환경외교 업무를 같이 했던 개발협력국 오영주 국장이 찾아와서 7월 10일 크로아티아 두브로보니크에서 개최되는 "2015 Croatia Forum"에 한국정부 대표로 참석하여 발표를 해 달라는 것이었다. 발표자료는 해당 과에서 다 준비할 예정이라고 했다. 필자가 가야 할 이유를 문의하니 당초 유네스코 세계문화유산업무 관계로 크로아티아를 방문했던 윤병세 장관이 참석을 약속하였지만 일정이 되지 않고 다른 1급 간부들 중에도 적절한 대참자를 구할 수 없다고 했다. 머리도 식히고 어수선한 맘을 달랠 겸해서 좋다고 했다.

모처럼의 여유를 갖게 해준 2015 크로아티아 포럼(2015.7.10), 필자 옆에 앉은 분은 크로아티아 외교장관으로 반기문 사무총장 후임으로 출마한 바 있다.

"New Development Policy: Towards Partnership and Common Vision"을 주제로 내건 연례 포럼은 크로아티아가 발칸 지역의 지도자로 부상하기 위해 야심차게 준비하여 진행하는 행사였다. 유럽국가 외교 및 개발협력 장관들이 많이 참석하였고 아시아에서는 필자와 일본 외교부 정무차관이 참석을 했다. 주크로아티아 서형원 대사에 의하면 일본은 매년 참석하고 있다고 했다. 자그레브에서 두브로보니크로 차량을 이용해서 이동하였고 제3국 몬테네그로를 지날 때는 여권 검색이 있었다. 두브로보니크에서의 지난 1박 2일의 일정은 재충전의 시간이었다. 개발협력국의 윤한솔 사무관이 수행을 하면서 발표자료를 준비하였다. 포럼 당일 아침에 필자가 참석하는 세션 사회자가 찾아와서 기후변화협상 업무를 담당하는 대사라는 이야기를 들었다고 하면서 COP21 총회에 임하는 한국의 입장을 함께 발표해 주면 좋겠다고 했다. 윤 사무관이 만든 발언문을 반으로 줄이고 신기후체제에 임하는 한국의 입장을 추가하였다.

파리 COP21에서 출범할 새로운 협정은 선진국과 개도국이라는 이분화된 대립적 구조에 기반하기보다는 모든 국가가 각자의 역량과 여건을 고려하여 의욕적인 기후행동을 취하는 법적 토대가 되어야 한다고 설명했다. 그리고 한국은 녹색기후기금(GCF) 유치국가이며 신흥국가로서 파리 COP21 총회의 성공을 위한 교량역할을 이행하고자 한다고 밝혔다. 점심시간 후에 참가국 수석대표들과 함께 포럼 주최 측이 마련한 고성 시찰과 두브로브니크축제 개막행사에 참여했다. 정말 그간 쌓였던 스트레스를 날려버리는 시간이었고 앞으로 이처럼 즐거운 출장 기회가 다시 올 수 있을까 하는 아쉬움을 남기는 시간이었다.

INDC를 의식한 협상 회의

▌ 제22차 주요경제국포럼(MEF)회의

2015 크로아티아 포럼에서 돌아오기가 바쁘게 7월 18일~19일간 룩셈부르크에서 개최되는 제22차 주요경제국포럼(MEF)회의와 7월 20일~21일간 프랑스 정부 초청으로 파리에서 개최되는 비공식 각료회의를 준비해야 했다. 미 백악관 NSC 국제경제담당 부보좌관 Caroline Atkinson과 EU 의장국인 룩셈부르크 환경장관 Carole Dieschbourg가 공동 서명한 MEF 회의 초청서한에는 장관급에서 참석하여 줄 것을 요청하였다. 회의 목적은 적응, 감축, 투명성 등 핵심의제에 대한 안착지점(landing zones)을 파악하는 데 있다고 밝혔다. 그리고 이번 회의에서는 회의 의제별로 촉진자(facilitator)를 두고 의제별 사전 질문을 제공하겠다고 했다. 필자는 INDC를 준비하면서 느꼈던 사항들과 우리가 앞으로 INDC를 이행하는 과정에 문제가 될 수 있는 사안들을 분명히 할 필요가 있다는 생각을 하면서 회의 준비를 했다.

첫 세션은 적응에 관한 것으로 남아공 환경장관 출신 Valli Moosa가 촉진자로 회의를 진행하였다. 중국과 싱가포르는 적응에 대한 공통의 단일 목표보다는 국가별 상황에 기반을 둘 필요가 있다는 입장을 밝힌 반면 남아공은 감축과 같이 적응도 글로벌 목표를 지녀야 한다고 밝혔다. 미국은 비롯한 선진국 그룹들은 적응에 대한 보편적 의무 설정과 정성적 목표 설정을 선호한다는 입장을 보였다. 필자도 각국의 상황에 맞는 (country specific) 국가적응계획 수립 필요성과 각국의 이행경험과 사례를 글로벌 차원에서 공유하는 방향으로 합의문이 작성되어야 한다는 입장을 밝히고자 했다. 발언권을 신청했으나 Moosa 전장관은 필자를 몇번 보더니 나중에 시간 부족을 이유로 발언권을 주지 않고 적응에 대한 논의를 마무리했다. 상당히 불쾌했다. 중간 휴식 시간에 Moosa 전장관을 만나 발언권도 주지 않고 회의를 서둘러 마무리한 것에 대한 불쾌감을 표시했다. Moosa는 각료급들 중심으로 논의를 진행하다보니 그렇게 되었다고 했다. 필자도 명함을 다시 주고 각료급에 해당된다고 했더니 당황해 하는 모습이었다. 회의 참석자 리스트를 보면서 회의를 진행했다고 했다. 더 이상 이야기를 하지 않고 박 사무관에게 회의 주최 측에서 돌린 회의 참석자 리스트를 가져오라고 했다. 리스트에 필자의 직책이 외교부 국제협력국 심의관(Deputy Director General for International Cooperation Bureau, Ministry of Foreign Affairs)으로 명기되어 있었다. 이해할 수 없는 일이었고 참석자 리스트를 받고도 이를 제대로 확인하지 못한 우리 대표단의 잘못이었다. 박 사무관에게 미국 측 실무자에게 수정을 요청하라고 했다.

감축분야 논의세션에서는 일찍 발언권을 신청하였다. 발제자로 나선 EU 기후집행위원과 마샬제도 외교장관은 2015 합의문에 INDC 감축공약의 제출과 목표이행, 진전(후퇴방지)의 원칙 등에 대한 법적 구속력을 주장한 반면 미국 Todd Stern 기후특사는 INDC 구성(design)에는 법적 구속력이 있어야 하나 INDC 목표달성에는 법적 구속력을 두지 않아야 한다고 했다. 필자는 INDC 목표달성원칙에 대한 법적 구속력 부여는 감축목표의 상향(race to the top)이 아닌 하향(race to the bottom)제출을 가져올 것이며 후퇴방지 원칙에 대한 법적 구속성 부여는 신중하게 다룰 필요가 있다고 주장했다. 한국이 지난 6월 INDC 작성을 준비하는 과정에 2020년에 제출한 야심적 목표(aspirational goal)로 인해 어려움을 겪은 사례를 이야기하면서 후퇴방지 원칙을 도입할

경우 의욕적 목표와 조기 행동 등에 대한 인센티브도 같이 고려해야
한다고 강조했다.

　필자에 이어 발언에 나선 중국 시젠화 기후특보는 한국의 주장에
공감을 표하면서 INDC 이행 및 달성에 법적 구속력을 부여하는 문제
에 대해 유연성을 부여하여야 한다고 강조했다. 파리합의문은 일부 국
가의 정치적 상황 등을 고려하여 모든 국가들이 참여할 수 있는 포용
적 협정이 되어야 하고 교토의정서의 실수를 되풀이 하지 않아야 한다
고 밝혔다. EIG그룹인 스위스는 INDC 목표 달성에 법적 구속력 부여
를 선호하나 일부 국가들에게는 이러한 법적 구속력이 수용 불가하다
는 입장을 이해한다고 하면서 파리합의문에는 지침적 내용이 포함될
필요가 있다고 했다. INDC 목표 달성에 대한 법적 구속력을 부여해서
는 합의 도출이 어렵다는 점에 참석자 다수의 공감대가 형성되었다.
INDC 37% 목표제시가 기후행동에 관한 우리의 의욕성을 보여주는 것
이라는 대내외적 메시지가 가능하게 된 기회였다.

　이어 감축공약 작성시에 어떻게 차별화를 반영할 것인지에 대한
논의가 진행되었다. 촉진자를 맡은 Michael Zammit Cutajar 전 기후협
약 사무총장은 차별화 방안으로 ① 각국이 스스로 감축기여를 작성하
며 ② 최빈 개도국에는 공약의 면제 또는 이행에 재량권 부여 ③ 투명
성 정보제출은 감축공약 방식에 따라 차별화 ④ 개도국대상 이행지원
제공 ⑤ 후퇴방지 기대 등 5개 요소를 제시했다. 필자는 이전 발언에
서 감축 공약은 각국이 스스로 차별화하여 후퇴방지 조항 등을 감안하
여 작성하여야 한다고 하였기 때문에 별도 발언을 신청하지 않았다.
멕시코 대표는 감축목표의 상향을 위해 온실가스 범위에 유연성을 발

휘하여 INDC에 블랙카본(black carbon)을 포함하였다고 하면서 차별화
에 대한 실용적 접근을 주장했다.

미국은 촉진자가 설명한 요소가 차별화에 대한 landing zones으
로 생각하며 감축공약은 스스로 작성하여야 하고 선진국과 개도국의
이분법적 접근을 반대한다고 밝혔다. 그리고 후퇴방지원칙에 법적 구
속력 부여는 한국 대표가 이야기한 바와 같이 INDC 목표달성에 대한
법적 구속력 부여와 함께 국내 정치적인 문제를 불러일으킬 수 있으므
로 유의할 필요가 있다고 사실상 반대의 뜻을 밝혔다. 중국은 후퇴방
지는 앞으로 나아갈 방향을 변화시키지 않은 것을 의미하며 협약과 당
사국 총회 결정문을 준수하는 것이 진전을 이루는 바른 방향이라고 설
명했다. 인도 대표는 차별화가 역사적인 배출량에 기인하는 것이며 선
진국과 개도국의 이분화 반대는 협약으로부터의 후퇴이기 때문에 후퇴
방지 원칙에 반하는 것이라고 주장했다. 인도의 입장은 EU와 호주를
비롯한 많은 Umbrella그룹 국가들의 입장과 정반대로 후퇴방지 원칙
을 해석하는 것이었다.

EU를 비롯한 다수의 선진국들은 협약문의 CBDR-RC로 상징되
는 차별화가 현실을 반영할 수 있도록 진화되어야 하며 부속서에 기반
한 선진국과 개도국의 이분화를 재고해야 한다는 입장을 보였다. 싱가
포르 대표는 차별화에 대한 국가들간의 신뢰가 부족한 상황이라고 하
면서 '국가들의 역량(capacity and capability), 능력을 갖춘 국가(countries
in a position to do so)'라는 잣대는 외부적으로 강요되는 기준이라고 주
장하였다. 그리고 모든 국가가 스스로 감축 기여를 결정해야 하며
INDC가 각국의 현실을 외부에 알리는 도구임을 강조했다. 다시 발언

에 나선 미국 대표는 2015 합의는 지속 가능해야 하며 변화하는 상황을 반영할 수 있는 INDC를 스스로 결정해야 한다고 하면서 싱가포르 대표의 입장을 지지했다. 프랑스 대표는 INDC는 각국이 자체적으로 결정해야 하고 후퇴방지의 방향성(direction of travel)은 국가의 노력 수준을 판단하는 것이 아니라 긍정적인 인정(positive recognition)에 기반해야 하며 한국과 같은 사례를 인정해야 한다는 입장을 밝혔다. 각국의 협상대표들이 감축과 차별화에 대해 밝힌 다양한 입장들에 대한 정리는 촉진자에게 맡겨두고 투명성(transparency)의제로 넘어갔다.

지난 4월 워싱톤 DC에서 개최된 MEF회의에서 투명성 논의시 싱가포르 환경장관이 발제를 담당했다. 이어 6월에 개최된 ADP협상회의에서 싱가포르의 곽풍성 기후변화대사가 투명성 토의그룹의 촉진자 역할을 맡은 데 이어 금번 회의에서도 투명성 의제의 촉진자역할을 맡았다. 곽 대사가 주제네바 대사로 근무하면서 WTO 등 다자 기구에서의 회의 주재 경험을 맘껏 발휘하는 시간이었다. 당시까지도 2015 합의문에서 측정·보고·검증(MRV: measurement, report, verification)으로 상징되는 투명성 체제에 대한 우리 입장을 어떻게 정립할 것인지 확고한 방향을 갖지 못했다. 일부 부처에서는 EU, 일본 등 선진국과 같은 입장을 취해도 무방하다고 하나 필자는 교토의정서하에서 MRV 역량을 축적한 선진국들과 그렇지 못한 우리가 같은 출발선에 설 수 없다는 입장을 가졌다. 기후변화대사로서 임명된지 얼마 되지 않아 일본과의 양자 협의에서 일본이 공통된 단일의 투명성 체제를 주장하면서 우리의 입장을 묻기에 공통된 투명성 체제에는 동의하나 지금까지 부속서 I 국가와 비부속서 국가들이 서로 다른 MRV 체제를 갖고 있기에 이에 대한 고려가 필요하다고 했다. 필자의 답변에 대해 일본 대표는 이전

에는 투명성분야에서 양국의 입장이 같았다고 하면서 우리 입장이 바
뀌었느냐고 질의했다. 필자는 입장이 변한 게 아니라 현재 서로 다른
MRV 체제를 적용받고 있는 현실을 반영한 것이라고 했다. 그 이후에
도 이러한 입장을 계속 견지해 왔고 2014년 9월 MEF 회의시 미국의
Todd Stern 특사와 오찬장에서 투명성 체제에 대한 이야기를 나누면
서 2015 합의문에 공통의 투명성 체제 포함을 지지하지만 현재 선진국
과 개도국들이 역량의 차이로 서로 다른 MRV 체제를 갖고 있는 현실
을 감안할 필요가 있다고 밝혔다. Stern은 일리가 있는 주장이라고 하
였다. 그 이후 투명성 체제에 대해 깊이 생각할 여유를 갖지 못했으나
INDC를 제출할 상황에서 우리의 감축 행동을 검증할 투명성 체제 논
의에 더 많은 고민을 해야 할 것 같다는 생각을 했다. 그러한 차원에서
싱가포르 장관이 2015년 4월 MEF 회의에서 발제한 투명성에 관한 발
언문을 받아 살펴보았다.

　투명성 논의의 촉진자인 곽 대사는 현재의 기후변화체제와
post-2020 신기후체제는 서로 다른 특성을 갖게 될 것이므로 투명성
체제가 신기후체제의 신뢰성을 담보하는 장치가 될 것이라는 인사말로
세션을 시작하였다. 페루 대표는 2015 합의문은 모든 국가의 감축공약
을 보고·모니터링·자체평가·검토를 주기적으로 시행하는 체제를
2020년까지 수립토록 하여야 하며 새로운 투명성 체제는 기존의
ICA/IAR에 기초하여야 하고 2년 보고주기를 제안했다. 또한 NDC의
상이한 특성을 감안하여 공통 투명성 체제하에 유연성(built-in flexi-
bility)을 부여하고 국가별 능력에 따른 다른 절차를 제공하는 통합된
(unified) 체제여야 한다고 했다. 그리고 전문가 검토팀(expert review
team)에 의한 국별 검토보고서는 강제적인 내용이 아니라 비징벌적이

고 권고적이어야 함을 강조했다. 페루의 입장은 전반적으로 필자가 생각하는 방향과 같은 맥락이었고 COP20 유치국으로 전향적인 입장을 취하고 있었다. 세션 후에 페루 대표에게 입장 배경을 문의하였더니 환경장관 지시로 국제 전문가들의 자문을 받아 타협이 가능한 문안으로 작성했다고 했고 필자는 훌륭한 제안이라고 평가했다.

페루에 이어 EU가 준비한 투명성 분야 입장을 발표했다. EU는 투명성 체제가 공평하고 의욕적인 동시에 유연성을 갖추어야 하며 구속력 있는 공동의 체제가 되어야 한다고 주장했다. 기본원칙은 2015 합의문에 반영하고 세부규칙들은 후속회의 결정문을 통해 채택하는 게 바람직하다고 밝혔다. 보고주기는 2년으로 하고 전문가 검토팀에서 각국의 보고사항을 검토하고 이행현황을 점검하며 상설이행촉진팀(standing facilitative team)에서는 전 지구적인 이행현황을 점검할 필요가 있다고 설명했다. 상설이행촉진팀의 역할에 대한 문의에 대해 EU는 각국의 공약 이행현황은 현재와 같이 전문가 검토팀에서 하고, 상설이행촉진팀은 각국이 전문가 검토팀에 제출한 보고자료를 토대로 전 지구적 이행을 점검하는 것이라고 답변했다.

중국은 투명성 체제가 협약의 원칙에 기반을 두어야 하며 보고 빈도와 내용면에서 차별화된 촉진적 성격의 투명성 체제 도출이 필요하다고 주장했다. 영국은 최빈국과 군소도서국 그룹 등 기후변화에 취약한 국가들에 대해 차별화된 조치를 부여할 필요가 있다고 했다. 미국은 차별화 차원에서 투명성 체제의 경과 기간을 두다 보면 경과 기간 중에 준비하지 않고 있다고 뒤늦게 행동하는 경우를 방지하는 차원에서 투명성 체제 내에 유연성을 두어(built-in flexibility) 동일한 시기에 적용하는 것이 바람직하다고 밝혔다. INDC의 전 지구적 총량적 효과 평가 도입 필요성에 대한 의견이 제기되었으며 일부 국가는 총량적 효과 평가가 각국의 INDC 결정 재량을 제한할 수도 있다는 우려를 제기하였다. 각국의 입장을 들으면서 우리가 2015 합의문 작성 과정에 취해야 할 입장을 나름대로 정리하는 계기가 되었고 MEF 회의에서 섣부른 입장을 표명하기보다는 다음 협상회의를 대비하여 우리 입장을 잘 정리해야겠다는 생각을 갖게 되었다.

룩셈부르크에서 MEF 회의를 끝내고 많은 대표들이 같은 시간대의 고속열차(TGV)을 이용하여 파리로 이동하였다. 기차역에서 만난 어느 선진국 실무대표는 여비 지원을 받는 개도국 대표들이 1등석을 이용하는 모습을 보고 필자에게 개도국 대표들을 위한 회의참석 지원기금을 출연하는 국가 대표들은 2등석을 타야 하는 게 현실이라고 말하면서 씁쓸한 표정을 지었다. 가끔 EIG 그룹회의 때 스위스 대표가 경비지원을 받는 개도국의 대표단 규모가 자국보다 많다고 하면서 개도국당 2명에 대한 참가경비 지원을 재고해야 한다고 주장하던 모습이 생각나서 쓴웃음을 지었다.

▌프랑스 주최 제1차 비공식각료회의

프랑스 파리에서 7월 20일~21일간 개최된 COP21 준비를 위한 제1차 비공식각료협의회는 MEF 회의보다 큰 규모로 개최되었다. 46개국 협상대표들이 참석하였는데 그중 31명이 각료급이었다. COP21를 준비하는 프랑스 정부가 회의 준비에 얼마나 많은 노력을 기울였는지를 짐작할 수가 있었다. 여름휴가에 들어가기 전에 협상과정에서 드러난 어려운 의제들의 합의 도출 가능지점을 예측하여 본다는 점에서 제

1차 비공식 각료협의회(first informal ministerial consultations)의 의미가
있었다.

COP21 총회의장으로 내정된 Laurent Fabius 외교장관은 개회사
를 통해 협상 속도가 더디게 진행되고 있다고 우려를 표명하면서 투명
성, 의욕(ambition), 실용성, 그리고 선진국과 개도국간의 상호 신뢰를
바탕으로 한 협상의 진전을 당부했다. 앞으로 남은 주요 일정으로 7월
24일 ADP 공동의장단의 새로운 협상 문서(tool)회람, 9월 6일~7일간
제2차 비공식 각료협의회, 9월 하순 유엔총회, 10월초 Lima개최 기후
재원관련 각료회의, 10월 하순 ADP회의, 11월 중순 pre-COP 등을 소
개하면서 COP21 총회 개막일(11월 30일)까지 협상 시간이 많지 않다고
했다. 전체회의에서 다수의 대표들이 파리합의문(the Paris agreement)이
갖추어야 할 일반 특성에 대한 입장을 발표하였다. COP21에서 채택될
파리합의문은 5년이나 10년 후에 다시 협상해야 하는 것이 아닌 장기
간 지속되는(durable) 법적 도구가 되어야 하며 모든 국가들이 장기적
으로 기후행동 수준을 높여나갈 수 있는 역동적 성격이 지녀야 한다는
점에 공감대가 형성되었다.

협상의 난제인 차별화(differentiation)와 의욕수준(ambition)에 대한
논의는 2명의 각료급 대표의 사회하에 2개 그룹으로 나누어 분임토의
를 진행하였다. 독일/볼리비아, 브라질/싱가포르 장관이 팀을 이루어
사회자로 나섰다. 우리는 중국, EU, 사우디, 인도네시아 등과 같은 분
임에 속하여서 차별화 의제부터 논의를 시작하였다. 파리합의문의 차
별화는 감축, 적응, 이행수단, 투명성 체제 등 각 부문에 모두 적용되
어야 한다는 점에는 공감대가 있었지만 방법론에는 선진국과 개도국

간에 큰 입장 차이가 있었다. INDC가 각국의 역량과 서로 다른 여건을 반영하는 자체 차별화(self-differentiation)의 도구이기는 하나 보완되어야 할 점이 많다는 의견들이 많았다. 특히 장기 목표, 후퇴방지(no-backtracking) 등과 같은 여러 지침들이 INDC 작성과정에 반영되어야 한다는 것이었다.

그리고 협약의 부속서를 개정하지 않고서도 차별화를 파리합의문에 반영할 수 있다는 의견들이 다수 있었다. 토론 과정에 투명성 체제 분야의 차별화가 가장 어려운 난제로 부각되었다. 개도국들은 기후변화협약의 형평성, CBDR-RC와 같은 원칙이 적용되어야 한다고 하면서 현재 운영되고 있는 이분화된 MRV 체제를 출발선으로 제시했다. 그러나 선진국들은 파리합의문에는 공동의 체제가 반영되어야 한다는 입장을 계속 밝혔다. 공동의 체제하에서 개도국에 보고 횟수와 주기 또는 전환 기간 등 어떤 방식으로 유연성을 부여할 것인지도 과제로 남았다. 하지만 중요한 합의점은 파리합의문에서 투명성 체제의 기본 원칙과 골격을 정하고 세부운영지침은 추후에 협상한다는 것이었다.

파리합의문의 성공은 감축, 적응, 이행수단 등에 대한 행동수준을 시간을 두고 전향적으로 강화시켜 나가는데 있다고 모든 참석자들이 공감하였다. 이를 위해 당사국들은 매5년 단위로 집단적 성과 점검(collective stocktake)을 하여 범지구적 장기목표(2°C 또는 1.5°C) 달성을 위하여 진전하고 있는지를 평가하고 이를 근거로 각 당사국은 5년 단위로 INDC를 상향시켜 나갈 필요가 있다는 입장이 많은 지지를 받았다. 지금까지 협상장에서 거론되던 집단적 중간검토(mid-term review) 개념이 성과점검으로 대체된 것이다.

의욕수준 상승은 2020년 이후 뿐만 아니라 2020년 이전 기간에도 적용되어야 한다는 점에는 큰 논란이 없었다. 미국 대표는 COP21의 강력한 성공 메시지를 위한 출발점으로 모든 국가의 INDC 제출, INDC의 점진적 상향을 위한 순환적 구조, 구체화된 장기목표, 각국의 장기적 탈탄소화 전략, 비정부·이해관계자의 적극적 참여 등을 제시하여 주목을 받았다. 필자는 INDC가 각국의 역량과 고유한 사정을 반영할 수 있는 유용한 차별화 도구이므로 주기적 INDC 제출을 통해 각국이 기후행동 의욕을 상향해 나갈 수 있다고 밝혔다. 그리고 투명성 체제는 공동의 체제를 지향하되 현재 선진국과 개도국이 서로 다른 MRV 체제하에 있음을 고려하여 공동의 체제 내에서 유연성을 부여하는 게 좋겠다고 했다. 글로벌 성과점검의 결과를 처벌적 초치가 아니라 도전과 기회를 명확히 하는 방식으로 적용되어야 한다고 강조했다. Fabius 장관이 주재한 마지막 본회의에서 그룹회의를 주재했던 싱가포르 환경장관은 차별화가 2015 합의문의 deal maker가 될 수 있으며 MRV를 위해서는 돈과 역량이 필요하다고 했다. 협약 부속서를 변경할 필요가 없다는 점에는 공감대가 있었으나 자체적 차별화를 해석하는 데 당사국들간에 상당한 차이가 있다고 지적했다. 미국의 Todd Stern 특사는 건설적 논의에도 불구하고 공동 또는 이분화된 투명성 체제 중에 어느 것을 택할 것인지를 해결하지 못한 상태에 대해 유감을 표했다. 미국은 공동의 투명성 체제 내에서 국가별 상황을 고려하여 보고주기나 경과기간, 지원 필요성 등에 유연성을 부여하는 방안을 선호한다고 다시 한 번 강조했다.

각 의제별 회의 주재자들이 마무리 세션에서 합의도출 부분과 그렇지 못한 부분을 나누어 설명하였다. 그 이유는 다음 회의 때 협상대표들이 합의를 도출하지 못한 부분에 서로의 입장을 조금씩 더 근접시켜 나가도록 촉구하기 위해서였다. 프랑스는 오는 9월 비공식 각료회의에서는 이행수단(재원, 기술이전, 역량배양), 적응과 피해와 손실 등 2개의 어려운 부분에 대한 논의를 금번 회의와 같은 방식으로 진행하겠다고 설명했다. 시간이 지날수록 우리의 입장은 점차 희미해져 가고 선진국과 개도국간의 대립적인 입장을 포용하는 중간 대안이 무엇일까 하는 생각에 더 많은 시간을 할애하게 되었다.

새로운 성공의 잣대를 생각하는 시간

파리 비공식 각료회의에서 돌아온 후 잠시 휴식의 기회를 활용하여 기후변화문제에 관심 있는 분들과 만나 이야기를 나누는 시간을 가졌다. COP21에서 합의문이 채택된다면 2009년 코펜하겐에서 좌절되었던 신기후체제가 출범하게 된다. 국제사회의 기후대응 노력이 결실을 맺었다고 할 수 있다. 그렇다면 '한국 협상 대표단의 성공 여부를 판단할 수 있는 잣대는 무엇일까?' 하는 질문에 대해 어떤 답변을 내놓아야 할지 고민을 해야 하는 시간이 왔다. 지금까지 내세웠던 '선진국과 개도국의 명시적 구분 없이 모든 국가가 각자의 역량과 여건을 감안하여 기후행동을 취하는 체제'를 도출하는 것만으로 충분하지 않다는 생각이 들었다. 왜냐하면 우리가 INDC를 제출하면서 우리가 협상과정에 확보해야 과제들을 포함시켰기 때문이다. 또한 협상과정에서 선진국과 개도국를 분류하는 부속서 신규 작성이나 협약 부속서 개정은 불필요하다는 의견이 대세를 이루고 있었기 때문에 더 이상 이 문제에 집착할 필요가 없었다.

우리가 INDC를 제출하면서 향후 협상에서 관철해야 할 두 개의 과제가 생겼다. 첫 번째는 2030 감축목표달성에 법적 구속성이 부여되어서는 안 된다는 것이었고 두 번째는 국제시장 메커니즘을 파리합의문에 안착시키는 것이었다. 그리고 부수적이지만 또 다른 사안은 서울에 본부를 둔 녹색기후금융(GCF)을 신기후체제의 재원운용기구로 지정하는 문제였다. 협상을 벗어난 2015년 하반기 주요 과제로 이회성 박사의 IPCC 의장 진출 추진이 있었다.

하반기에 진행될 ADP 협상회의에서는 이들 세 가지 사안에 보다 집중하여 협상력을 높일 필요가 있었다. 2015년 8월 3일 하루 종일 기후변화협상대책반 회의를 외교부 회의실에서 개최하였다. 기후협상에 관련이 되는 13개 부처 대표와 산하기관 연구원 40여 명이 참석하여 협상의제별 우리 입장을 검토하였다. 외교부 기후변화환경과에는 INDC 제출 후속과제로 시장기반접근법 활용방안을 작성토록 하여 대책회의시에 발표토록 했다. 다수의 산업계 인사들이 국제배출권시장 활용을 우리가 돈을 주고 다른 나라의 배출권을 사오는 것으로 단순하게 생각하고 있어 협상단에 참석하는 사람들부터 교육을 시킬 필요가 있다는 생각을 했다. 부처별로 담당 의제가 협상문서에 어떻게 반영되어 있는지와 파리합의문과 결정문에 포함될 사항을 구분하여 설명을 하고 우리의 입장을 제시하도록 했다. 일부 부처의 경우 입장 발표에 진전이 있었으나 어떤 부처는 2월 제네바 협상회의 때와 비교해서 전혀 진전이 없었다. 일부 대표와 전문가들은 사안별 우리 입장은 늘 같아야 한다는 생각을 갖고 있는 듯이 진전이 없었다. 협상이 진행될수록 해당 의제에 대한 합의도출을 위해 입장이 계속 진화해야 함에도 불구하고 한 발자국도 움직이지 않은 듯한 모습이 답답하게 느껴졌다.

그리고 파리 COP21 총회기간 중 국가 홍보관 운영은 환경부, 미래부, 환경관리공단이 담당하는 것으로 하였다. 환경관리공단과 함께 COP 총회 기간 중에 국가홍보관을 운영해 온 에너지관리공단에서 산업부의 반대로 더 이상 홍보관의 공동 운영에 참여할 수 없다고 했다. 우리 정부의 기후변화 대응 정책과 저탄소경제로의 전환을 국제사회에 홍보하는 일을 에너지 담당부처가 못하겠다고 발을 빼는 현실이 슬펐고 산하기관에 대한 주무부처의 위력을 새삼 느끼는 시간이었다. 8월 12일 국무조정실 녹색성장지원단과 한국기후변화학회가 이화여대에서 개최한 제2회 기후변화 전문가포럼에 참석하여 "포스트 2020 신기후체제하의 국가별 온실가스 감축방안"에 대해 발제를 하고 토론의 시간을 가졌다. 기후변화학회 회원들과 기후변화 협상동향을 공유하면서 이분들이 온실가스 감축전략, 에너지기본계획과 전력수급계획 등 주요 정책 결정에 참여하여야 제대로 된 결과물이 나올 수 있겠구나 하는 생각이 들었다. 그러나 현실에서는 전문가들의 목소리가 늘 소수에 그쳤다.

8월 4일 미국 오바마 대통령이 청정전력계획(clean power plan)을 발표하였다. 2030년까지 화석연료에서 나오는 이산화탄소 배출을 2005년 대비 32%를 줄이겠다는 선언이었다. COP21의 성공을 위한 미국의 의지를 보여줄 뿐 아니라 협상력을 강화하는 정책선언이었고 반기문 유엔사무총장은 축하메시지를 발표했다. 8월 5일에는 중국 기후변화국가전략센터(NCSC)가 중국의 INDC 내용을 보완하는 성격의 과거 기준년도 통계와 2050년까지의 10년 단위 추정치 통계 자료를 발표했다. 중국의 INDC가 실행 가능한 의욕적 목표라고 국제사회를 설득하는 자료였다.

8월 중순에는 호주 정부가 2030년까지 2005년 대비 26~28%의 온실가스 배출을 줄이는 내용의 INDC를 발표하면서 일본, 한국보다도 더 의욕적이라고 주장했다. 호주 환경대사에게 메일을 보내 협약 부속서 I 국가가 아닌 한국과 비교하느냐고 했더니 정치인들이 하는 일이니 이해해 달라고 한다. 별다른 추가 대응을 하지 않고 페이스북을 통해 한국과 호주의 직접적인 비교는 어불성설이라고 밝혔다. 8월 21일에는 프랑스의회에서 1년 이상 심의하던 정부의 에너지전환법안을 통과시켰다. 2030년까지 온실가스 배출량을 1990년 대비 40% 감축하고 원자력발전의 전력생산 비율을 2025년까지 현재의 75%에서 50%로 낮추고 재생에너지 비율을 32%로 확대한다는 내용이었다. 파리 기후협상의 핵심에 있는 국가들이 자국의 INDC 목표를 달성하기 위한 정책들을 잇달아 발표하면서 COP21의 성공을 위해 국력을 집중하는 모습이었다. 반면 국민들의 여름철 전기값 걱정을 덜어준다면서 전기 요금을 내리고 석탄화력발전의 가동률을 늘이는 우리의 정책을 보면서 답답함을 갖지 않을 수 없었다.

8월 하순경 국내 경제 일간지가 정부의 강력한 온실가스 배출규제가 기업의 발목을 잡고 있다면서 2030 감축목표가 과대하다고 보도했다. 그 내용은 Bloomberg New Energy Finance(BNEF)가 INDC에 나타난 한국, 미국, 중국, 일본, EU 등의 온실가스 감축 목표를 비교한 결과 한국이 감축 부담량이 가장 크다고 했다는 것이다. BNEF지를 구해서 읽어보니 그런 내용이 있었다. 하지만 BNEF의 분석기사에 전제된 내용이 달랐다. 한국의 2012~2030년간 온실가스 감축 누적률이 다른 국가에 비해 유독 큰 이유는 한국정부가 2020년까지 10기 이상의 화력발전소 건설을 진행하고 있으며 이들 발전소들이 가동될 경우 한국의 온실가스 배출량이 급증할 것이기 때문이라고 했다. 한마디로 한국 정부가 대외적으로는 의욕적인 온실가스 감축목표를 제시하고 대내적으로는 화력발전소를 확대하는 이중적 정책을 펴고 있음을 지적하는 내용이었다. 청와대와 관계부처에 동 사항을 공유하고 언론에 반박 성격의 해명을 낼까 하다가 중단하였다. 더 이상 후속 보도가 없었고 미온적 반응을 보이는 부처도 있었기 때문이다.

독일 Bonn과 프랑스 Paris를 오가는 협상회의

▌ADP2-10 협상회의와 활발한 양자 협의회

ADP2-10 협상회의가 8월 31일~9월 4일간 독일 Bonn에서 열렸다. ADP 공동의장은 회의 시작 한달 여 전인 7월 24일에 협상시나리오와 "Tool"로 명명된 부속 협상문서를 배포하면서 ADP2-10회의에서 가시적인 성과가 나올 수 있도록 당사국들의 협조를 요청했다. 당사국들이 활용할 "Tool"문서는 지난 6월의 ADP 회의결과를 바탕으로 작성되었으며 3개 부문(part)으로 구성되었다. 제1부문은 2015합의문(the 2015 agreement)에 포함되어야 할 문안을, 제2부문은 COP 결정문에 포함되어야 할 문안을, 제3부문은 배치(placement)에 좀 더 확인이 필요한 문안들을 담았다.

ADP 회의가 개막되기 2~3일 전부터 협상그룹별 회의가 열렸다. EIG 그룹은 8월 28일~29일간 그룹 전략회의를 갖고 공동 문안 작성과 함께 소그룹별 회의 참석자 지정 및 협력방안을 협의했다. 8월 29일 오후에 ADP공동의장과 사전 협의를 가졌다. 공동의장은 Tool 문서상의 3개 부문이 동등성을 갖고 있으며 금번 회의에서 중간지점이 어디가 될지를 측정할 수 있기를 기대한다고 밝혔다. 그리고 금번 회의 목적이 협상문안 작성(draft)가 아닌 공동의장이 제시한 "Tool"문서에 대한 당사국들의 이해 제고라고 설명하였다.

8월 31일(월) 오전 짧은 ADP 개막행사에 이어 바로 촉진자들이 진행하는 분야별 촉진그룹(facilitated group)회의로 들어갔다. 전문, 목적, 감축 등 11개 분야에 대한 촉진그룹회의가 진행되었고 각 그룹은 필요할 경우 각 분야의 특정 사안에 대한 "별도 소그룹"(spin-off group)을 만들어 관심국들간의 합의를 독려했다. ADP 회의를 마치는 날까지 총 174회의 분야별 그룹과 별도 소그룹회의(facilitated and spin-off group meeting)가 열렸다. 회의 진행이 이처럼 동시다발적으로 이루어지다 보니까 대표단 규모가 작은 국가들은 모든 회의에 다 참여하지 못하고 특정 분야에 선택과 집중을 하는 현상이 생겼다. 우리 대표단 규모로는 모든 회의에 참여하는 데 충분하였지만 특정 부처팀들이 몰려다니는 통에 공백이 발생하는 경우도 생겼다. 필자는 감축과 재원 분야에 집중해서 참여하고 나머지 시간은 양자면담과 IPCC 의장진출 캠페인을 하는 데 할애를 하였다.

감축분야를 담당하는 공동 촉진자는 스위스의 Franz Perrez 대사와 싱가포르의 Kwok Fook Seng 대사여서 회의 진행계획을 파악하는 데 많은 도움이 되었다. 제네바 협상 문서의 감축 문항들중에 중복된 조항을 삭제하고 주제별로 문안을 분류하여 논의를 가졌다. 특히 주제별로 "별도 소그룹"(SOG)을 설치하여 비공식 논의를 가진 후 결과를 보고하는 방식으로 논의를 진전시켰다. 첫날에는 볼리비아가 주재한 비시장기반 그룹, 남아공이 주재하는 개별 노력의 차별화 방안 그룹, 브라질이 주재하는 공동이행개념 그룹 등 3개 별도 소그룹이 운영되었고 그 다음날 그룹 논의 결과를 보고하였다. 어느 그룹도 의미 있는 결과를 도출했다는 보고를 하지 못했다. 대표들은 과연 별도 소그룹을 통한 논의가 실익이 있는지를 논의하였지만 결론을 내지 못하였다. 촉진그룹회의에서는 별도 소그룹 설치를 통한 논의를 대응조치(responses measures), 시장메커니즘, 토지이용과 REDD plus 사안으로 확대하였다. 회의 마지막 날 오전에 각 사안별 별도 소그룹이 문안별 옵션이 담긴 진전사항을 보고하였다. 남아공이 담당한 차별화 소그룹에서는 차별화가 협상의 핵심이기 때문에 정치적 결정에 의해 해결될 수밖에 없다고 하면서 각료급회의로 논의를 미루었다. 별도 소그룹이 진행되는 동안에도 촉진그룹은 회의를 갖고 합의문에 포함될 사안과 총회 결정문에 포함될 사안에 대한 논의를 계속 진행하였다. 거의 모든 촉진 그룹 회의가 이러한 형태로 진행되었고 회의 기간 중반에 ADP 공동의장이 주재하는 중간 점검회의를 갖고 협상 그룹별 진전 사항에 대한 평가를 하는 방식으로 회의가 진행되었다.

재원(finance)그룹은 노르웨이 대표와 앤티가바부다 대표가 공동 촉진자로 임명되었다. 필자는 두 대표가 리마 COP20 총회기간에 재원분야 그룹회의에서 활동하는 모습을 인상 깊게 목격하였다. 이들은 GCF 이사, 재정상설위원회 위원 등으로 활동한 경력을 가진 손꼽는 기후재원 분야 전문가들이었다. 월요일 회의에서 캐나다와 볼리비아 대표가 주재하는 기후재원 분야 제도적 장치(institutional arrangements)에 대한 별도 소그룹이 설치되어 신기후체제하의 재원 운용기구에 대한 논의를 하였다. 제도적 장치에 관해 G-77/중국, 한국, EU, 그리고 미국/일본/캐나다(공동) 등이 제출한 4개 제안을 촉진그룹에서 다루기로 했다. 목요일 아침 대표단의 일원인 기재부 김민진 사무관이 다급하게 필자를 찾아왔다. 사연인즉, 협약하의 재원운용기구들이 새로운 협정하에서도 재원운용기구 역할을 한다는 조항과 관련하여 GCF를 주요운용기구(main operating entity)로 지정한다는 제안서를 제출하였고 목요일 오전 회의에서 제출 배경설명을 해야 한다고 하면서 필자에게 해 달라는 것이었다. 대략적인 내용은 알고 있었지만 GCF가 다른 기구에 우선해야 한다는 것을 논리적으로 설명하기 위해서는 사전 준비가 필요하다는 생각이 들었다. 당황스러웠지만 엎질러진 물을 도로 담을 수도 없고 바로 촉진그룹 회의장으로 들어갔다. 재원분야 협상은 대개 각 대표단의 실무 전문가들이 담당하고 있었다.

필자가 회의장에 들어서니 일부 대표들이 목례를 하였다. 자리에 앉아 4개 제안서를 훑어보았다. 첫 번째 G-77/중국 제안서 설명자로 필리핀 대표가 나섰다. 1991년 기후변화협약 협상 때부터 알고 지내던 B. Muller 대표는 기후변화뿐만 아니라 여러 환경협상무대에서 강성 발언으로 정평이 나 있었다. GCF에 대해서는 그리 호의적이 아니었다. 회의 후에 필자에게 한국의 입장을 이해하나 개도국의 지지를 받고 출범한 GCF가 1년 이상 지원사업 하나 선정 못하고 있는 상태라고 비판하였다. 자신이 GCF 이사이기도 하다고 소개를 했다. 두 번째 발언에 나선 필자는 GCF가 전적으로 기후변화대응을 위해 설립된 기구이고 100억 달러의 초기 재원을 조성한 만큼 포스트 2020 기후체제에서 핵심 재원 기구 역할을 하여야 한다고 설명했다. 이어 설명에 나선 EU와 캐나다 대표들은 GCF의 중요성은 인정하나 주 운용기구(main operating entity)로 명문화하는 데는 부정적 의견을 피력했다. 노르웨이 대표는

GCF의 주 운용기구문제는 합의문에 포함될 사항이 아니라 추후 재정
상설위원회와 총회 결정으로 정할 사안으로 생각한다고 밝혔다. 제네
바 협상문서상의 유사 제안을 통합하는 차원에서 논의가 끝났다. 당혹
스런 시간이었지만 무사히 잘 넘겼다고 안도하면서 김 사무관에게 앞
으로는 미리 좀 알려 주고 일을 저지르는 게 좋겠다고 했다. 유달리 활
달한 성격의 김 사무관은 "대사님은 순발력이 있잖아요" 하고 웃어 넘
긴다.

파리합의문 작성을 위한 각 분야별 촉진 그룹회의는 그룹별로 별
도 소그룹 설치 등을 통해 조금씩 진전을 해 나갔고 ADP 공동의장은
금번 회의 결과를 반영한 새로운 문서(non paper)를 10월 첫째 주에 회
람하겠다고 회의 결과를 정리했다. 그리고 10월회의에서는 하나의 문
안작업그룹(open-ended draft group)을 구성하여 합의문과 총회 결정문
작성을 협상할 계획이라고 밝혔다. 일부 대표들은 협상의 속도가 느리
다고 불평을 했고 일부는 새로운 것이 없다고 주장하면서 공동의장단
이 뭔가를 제시해야 하는 게 아니냐는 의견를 제시하였다. 많은 대표
들의 조바심에도 불구하고 모든 협상과정이 당사국들의 주도하에 이루
어져야 한다는 공동의장의 발언은 파리 총회의 성공을 이끌어내기 위
한 계산속에서 나온 것이었다.

ADP2-10 회의기간에 수석대표들이 참여할 만한 소그룹회의가
많지 않아 협상 그룹 및 협상대표들간에 양자 협의가 많이 개최되었
다. 회의 시작 전 주말기간에는 EIG 그룹의 전략회의, ADP 공동의장
과의 협의 및 싱가포르 대표단과의 양자협의가 있었다. 싱가포르가
INDC를 제출한 직후라 이에 대한 의견교환이 있었다. 필자는 당시 10

월 모로코에서 EU와 모로코가 공동 주최하는 INDC 포럼에 참석할 예
정인지와 싱가포르가 2030 감축 목표 방식을 2020 감축목표 방식인
BAU에서 GDP 단위당 온실가스 배출집약도(intensity target)로 변경한
이유를 문의하였다. Kwok 대사는 싱가포르가 경제발전과정에 있기 때
문에 그 과정에 배출량이 늘어날 수밖에 없으나 적어도 GDP 단위당
온실가스 배출량이 증가되지 않아야 한다는 명확한 지침을 기업들에게
제공할 필요가 있었다고 했다. INDC 작성 협의과정에 미국 등이 BAU
방식에 부정적 의견을 밝힌 적이 있지만 이보다는 싱가포르의 국내적
사정을 고려한 것이라고 했다. 그리고 싱가포르는 금번 협상회의 기간
중 개최되는 INDC 설명회에서 발표할 계획이 없고 모로코에서 열리는
INDC 포럼은 사실상의 사전적 평가(ex-ante assessment)성격이 될 가
능성이 있을 뿐 아니라 싱가포르 국내 총선 일정으로 인해 참가하지
않을 것이라고 했다. 필자는 우리의 경우 이번 회의에서 INDC 설명은
하지 않을 것이나 다음 ADP 회의에서 할지 여부를 추후에 결정할 예
정이며 모로코 개최 포럼에는 전문가 참석을 검토 중이라고 했다. 필
자는 싱가포르의 최대 배출연도(peak year)의 설정 배경을 문의한바,
Kwok 대사는 2030년을 최대 배출년도로 설정하였으나 불확실성이 있
어 이를 "2030년 즈음에 최대 배출정점에 이르는 것을 목표로 안정화
한다"(to stabilize emissions with the aim of peaking around 2030)라는 우회
적 표현으로 INDC에 기재하였다고 설명했다. 필자는 우리도 최대배출
연도 설정을 검토하였으나 2030 감축 목표가 국제시장메커니즘 활용
을 전제로 설정된 것이어서 최대 배출연도 예측이 어려우며 배출정점
이 장기간 진행되는 "Peaking Plateau"개념을 생각하고 있다고 했다.
Kwok 대사는 남아공 등 일부 개도국들이 이러한 개념을 주장하고 있
는 것으로 알고 있다면서 한국이 이를 사용한다면 용어의 수용성이 높

아질 수도 있다고 했다. 필자가 "peaking plateau"개념을 관계부처와 협의 없이 사용한 것은 우리 정부가 2020년까지 10기 이상의 석탄화력 발전소를 건설할 경우 이로 인한 배출량의 정점기간이 수년간 계속될 것으로 생각했기 때문이었다. 미국과의 양자 협의시에도 이 개념을 사용하였지만 관계부처에서는 아무런 이의 제기가 없었다. 그 외에도 시장메커니즘과 투명성체제 등에 대해 폭넓은 의견 교환을 가졌다.

9월 2일 본회의장에서 잠시 만난 프랑스의 Laurence Tubiana 대사는 파리기후총회에서는 회의 개막 첫날인 11월 30일에 정상회의가 개막될 예정이라고 하면서 한국 대통령의 참석을 기대한다고 밝혔다. 정상회의 방식과 의제는 협상 진전상황을 보아가며 결정하여 통보할 예정이라고 했다. Tubiana 대사는 지속발전과 에너지전환분야 전문가로 국제적 지명도를 갖춘 학자였다. COP21 총회의장으로 내정되어 있던 Fabius 외교장관은 2014년 6월 당시 미국 컬럼비아 대학 초빙교수로 가 있던 Laurence Tubiana를 기후변화대사로 임명하여 COP21 총회 준비를 총괄토록 하였다.

9월 2일 ADP 중간 점검회의를 마친 후 EU와 양자면담을 가졌다. 국내 일부 부처에서 모로코에서 개최되는 INDC 포럼에 대해 계속적인 관심과 추가 정보 파악을 요청했기 때문이다. 필자는 포럼 참석을 검토중이라고 하면서 포럼의 개최목적과 진행방식을 문의했다. EU의 기후변화국 Cyril Loisel 국제관계 담당관은 당사국들이 INDC를 제출하는 시점과 COP21간에 시간적 간격이 있어 동 기간 중에 당사국들이 제출한 INDC의 총량적 효과(aggregate effect)를 분석하기 위한 것이며 개별 당사국의 INDC에 대한 심도 있는 분석은 없을 것이라고 했다. 필자는 협약 사무국에서 11월 1일 발간 예정인 INDC의 총량적 효과분석에 관한 종합보고서(synthesis report)와 중복되는 것이 아닌지를 문의했다. Loisel 담당관은 모로코 개최 포럼이 사무국의 INDC 종합보고서 작성 과정을 지원하는 방향으로 진행되며 실제 보고서 작성에 참여하는 UNEP, IEA 연구원 등 전문가들이 참석한다고 했다. 그리고 G-20 국가, 지역안배를 고려한 주요 국가, 군소도서국가 대표 등을 초청하였으며 20~30여 명의 각료급을 포함하여 30~40개 국가에서 참석할 것을 기대한다고 밝혔다.

9월 2일 오후에는 호주 Peter Woolcott 환경대사와 양자 협의를 가졌다. 필자는 호주가 9월 1일부터 MIKTA 의장국을 담당하기 때문에 그간 우리가 준비해 온 MIKTA 기후변화 공동선언문(안)을 전달하면서 아직 2~3개 문구에 대해 인도네시아와 협의를 진행 중이라고 하면서 호주가 잘 마무리하여 주기를 당부했다. Woolcott 대사는 Julie Bishop 외교장관이 MIKTA의 열렬한 지지자라고 하면서 금년 유엔 총회기간인 9월 26일에 MIKTA 외교장관 조찬 모임을 계획 중에 있다고 했다. 그리고 9월 29일 열리는 MEF 외교장관 세션에도 Bishop 장관이 참석한다고 밝혔다. Woolcott 대사는 유엔 총회기간중 기후변화정상행사가 있다고 들었다면서 일시, 진행방식 등을 필자에게 문의하여 9월 27일 UN사무총장 주최 오찬 방식으로 기후변화정상회의가 진행되며 논의 배경문서는 조만간 회람될 것으로 알고 있다고 설명했다. 필자는 호주가 INDC를 제출한 것을 환영하고 총리가 호주의 INDC 목표수준이 한국을 비롯, 중국, 일본 등보다 훨씬 의욕적이라고 한 점이 이채롭다고 밝혔다. Woolcott 대사는 한국을 언급해서 미안하다고 하면서 총리실에서 국내적 함의를 두고 비교 국가들을 언급했기 때문에 자신이 관여

할 수 없었다고 하였다. 그 외에도 호주 GCF 이사의 이사회 공동의장
취임, 기후재원 협상동향, 양자차원의 기후협력 방안 등을 논의하면서
서로 교차 방문을 통한 협의를 합의하였으나 실현되지 못했다.

　　ADP 회의가 종료 하루 전날인 9월 3일 EIG 수석대표들과 ADP
공동의장간의 양자 협의가 있었다. ADP공동의장은 금번 회의 결과물
은 공동 촉진자들이 작성하고 있는 "작업문서"(working document)라고
하고 이를 바탕으로 최대한 간결하고 분명한 대안들이 포함된 새로운
문서를 10월 ADP 회의 이전에 회람할 예정이라고 했다. 그리고 ADP
공동의장에 대한 신뢰가 중요하며 9월 4일 개최되는 최종 정리 회의에
서 EIG가 ADP 공동의장의 향후 작업 방향에 대한 지지를 명시적으로
발표해 주기를 요청했고 EIG 그룹은 이에 동의하였다. 공동의장은 10
월부터는 모든 당사국이 참석하는 하나의 회의가 진행 될 것이며 새로
운 문서의 첫 항부터 순차적으로 문안 작성작업을 진행한다고 하면서
쟁점 사항이 발생할 경우 공동촉진자들의 중재하에 이해 당사국들이
비공식 회의를 갖고 합의 문안을 도출하게 될 것이라고 했다. 그리고 9
월 4일 ADP2－10 회의가 막을 내렸다.

▌ 프랑스 개최 제2차 비공식 각료회의

　　9월 5일(토) Bonn에서 기차를 타고 파리로 이동했다. 9월 6일(일)
뷔페 오찬을 시작으로 프랑스 외교부 회의장에서 개최되는 제2차 비공
식 각료회의에 참석했다. 비공식 각료회의 주제는 이행수단인 재원, 기
술이전과 역량배양(means of implementation－finance, technology transfers
and capacity building), 적응－손실과 피해(adaptation－loss and damage)
였다. 각료급회의라고 했지만 ADP2－10회의에 바로 이어 개최되는 회

프랑스 Laurent Fabius 외교장관주최로 비공식각료회의 수석대표들을 위해 외교부 연회장에서 열린 업무만찬

의라 대개 협상 수석대표들이 참석했고 프랑스 정부가 초청한 아프리카, 군소 도서국 등의 일부 각료 등 60여 개국에서 참석했다. 제1차 비공식 각료회의와 같은 방식으로 ① 적응 및 손실과 피해(loss and damage) ② 이행수단(재원·기술이전·역량배양) 등 2개의 실무작업반으로 나누어 회의를 진행하고 나중에 참석자 전체가 참석하는 회의를 가졌다.

　적응분야 논의에서 다수의 참석자들은 적응의 중요성과 시급성을 인식하고 감축과 적응간에 정치적 동등성을 부여해야 한다는 의견에 공감하면서 글로벌 적응목표 내지 비전을 파리 합의문에 반영해야 한다고 주장하였다. 손실과 피해분야 논의에서 개도국들은 손실과 피해에 대한 국제메커니즘 설립이 파리합의문에 반영되어야 한다고 주장하면서 손실과 피해에 대한 보상 책임문제를 제기했다. 반면 선진국들은 손실과 피해에 관한 바르샤바국제메커니즘(WIM)의 활동이 우선되어야 하며 손실과 피해에 대한 보상과 책임 논의를 수용할 수 없음을 분명히 하였다. 손실과 피해가 파리합의문에 독립적이고 영속적인 부분으로 반영될 수 있는지가 핵심쟁점으로 부각되었다.

재원분야에서 개도국 대표들은 측정가능하고(measurable) 예측 가능하며(predictable) 검증가능한(verifiable) 재정지원의 중요성을 강조하였다. 2020년 이후의 재원조성 논의뿐만 아니라 2020년까지 선진국들이 어떻게 1,000억 달러 조성목표를 달성할 것인지를 구체적으로 보여주여야 한다고 덧붙였다. 폴란드 대표는 18개 공여국 각료 및 고위급들이 9월 5일~6일간 OECD에서 만나 2020년까지 1,000억 달러의 기후재원 조성 목표달성을 위한 진전사항을 점검하고 공동 선언문(Joint statement on Tracking Progress Towards $100 billion Goal)을 채택하였다고 소개하였다. OECD와 CPI(Climate Policy Initiative)가 총회 의장국인 페루와 프랑스의 요청에 따라 재원조성 방법론과 조성현황에 대한 작업을 진행하고 있다고 하면서 공공분야뿐만 아니라 민간 분야에서 기후재원을 조성할 경우 2020년까지 1,000억 달러의 재원조달이 가능하다고 밝혔다. 일부 개도국 대표들은 기후재원 조성이 새롭고 추가적인 것이어야 하고 다른 분야의 재원을 전환하는 방식이어서는 안 된다는 입장을 보였다. 필자는 재원조성의 혁신적 접근방안이 필요하다고 하면서 과거 우리 정부가 도입한 항공권 연대기금에 대해 설명하였다.

회의 말미에 프랑스 Fabius 장관은 11월 11일에 각료급 사전 총회(pre-COP)를 개최하여 주요한 정치적 쟁점 사항에 대해 최대한의 합의를 도출할 예정임을 설명하였다. 이를 통해서도 해결되지 않은 쟁점들은 COP21 개막 첫날(11월 30일) 정상회의에 참석하는 정상들이 참여하는 회의에 넘겨서 합의를 도출하도록 하여 협상 동력을 유지해 나가겠다고 밝혔다. 쟁점 협의를 위한 정상회의는 희망하는 정상들이 자발적으로 참여하는 회의가 될 것이라고 설명했다. 멕시코 동료에게 Nieto 대통령이 쟁점을 협의하는 정상회의에 참석할 것 같으냐고 질문을 했더니 당연히 할 것이라고 한다. 필자는 같은 EIG 그룹 스위스 동료의 눈치를 보아가며 이틀간의 회의 중에 오·만찬, 커피 타임 등을 이용하여 수단, UAE, 필리핀, 인도네시아 및 남태평양 도서국 등 개도국 참석자들에게 이회성 박사의 IPCC 의장 후보 지지를 요청하였다.

IPCC의장 진출을 위한 교섭 과정

이회성 박사와 첫 인연:
1992년 IPCC 제8차 회의

필자가 주케냐 대사관 1등서기관으로 근무하던 1992년 11월 외교부 과학환경과로부터 당시 미수교국이던 짐바브웨 하라레에서 11월 13일~15일간 개최되는 IPCC 제8차 총회에 정부수석대표로 참석하라는 지시가 왔다. 서울에서는 당시 재경부 사무관 한명과 에경연 오진규 연구원이 참가한다고 했다. 회의 참석 훈령은 IPCC 실무 작업반 개편과 동시에 선출 예정된 3개 실무작업반 의장단에 당시 에너지경제연구원 이회성 원장을 제3실무작업반 (WG3)의 공동 부의장으로 진출시키라는 것이었다. 케냐 나이로비 주재 짐바브웨 대사관에 비자를 받기 위해 영사면담을 신청했더니 UNEP 회의장에서 가끔 조우했던 외교관이 비자발급을 담당하고 있었

다. IPCC 회의에 유엔환경계획(UNEP) Mostafa Tolba 사무총장 등 다
수의 직원들과 나이로비 주재 외교단의 일부도 참석한다고 알려주었
다. 그는 남·북한 잘 구별하지 못하는 것 같았다. 짐바브웨가 우리와
외교관계가 없다고 하면 무슨 일이 생길지 몰라 즉석에서 교부하는 외
교관 비자를 받고 긴 이야기 없이 나왔다.

　짐바브웨 하라레에서는 회의장으로부터 다소 떨어진 호텔에서 묵
었다. 아침 식사 후 회의가 열리는 호텔로 가서 하루 종일 지내다가 회
의가 마치면 숙소 호텔로 돌아가야 했다. 회의장에서도 이회성 원장의
실무작업반 의장단 진출을 교섭하기 위하여 양자 차원의 면담을 요청
하고 기다리면서 시간을 보냈다. 다행스럽게 케냐 나이로비에서 열린
기후변화협약 채택을 위한 정부간 협상회의에 참석한 인사들이 많아
면담 일정 잡는 것이 그리 어렵지는 않았다. 먼저 기후변화협상장에서
얼굴을 익힌 미국 대표단의 일원 Daniel Reifsnyder 국무부 기후변화
담당(훗날 신기후체제 협상시 ADP 공동의장역임)을 만나 필자가 IPCC 회의
에 참석한 사정을 이야기하고 조언을 구했다. Daniel은 수석대표인
Robert Reinstein 국무부 차관보와 면담을 잡아줄 테니까 설명하고 조
언을 구하라고 했다. Reinstein 차관보는 나이로비개최 기후변화협약
채택을 위한 정부간 협상회의에서 여러 차례 본 적이 있었으며 IPCC
본회의에서 WG2 의장으로 여러 차례 발표를 하였다. 이회성 원장의
이력서를 챙기고 발언 내용도 준비해서 Reinstein 차관보를 만났다. 이
원장의 이력서를 전하고 IPCC 개편에 따라 새로 만들어지는 WG3 의
장단(bureau) 진출을 원한다고 했다. Reinstein 차관보는 이 박사의 이
력서를 자세히 살펴보더니 훌륭하다고 하면서 WG3의 공동의장 또는
부의장 중에 어느 자리를 지원하느냐고 물었다. 필자는 잠시 생각 후

본부 훈령대로 이야기하지 않고 WG3의 공동의장을 우선 희망하나 어려울 경우 공동 부의장도 생각할 수 있다고 했다. Reinstein 차관보는 필자에게 IPCC Bert Bolin 의장과 캐나다 대표를 만나 보라고 했다. 면담 후 우리 대표단 중의 한 명이 필자에게 그러다가 아무것도 되지 않으면 어떡하느냐고 힐난조로 이야기했고 필자는 수석대표로 책임을 지겠다고 응대했다.

IPCC 설립의 주역이고 초대 의장직을 맡고 있는 Bert Bolin 교수와의 면담을 IPCC 사무국에 요청하고 중국 및 캐나다 수석대표와 면담 시간을 정해 인사를 하였다. 중국 수석대표인 기상청장은 원로 과학자로서 필자를 매우 따뜻하게 맞아 주었다. 차를 마시며 필자의 나이도 물어보기도 하면서 한국의 IPCC 참여를 적극 반겼다. 캐나다 수석대표인 Elisabeth Dowdeswell 환경차관보는 미국 Reinstein 차관보로부터 이야기를 들었다고 하면서 이 원장의 이력서를 살펴보았다. 훗날 Dowdeswell 차관보는 M. Tolba 박사의 후임으로 UNEP 사무총장이 되었다. 나이로비 주재 일본대사관에서 UNEP 업무를 담당하고 있는 호시노 서기관을 만나 이회성 박사의 WG3 공동의장단 진출 지원을 요청했다. 호시노 서기관은 일본은 선진국에 배정된 WG2 공동부의장에 진출한다고 하면서 우리 입장을 수석대표에게 설명하겠다고 했다.

B. Bolin 의장실에서 사무실로 찾아오라는 연락이 왔다. Bolin 의장을 만나 한국이 WG3 공동의장에 진출할 경우 개도국들의 기후변화 대응에 도움을 줄 수 있을 것이라고 하면서 지원을 요청했다. Bolin 의장은 잘 알았다고 하면서 IPCC Bureau에서 사전 협의하여 총회에 공동의장단 명단을 제출하고 승인을 받는다고 하면서 여러 대표단을 만

나 협조를 요청하지 않아도 된다고 했다. 이 원장의 WG3 공동 의장단 진출을 확인한 면담이었는데 공동의장인지 부의장인지는 하루가 지난 후 총회에 상정된 문서를 보고 알았다. 개편된 3개 WG에는 선진국과 개도국 출신 공동의장이 각 1명씩 선출되었는데 이회성 원장은 캐나다의 다즈웰 차관보와 함께 WG 3의 공동의장으로 뽑힌 것이다. 짐바브웨에 우리 대사관이 없었기에 외무부 과학환경과에 국제전화로 공동의장직 진출을 알렸다. 그 후 케냐 나이로비 근무를 마치고 귀국한 1993년 중반에 강남의 어느 한 호텔에서 이회성 원장의 초청으로 오진규 박사와 함께 저녁을 한 게 이 박사와의 첫 만남이었다.

두 번째 인연: GGGI 이사 진출과 IPCC 의장입후보

2014년 4월 하순 기후변화대사 내정자 신분으로 EU가 주최하는 기후변화 비공식 각료회의에 참석하였다. 당시 회의 전날 수석대표 만찬에서 벨기에 출신 IPCC 부의장 Jean Pascal van Ypersele 박사가 필자 옆자리에 앉았다. Ypersele 박사는 만찬에 앞서 참석 각료들 앞에서 IPCC 5차 보고서에 대해 설명하였다. Ypersele 박사는 필자에게 자신의 명함과 소개 브로셔를 건네면서 2015년에 선출될 IPCC 의장직에 입후보할 예정이라고 소개하였다. 한국의 기후변화대사로 임명되어 부임예정이라고 하자 IPCC 부의장에 한국의 이회성 박사가 있다고 했다. 필자는 1992년 IPCC 회의에 참석하여 이회성 박사의 WG3 공동의장 진출에 도움을 준 적이 있다고 했다. Ypersele 박사는 한국의 이회성 박사가 IPCC 의장 진출을 희망하는지를 문의하여 아직 업무를 시작하지 못하여 잘 모른다고 했다.

그해 5월 본부에 귀임한 후 글로벌녹색성장기구(GGGI) Yvo de
Boer 사무총장이 하반기 이사회에서 있을 GGGI 민간이사 임명 계획
을 설명하면서 IPCC 이회성 부의장을 추천하기를 희망하였다. 한국정
부에 할당된 이사직을 수행하고 있는 정서용 고대 교수의 임기가 만료
되며 그 후임으로 이회성 부의장을 물색하였다고 했다. 앞으로 이 박
사가 IPCC 의장직에 입후보할 경우 GGGI 이사직이 도움이 될 수 있
을 것이라고 덧붙였다. 이 박사와 정 교수를 모두 알고 있어 가부를 이
야기할 처지가 아니어서 Yvo 총장에게 잘 판단해서 하라고 했다. 그
이후 필자와 만난 이회성 박사는 인도 Rajendra Pachauri가 2015년 하
반기에 물러날 예정이어서 후임 의장직에 출마할 의사를 비쳤다. 2014
년 11월 하순 국제박람회기구(BIE)총회 참석 중에 본부 국제경제국 이
형종 심의관이 기상청 정홍상 차장의 전화 메시지를 전해 왔다. 내용
은 청와대 주철기 외교안보수석, 윤창번 미래전략수석, 이회성 박사 3
분이 자리를 같이 하였고 그 자리에서 이 박사의 IPCC 의장 진출을 국
가적 어젠다로 추진하기로 결정했다는 것이다. 그 일환으로 페루 리마
에서 개최되는 COP20 계기에 이 박사의 IPCC 의장 진출 지지교섭활
동을 전개해 달라는 것이었다. 고위급 회의에 참석한 윤성규 장관이
양자 환경장관 회담을 할 때 이 박사에 대한 지지교섭 활동을 할 예정
이라고 환경부 직원이 알려 주었다. IPCC 총회에서 아직 의장단 선출
공고와 일정을 아직 채택하지 않은 상황에서 앞서간다는 느낌은 있었
지만 기회가 되는 대로 가까운 협상 대표들에게만 이야기를 하는 것으
로 입장을 정리하였다.

2015년 2월 24일~27일간 케냐 나이로비에서 차기 IPCC 의장단
선출 절차 등을 논의하기 위한 IPCC 제41차 총회가 개최되었다. 인도

의 Pachuari IPCC 의장이 불미스런 사건에 연루되어 총회에 참석하지 못하고 반기문 유엔사무총장에게 사표를 제출하는 일이 발생하였다. 3명의 부의장 중에 차기 의장직에 출마 의사가 없었던 수단의 Ismail El Gizouli가 의장 대리로 차기 의장단 선출을 관리하기로 하였고 10월 초 크로아티아 두브로브니크에서 개최되는 제42차 IPCC 총회에서 의장을 선출하기로 하였다. 나이로비 IPCC 회의에는 이회성 박사를 비롯하여 외교부, 환경부, 기상청 대표단이 참석하였다. 회의 의제에 실질적 논의사항이 없어 의장 선거절차와 동향 파악을 겸해 담당 과장이 혼자 출장 가는 게 좋겠다는 의견을 제시하였다. 결국에는 과장과 실무자가 같이 출장을 갔었고 좋지 않은 일로 과장이 자리를 떠나야 하는 아쉬운 일이 발생했다. 필자와 기상청 정홍상 차장이 수시로 만나 이회성 박사의 의장직 진출 전략을 논의하곤 했다. 2015년 5월 초 외교부 윤여철 의전장에게 부탁하여 주한 공관장을 대상으로 한 청와대 녹지원 행사에 이회성 박사를 초청하여 대통령과 대사들에게 인사할 기회를 마련해 주었다. 5월 15일 연세대 정태용 교수가 이회성 박사와 저녁을 같이 하자고 하여 광화문 인근 레스토랑에서 만났다. 이 박사와 오래전부터 잘 안다는 에너지 경제신문 송용희 사장이 동석을 하였다. IPCC 선거와 관련한 이야기를 많이 나눴다. 기후변화 관련 국내외 주요 행사를 활용하는 방안과 이 박사의 홍보 브로셔 작성 필요성 등 지지교섭전략에 대해 의견을 교환하였고 정 교수가 추후에 이를 정리하여 보내왔다.

ADP 협상회의에서 이회성박사의 의장직 진출을 지지교섭하는 데에는 일정한 한계가 있었다. 같은 EIG 그룹의 스위스에서도 IPCC 의장 후보가 나왔다. 협상회의 기간 중에 멕시코 환경차관과 협상 대표을 따로 불러 이회성 박사와의 면담을 주선하면서 필자도 동석을 했다. 면담이 끝난 후 멕시코 협상 대표는 필자에게 조용히 할 이야기가 있다고 했다. 그는 필자가 협상 수석대표인데 IPCC 의장 지지교섭을 하고 다니는 모습을 좋아하지 않은 이들이 있다고 하면서 지지교섭활동을 다른 이들에게 맡겨 두는 게 어떠냐는 이야기를 했다. 다수의 기후협상 수석대표들이 IPCC 업무를 총괄하는 자리에 있었고 IPCC 의장 선거에 금번처럼 많은 후보자가 나온 적이 없다고 하면서 IPCC 의장 선거의 과열 분위기를 경계했다. 필자도 이러한 분위기를 감지하고 있었기에 일부 친한 협상대표들에게만 부탁을 하거나 필요한 경우에만 면담 주선 등을 지원했다.

시간이 지나면서 후보들의 지지교섭 활동이 활발해지기 시작했다. 환경부와 기상청에서는 국내외에서 열리는 각종 행사와 각 대륙별 주요 국가에 이 박사 지지교섭활동을 위한 대표단을 파견하였다. 외교부에서도 재외공관에 각 후보별 지지 판세와 동향을 수시로 전하면서 지지 확보를 독려했다. 6월 세계기상기구(WMO) 총회시에는 이 박사를 위한 리셉션을 주제네바대표부가 개최하여 참석한 각국 대표들을 대상으로 지지교섭을 전개했다. 이러한 활발한 지지교섭 활동에도 불구하고 의장 후보자가 6명으로 늘어나고 투표시까지 시간이 아직 남아 있어 그런지 8월 하순까지 이 박사 지지를 약속한 국가는 20개국에 불과했다. 8월 30일부터 독일 Bonn에서 개최된 ADP2-10 협상회의에도 이회성후보와 정홍상 기상청 차장 등이 참석하여 다자 및 양자 차원의 지지 교섭활동을 전개하였다. 6명의 후보 중 가장 눈에 띄는 지지교섭 활동이었다.

지지교섭 과정에 날아든 견제구와 기회 활용

ADP2-10 협상회의가 진행 중인 9월 1일 미국의 협상대표가 배석자 없이 긴밀히 할 이야기가 있다고 하면서 면담을 요청했다. 회의장 2층 코너에서 만난 그는 정말 이런 이야기를 필자에게 하고 싶지 않지만 본국정부 지시 때문에 한다고 말을 꺼냈다. 일부 개도국 IPCC 대표들에 따르면 '한국이 이 후보 지지를 조건으로 지원을 약속하는 선거 캠페인을 전개하고 있다'라고 하면서 미 국무부는 이에 심각한 우려를 갖고 있고 주한 미 대사를 통해서 한국정부 고위층에도 미국 입장을 전달할 것이라고 했다. 필자는 IPCC 의장선거를 직접적으로 관할하지 않아 잘 알지 못하나 이 후보 지원을 조건으로 반대급부를 약속하는 일은 있을 수 없다고 보며 정확한 사실 확인 후 바로 알려 주겠다고 대응하였다. 미국 대표와 만난 후 바로 외교부 조태열 2차관에게 면담 내용을 전화로 알려 주면서 회의장에서 지지교섭을 하고 있는 기상청 정 차장과 이 후보를 만나 사실 확인 및 대응책을 마련하겠다고 했다. 그리고 박꽃님 사무관을 불러 본부에 전문으로 보고토록 했다.

정 차장과 이 후보를 만나 미측과의 면담 내용을 알려 주었다. 첫 반응은 지지 교섭시에 지원방안을 이야기하는 것이 무슨 잘못이냐는 것이었다. 당황스러웠지만 대가를 약속하는 지지 교섭은 해석하기에 따라 문제가 될 수 있으므로 상황을 잘 관리하는 게 좋겠다고 설명했다. 정 차장은 지지 교섭과정에 우리 환경부나 기상청에서 실시하고 있는 여러 기술협력사업에 대한 설명을 하는데 상대방이 이것을 지원 약속으로 오해할 가능성도 있겠다고 했다. 필자는 잘 알겠다고 하고 미국 측에 설명할 방안을 생각했다. 다음날인 9월 2일 오후 미국 대표를 불러 우리 입장을 설명했다. 우리 정부가 IPCC 의장 입후보 지지요청 과정에 개도국에 대한 지원 약속을 한 적이 없다고 밝혔다. 다만 일부 개도국 IPCC 대표들이 우리 기상청에서 실시하고 있는 기술훈련프로그램과 협력사업에 대한 관심을 나타내어 이에 대한 설명을 한 바 있지만 이를 지지의 대가로 약속하지는 않는다고 했다. 미국 대표는 신속하게 답변을 주어 고맙다고 하면서 본국에도 그렇게 보고하겠다고 했다.

이어 필자는 미국 대표와 IPCC 의장선출 동향에 대한 이야기를 나눴다. EU가 지지하는 벨기에 후보와 우리 후보가 아닌 제3국, 즉 미국 후보가 결선에 진출하면 우리는 미국 후보를 지지하겠다고 했다. 미국 대표는 IPCC 의장 후보를 낸 이유가 오바마 대통령 이후에도 미국 정부의 기후변화정책이 변화되지 않고 유지에 힘을 쓸 수 있도록 하기 위해서라고 밝혔다. 미국 대표 자신도 오랫동안 IPCC 업무를 담당하여 이회성 후보를 잘 알고 있으며 결선투표에서 미국 후보가 아닌 벨기에 후보와 이 후보가 경쟁할 경우 당연히 이 후보를 지지할 것이라고 했다. 벨기에 후보는 너무 급진적 성향을 갖고 있다고 평가했다. 미국과의 오해는 풀고 서로의 후보가 결선에 진출하여 제3국 후보와 경선할 경우 서로에 대한 지지를 확인하는 기회가 되었다.

이 후보의 결선 진출을 위한 전략

ADP회의 말미에 본부의 IPCC 담당 김리라 사무관이 메일을 보내왔다. 대통령비서실장이 이회성 후보의 지지 교섭현황과 선거 전망에

파리기후총회 고위급회의 개막식에서 연설하는 이회성 IPCC의장

대해 알고 싶어 한다고 했다. 협상회의를 마치고 귀국한 9월중순 비서
실장에게 교섭현황과 전망에 대해 설명했다. 의장단 선출을 위한 IPCC
총회에 통상의 경우보다 많은 150~160개국이 참석한다고 가정할 때
80개국 이상의 지지를 확보해야 하나 9월 초순을 기준으로 할 때 서면
및 구두 지지 표명국가가 21개국에 불과한 수준이어서 당선을 예측할
수 없는 상황이었다. 가장 중요한 점은 1차 투표에서 1,2위를 확보하여
결선에 진출할 경우 상대 후보에 따라 이 후보에게도 승산이 있다고
보았다. 특히 EU가 지원하는 벨기에 후보와 이 후보가 결선에 진출할
경우 이 후보에게 승산이 많았다. 반면 미국 후보나 스위스 후보가 결
선에 진출하여 이 후보와 다툴 경우 승산은 낮다는 전망이 들었다. 당
시 IPCC 사무국 관계자는 미국 후보에 대한 지지세가 가장 많다고 하
면서 미 후보의 1차 투표 통과를 전망했다. 시간이 갈수록 미국 후보보
다는 IPCC WG1 공동의장 출신인 스위스 Thomas Stocker 박사에 대
해 호평이 협상대표들 사이에 많이 돌았다. 그러나 유럽에서 후보 3명
이 나왔고 EU가 공식적으로 벨기에 후보를 지지하고 있어 유럽 국가

들의 표가 분산될 수밖에 없었다.

2015년 9월 하순 미국 뉴욕에서 개최된 주요 경제국포럼(MEF)회의에서 멕시코 차관이 중요한 귀띔을 해 주었다. 많은 중남미 국가들이 IPCC 의장 후보로 미국이 아닌 제3국 후보를 지지하고 있다고 하면서 미국 후보에 대한 지지가 과장되었을 가능성이 있다고 했다. 많은 중남미 국가들이 스위스 후보를 지지하고 있다는 생각이 들었다. 본부 이형종 심의관에게 연락하여 2차 투표를 대비하여 중남미 지역 국가들을 집중 접촉할 필요가 있다고 했다. 그리고 이 후보가 1차 투표에서 산유국 중심의 중동과 아프리카 국가들의 표만 잘 지킬 수 있다면 결선 투표에 진출할 가능성이 높아 보였다. 두브로브니크회의에는 본부의 심의관과 담당 사무관, 주제네바 유연철 차석대사, 주크로아티아 서형원대사 등을 참석토록 하여 이 후보의 지지교섭 활동을 지원토록 했다. 10월 7일 새벽 이형종 심의관이 카톡 문자를 보내왔다. 1차 투표를 통과했고 벨기에 후보와 결선에서 경쟁하게 되었다고 했다. 1차 투표에서 이 후보가 45표, 벨기에 후보가 32표, 스위스 후보가 30표, 미국 후보가 19표를 득표하였다. 결선투표에서 미국과 스위스 후보를 지지했던 표의 대다수가 이 후보 지지로 연결되었다. 결선 투표에서 이 후보는 78표, 벨기에 후보는 56표를 득표했다. 압도적 승리로 해석될 수 있지만 필자의 눈에는 벨기에 후보와 스위스 후보간의 2표 차이가 이 후보의 IPCC 의장 당선으로 이어진 것으로 보였다.

IPCC 총회가 끝난 후 ADP 협상회의에서 터키 대표를 만났다. 자신이 터키 대표로 IPCC 총회에 참석하여 필자에게 약속한 대로 한국이 후보에게 지지표를 던지고 본부에 보고했다가 혼쭐이 났다고 했다.

터키 외교부가 벨기에 후보 지지를 약속하였는데 이를 지키지 않았다고 항의를 받았다고 했다. 그런데 자신은 어느 누구로부터도 벨기에 후보를 지지하라는 지시를 받은 적도 없었고 형제국가인 한국의 후보를 지지하는 것을 당연하게 생각했다는 것이다. 정말 고맙다고 두 손을 감싸 쥐었다.

COP21 성공을 위한 정치적 의지 결집

2015 유엔총회 계기 뉴욕에서의 협상 회의

미 백악관 NSC Caroline Atkinson 부보좌관과 Todd Stern 기후특사는 공동명의 서한으로 주요경제국포럼(MEF)회의를 9월 29일~30일간 뉴욕에서 개최한다고 알려왔다. 7월 룩셈부르크에서 개최된 MEF회의와 같은 방식으로 재정(finance), 차별화(differentiation), 투명성(transparency) 분야의 핵심쟁점에 대한 질의서를 작성하고 이를 통해 가능한 안착지점(landing zones)을 모색하겠다고 했다. 그리고 2014년 MEF 뉴욕회의 때와 같이 John Kerry 국무장관이 주재하는 외교장관 세션을 9월 29일 14:00~16:00 간 가질 예정이라고 알려왔다. 윤병세 장관으로부터 이번 외교장관 세션에는 참석하겠다는 약속을 받았다.

▌ 프랑스정부 주최 Business Dialogue

MEF 회의에 앞서 9월 26일 오전 유엔본부에서 프랑스 정부가 주최한 "탄소 가격제"(carbon pricing)를 주제로 한 정부와 기업대표들 간의 제2차 비즈니스대화(Business Dialogue)에 참석하였다. 이는 5월 20일 프랑스 파리에서 개최된 제1차 비즈니스대화에 이은 후속회의였다. 프랑스 정부를 대표하여 Laurent Fabius 외교장관과 Segolène Royal 환경장관이 참석하여 기조연설을 하였다. 전 세계 배출량의 70% 이상을 점하는 79개국의 INDC 제출, 미 – 중 정상간의 기후변화 공동선언, 비정부 행위자들의 기후행동 참여확대 등 파리 기후총회의 성공을 위한 여러 긍정적인 요인이 나타나고 있다고 했다. 그리고 파리 COP21이 저탄소 경제로의 전환을 촉진하기 위한 글로벌 탄소 가격도입의 출발점이 되어야 한다고 강조하였다. 다수의 국가들이 INDC에 국제탄소시장 활용을 포함시켰는데 이는 탄소가격제의 진전을 전제로 한다고 밝혔다. 세골렌 루아얄 환경장관은 시민들이 탄소 가격제에 호응하고 있다고 하면서 이를 통해 녹색성장으로 나아가야 한다고 주장했다.

유럽 기업대표들은 EU의 배출권거래시장 안정화기금이 조기에 도입되어야 한다고 주장하고 다수의 기업들이 이미 탄소 가격제를 도입하고 있지만 정부의 명확한 신호 없이는 진전이 어렵다고 밝혔다. 뉴질랜드 기후장관은 각국의 배출권거래제도(ETS)가 국내 사정에 따라 달리 형성되어 표준화와 행동 규범이 필요하다고 보고 COP21 총회가 이를 위한 계기를 마련하여야 할 것이라는 입장을 밝혔다. 국제배출권협회(IETA) 대표는 새로운 규범 필요성을 제기하였다. 프랑스의 시멘트 기업 Lafarge 대표는 탄소 가격제를 글로벌 차원에서 이행하기 위해서는 투명성, 예측가능성 및 좋은 모니터링기구가 필요하다고 주장했다. 중국의 에너지기업 대표는 에너지 차원에서 탄소 가격제를 위해서는 국제적 연결망이 필요하다는 생각을 밝혔다. 비즈니스대화는 정부 및 기업 대표들 간에 COP21 이후의 탄소 가격제 도입을 범세계적으로 확산하기 위한 의견교환의 장이었다. 당초 주최 측의 초청 대상에는 한국 기업도 포함되어 있었으나 참가하지 않았다. 필자는 우리 정부가 2015년 초에 출범시킨 배출권거래제에 대해 설명하면서 탄소 가격제를 촉진하기 위해서는 동등한 경쟁여건(leveling playing fields)과 같은 글로벌 차원의 유인책이 필요함을 강조했다.

9월 27일(일) 반기문 사무총장은 유엔지속발전목표(SDG)채택을 위한 정상회의에 참석한 주요국 정상들을 대상으로 기후변화에 관한 비공식 오찬 회의를 갖고 파리 COP21에서의 견고한 합의(a durable deal)를 이뤄내야 한다고 밝혔다.

▎ 주요경제국포럼(MEF)회의와 외교장관세션

9월 28일 오전 8시 반부터 시작된 MEF회의는 바로 투명성 의제에 대한 논의부터 시작했다. 감축 · 적응 · 지원(support)분야 투명성체제의 요소(elements), 개도국들을 위한 내재된 유연성을 어떻게 부여할 것인지와 새로운 투명성체제 적용을 위한 경과 규정 설정 등에 대한 참가국의 의견을 물었다. 투명성 세션 사회는 싱가포르 꽉푹셍 대사가 맡았다. 꽉 대사는 파리합의문의 투명성체제는 견고하면서도 CBDR/RC/NC를 반영하는 차별화와 유연성을 지녀야 하고 협조적이며 비처벌적이어야 한다는 데 공감대가 모아지고 있다고 모두 발언을 했다. 지정 순서에 따라 발언에 나선 인도네시아 기후산림장관은 신뢰

확보 차원에서 투명성체제가 중요하다고 하면서 대개도국 지원 산출의 투명성을 강조했다. 뉴질랜드 기후변화통상장관은 파리회의에서는 하나의 통합된 투명성체제(single unified system)에 합의하고 운영 규칙은 파리회의 이후에 논의하는 방안이 좋다고 밝혔다. EU 의장국을 맡은 룩셈부르크 환경장관은 WTO의 정기적 검토와 같은 체제를 도입해야 한다고 주장했다. 인도 환경장관은 감축, 적응, 지원 등 모든 분야에서의 견실한 투명성 체제 도입을 선호한다고 밝혔다. EU 기후변화집행위원은 구속력을 갖춘 규범, 공동 회계·검증방법과 원칙을 투명성체제의 주요 요소로 밝혔다.

중국 기후특사는 파리회의까지의 시간이 촉박한 점을 고려할 때 투명성 체제의 원칙과 정책조항은 파리합의문에 반영하고 세부적인 사항은 파리회의 이후에 논의하는 게 좋겠다고 밝혔다. 중국이 투명성체제의 주요 요소로 생각하는 사항은 ① 모두에게 적용되고 ② 협약하의 현행체제로부터 배우고 ③ 감축, 적응, 지원분야 투명성 체제 도입 ④ 너무 복잡하지 않은 간소함이라고 이야기했다. 중국이 투명성체제에 대해 구체적 의견을 처음 제시한 것이다. 필자는 post-2020 투명성체제는 감축, 적응, 지원을 포함해야 하고 현행체제의 운영 경험을 토대로 한 이행 촉진적이고 비처벌적이어야 한다고 밝혔다. 미국 대표는 post-2020 투명성체제는 명실상부한 단독 체제(true single system)이어야 하며 현재의 IAR/ICA는 하나의 체제가 아니라고 했다. 하나의 체제 하에 빈도(frequency), 경과기간 등이 내재된 유연성을 부여할 수 있다고 했다. 참석국 대표들의 발언을 종합하여 곽 대사는 통합된 투명성체제, 빈도와 경과기간 등에 대한 유연성 부여에 의견이 모아지고 있다고 정리했다.

이어 장기목표(long-term goal)를 파리 합의문에 어떻게 반영할 것인지와 2℃ 이외에 다른 목표를 어떻게 포함할 것인지에 대한 의견 교환이 있었다. 파리합의문에는 2℃ 목표외에도 1.5℃가 반영되어야 한다는 의견이 있었으며 수치화된 온도 상승억제 목표뿐만 아니라 지금까지 당사국 총회 결정문 등에서 합의된 탄소중립(carbon neutral), 탈탄소화(decarbonization), 저탄소배출경로(low carbon emission pathway) 등과 같은 용어를 장기목표 설정에 활용할 필요가 있다는 의견도 제시되었다. 어떤 대표는 장기목표 설정은 과학적으로 입증된 경우로 할 필요가 있다고 했다. 장기목표의 핵심은 파리합의문에 1.5℃가 포함될 것인가에 있었다.

회의 첫날(9월 29일) 오후 2시에 존 케리 국무장관이 주재하는 외교장관 세션이 열렸다. 윤병세 장관은 조금 일찍 도착하여 멕시코 외교장관과 양자 회담을 가진 후 회의에 참석했다. 케리 국무장관은 개회 인사를 하면서 오바마 대통령의 청정전력계획(CPP), 중국의 전국단위 배출권거래제 도입계획, 기후변화의 부담을 미래 세대에 넘겨서는 안 된다는 교황의 메시지 등을 언급했다. 이어 태양광 등 재생에너지가 장기적으로 비용 효과적이며 시장이 에너지 전환에 중요한 역할을 할 수 있다고 강조했다. 이어 COP21 의장인 Laurent Fabius 외교장관은 기후변화에 조기 대응하지 않으면 재앙이 올 것이라고 하면서 파리 기후총회의 긍정적 결과를 유추할 수 있는 근거를 다음과 같이 제시했다. 첫째, INDC를 제출한 79개국의 온실가스 배출량이 전 세계 배출량의 70%를 넘고 있고, 둘째, ·주기적 성과점검을 통해 2℃ 목표를 달성해 나간다는 정치적 의지가 확인되었고, 셋째, 2020년까지 선진국들의 1,000억 달러 재원조성 로드맵이 작성될 전망이며, 넷째 비정부행위자

(non－state actors)의 참여와 탄소 가격제(carbon pricing) 진전 등을 열거
했다. 그리고 파리 기후총회시까지 INDC 미제출국가들에 대한 독려,
pre－COP회의와 11월 30일 정상회의 프로그램 배포일정 등 향후 계
획을 설명하면서 외교장관들이 협상대표에게 힘을 실어줄 것을 당부했
다. 노르웨이 외교장관은 기후변화문제를 외교, 재무, 국방 장관이 전
체론적 관점에서 함께 다루어야 하며 화석연료 보조금 철폐가 중요한
일이라고 강조했다.

윤병세 장관은 토요일에 발표한 MIKTA 외교장관의 기후변화 공
동선언 내용을 소개하고 신기후체제의 성공을 위한 GCF 기금조성 등
을 통한 신뢰형성 필요성을 강조했다. 멕시코 외교장관은 파리회의가
탈탄소화의 출발점이 되어야 한다고 하였고 호주 외교장관은 파리회의
에서 민간분야와의 파트너십을 통한 글로벌 기후행동 중요성을 강조했
다. 터키, 일본 등의 외교장관들도 자국의 기후대응노력과 파리회의 성
공의 중요성을 역설하였다. MEF 외교장관 세션은 내용면에서는 새로
운 것이 없었지만 협상 대표들에게는 외교장관에게 협상의 쟁점을 설
명하고 지침을 받는다는 측면에서 매우 유용하였다고 생각 된다.

외교장관 세션이 끝난 후 차별화(differentiation)의제에 대한 논의
가 시작되었다. 감축 분야에서 Lima 회의에서 합의한 원칙 “CBDR/RC,
in light of different national circumstances”에 부합하는 요소들이 어
떤 것들인지에 대해 의견들을 교환했다. 첫 번째 요소인 “각 당사국이
각자의 기여를 결정한다.”(Each Party will determine its own contribution)
는 점에 대해서는 모든 참석자들이 원칙적으로 동의를 하였다. 두 번
째 요소인 “최빈개도국들은 면제되거나 스스로 이행할 권리를 가진

다."(LDCs will be exempted or entitled to implement at their discretion)라
는 점에 대해서도 동의를 하면서도 군소도서국도 포함하여야 한다
는 의견이 제시되었다. 세 번째 요소는 "명료화를 위한 정보는 기여
의 유형에 따라 다를 것이다."(Clarifying information will be different
depending upon the type of contribution)라는 점에 대해서도 다른 의견
이 없었다. 네 번째 요소는 "개도국들은 이행을 위한 지원을 받을 자
격이 있다."(Developing country Parties will be eligible for support with
respect to implementation)라는 점에 대해서 원칙적 동의는 있었으나 이
행의 해석에 대한 의견들이 제시되었다. 마지막 요소는 "후퇴방지에
대한 기대감"(There will be an expectation of no backsliding)이었는데 감
축목표를 달성하지 못할 경우 이행 촉진적 방법으로 해결이 필요하다
는 의견이 많았다. 의욕적 감축 목표를 작성하고 이행해 가는 과정에
불가피한 여러 사정에 의해 목표를 달성하지 못하는 경우를 상정한 것
이다. 파리합의문의 감축부분을 작성할 때 필요한 큰 골격에 대한 합
의가 이루어진 셈이었다.

9월 30일 오전회의에서는 기후재원이 논의되었다. 논의의 핵심은
재원 조성을 위한 우호적인 환경을 만들기 위해 노력하고 최빈 개도국
에 대한 지원과 적응 부문에서는 공공재원이 우선적인 역할을 해야 한
다는 데 공감대가 형성되었다. 그러나 재원 목표를 정성적 또는 정량
적으로 설정할 것인지와 재원 제공 의무 주체를 선진국에서 다른 국가
들로 확대하는 문제에 대해서는 서로 다른 입장이 표출되었다.

그간 상·하반기에 한 번씩 개최된 MEF회의는 2015 합의문 협상
과정에 정치적 결정이 필요한 의제에 대해 정상으로부터 위임을 받은

고위급 협상대표들이 가급적 국별 입장에 구애받지 않고 사명감을 갖고 합의를 도출하기 위해 의견을 모을 수 있는 장을 제공했다. 효율성과 효과적 측면에서 파리 COP21의 성공에 가장 크게 기여한 협상 무대가 MEF회의였다고 평가해도 지나친 게 아니라는 생각이 든다.

▌프랑스와 독일 공동 주최한 기후와 안보에 관한 부대행사

MEF회의가 끝나는 9월 30일(수) 오후(17:15~18:25) 주유엔 독일 대표부에서 독일 Frank–Walter Steinmeier 외교장관과 프랑스 Laurent Fabius 외교장관이 공동 주최하는 "기후와 안보: 기후변화의 외교정책 영역"(Climate and Security: The Foreign Policy Dimension of Climate Change)에 관한 고위급 부대행사가 개최되었다. 독일 외교장관이 개회사를 하고 프랑스 외교장관이 폐회사를 하였다. 기후외교를 선도하는 EU의 쌍두마차 모습이 너무나 멋져 보였다. 필자가 꿈꾸었던 동북아 환경공동체를 위해 한·중·일 3국의 외교당국이 힘을 모을 수 있으면 어떨까 하는 상상이 앞서는 시간이었다. 독일 전문가가 G–7 의장국 독일을 대표하여 G–7외교장관회의에 제출된 기후안보에 관한 보고서 (www.newclimateforpeace.org)에 대해 설명하였다. 기후변화 취약국가인 방글라데시 외교장관과 세이셸 외교장관이 패널리스트로 나와 기후변화가 자국의 안보에 미치는 위협 요인을 설명하였다. 기후변화가 21세기 안보에 범지구적 위협이 되고 있음을 인식하고 모든 국가가 주요 외교정책의 영역에서 다루어야 한다는 것을 강조하는 시간이었다.

한·중 기후변화 양자 대화(10월 8일~9일, 북경)

뉴욕에서 주말에 귀국하니 바쁜 한 주가 기다리고 있었다. 10월 5일(월) 오전 주철기 외교안보수석에게 MEF회의 결과, 각국의 INDC 제출현황, 파리 COP21 정상회의 준비 동향 등 전반적인 협상 동향과 IPCC 의장 선거 전망에 대해 보고했다. 그리고 기후협약 사무국 홈페이지에 10월 5일에 게재된 파리 합의문(The Paris agreement)과 당사국총회 결정문(COP decisions) 초안을 한 부 출력하여 제주로 향했다. 제주시청에서 개최된 "제주그린빅뱅추진위원회"회의에 참석하여 협상 동향과 COP21 총회 준비현황에 관해 설명하였다. 제주 "carbon-free" 이니셔티브를 추진하는 원희룡 지사가 COP21 총회 참석을 희망하고 있었고 참석 기간에 부대 행사를 희망하여 한국 파빌리온을 이용하는 게 좋겠다는 의견을 제시하였다. 그리고 한국 추석과 중국 중추절 연휴로 인해 일정을 잡지 못하던 한-중 기후변화 대화 일정을 10월 9일로 확정하였다.

▌ 시젠화 중국 기후특별대표와의 면담과 만찬

중국의 기후변화 실무협상 수석대표인 중국 국가발전개혁위원회(발개위) 슈웨이(Su Wei) 기후변화대응 국장과 한·중 기후변화 대화를 10월 9일 베이징에 있는 국가기후변화전략센터 회의실에서 갖기로 했다. 당초 10월 7일 회의를 가질 예정이었으나 연휴 기간이어서 서울-베이징 구간 항공 좌석을 구할 수가 없었다. 막상 베이징에 10월 8일 저녁에 도착하니 이틀 늦게 회의를 하게 된 게 다행이라고 했다. 지난 며칠간 베이징의 심한 대기 오염으로 하늘을 볼 수 없을 뿐 아니라 호흡이 곤란할 지경이었다고 했다. 중국 영빈관격인 조어대 회의실에서

중국과 2차 기후대화에 앞서 가진 시젠화 기후특사와의 양자 면담은 G-77그룹 내부 입장을 이해하는 데 큰 도움이 되었다

시젠화(Xie Zhenhua) 기후변화특별대표를 면담하고 시 대표가 필자와 우리 대표단을 위해 주최한 만찬에 참석하였다. 만찬에는 양측에서 각 5명씩 참석하였다.

　시 대표와의 양자 면담 및 업무 만찬에서 9월 중·미정상회의 결과, IPCC 의장단 선거결과(10월 7일), 배출권거래제도 및 신기후체제 협상과정의 주요한 이슈 등에 대해 의견을 교환하였다. 먼저 필자는 시 대표에게 면담과 대표단 초청 만찬 주최에 감사 인사를 하고 9월 시진핑 주석의 성공적 방미와 중·미 정상간 기후변화공동성명 채택을 높이 평가하였다. 시 대표는 이회성 박사의 IPCC 의장 당선을 축하하면서 한국이 GCF 사무국 유치와 함께 한국 기후외교가 거둔 쾌거라고 하였다. 필자는 중국 전문가의 IPCC 제1작업반 공동의장 당선을 축하하고 한국에 기후분야 국제기구가 GCF뿐만 아니라 GGGI도 있다고 하면서 중국의 GGGI 가입을 권유했다. 그러나 시 대표는 GGGI 참가 권유에 아무런 대응을 하지 않고 Asia Society Policy Institute 소장인 Kevin Rudd 전호주 총리와 조금 전에 가진 면담 내용을 소개했다. 중국과 호주와의 기후변화분야 협력 방안을 문의하니 Rudd 전총리는 탄소시장 협력을 거론했다고 한다. 중국, 한국, 호주, 일본 등 역내국들이 참여하는 역내 탄소 시장 구축 필요성을 거론했다. 미국과 EU는 글로벌 탄소시장을 이야기하고 있으나 중국은 역내 국가들간의 협력을 통한 역내 시장의 구축에 중점을 두고자 한다고 설명했다. 이에 대해 필자는 양국간 기후변화협력 협정을 통해 탄소시장 분야 협력방안을 논의해 가는 게 좋겠다는 의견을 밝혔다. 양국이 공동위를 개최할 때 하루 일정으로 양국 전문가들이 참여하는 배출권거래제에 대한 세미나를 개최하는 방안을 제의하였고 시 대표는 좋은 제안이라고 평가했다. 이때의 합의를 바탕으로 2016년 제1차 한−중 기후변화 공동위 개막일 하루 전에 배출권거래제에 대한 양국 전문가 세미나를 개최하였다.

시 대표는 한국의 온실가스 최대 배출연도(peak year)를 언제로 예상하는지를 질문했다. 필자는 국내적으로 최대 배출년도 전망에 대해 최근 수년 내 배출량이 감소 될 것이라는 입장에서부터 2020~2025년 사이 또는 그 이후가 될 것이라는 등 여러 주장들이 표출되고 있다고 했다. 그러나 이러한 주장들을 현시점에서 검증할 수 없고 시기를 특정할 수는 없지만 배출량이 일정기간 등락을 거듭하다가 감소 추세로 들어서는 "peaking plateau"형태로 최대 배출연도가 나타날 것 같다는 의견을 밝혔다. 시 대표는 한국의 1인당 GDP수준 등을 감안할 때 수년내 최대 배출연도에 이를 것으로 전망된다고 했다.

　　신기후체제 협상의제 중에 기후재원과 GCF의 역할에 대해서도 많은 의견을 교환했다. 먼저 필자는 중국이 9월 유엔총회 및 미－중간 기후변화 공동성명에서 기후변화 남남협력 기금 30억 달러 조성을 밝힌 것을 높이 평가하고 시 대표가 MEF회의 기후재원 논의시에 "의지를 가진 국가(countries willing to do so)"라는 표현을 인상 깊게 들었다고 했다. 시 대표는 기후변화 남남협력 기금은 개도국들의 기후변화 대응 노력 지원을 위해 활용될 것이며 중국은 개도국으로 GCF에는 재원을 출연하지 않을 것이나 남남협력기금을 통해 개도국들의 GCF에 대한 접근을 지원하는 보완적인(complementary) 역할을 도울 것이라고 했다. 그리고 MEF회의 때 "countries willing to do so"는 의무적인 아닌 자발적인 성격을 명확히 하기 위하여 제안된 용어라고 했다. 일부 강성 개도국들이 한국, 칠레, 싱가포르 등을 경제발전 수준이 높고 여타 개도국들과 다른 대우가 필요하다고 주장하나 시 대표는 이러한 발상은 개도국 내 입장을 분화시켜 파리에서의 합의를 무산시킬 수 있는 위험한 것이라고 지적하였음을 설명했다.

　　필자는 협상무대에서 GCF를 파리합의문에 "주요 운용기구"(main operating entity)로 명기하는 데 많은 어려움이 있고 일부 개도국들은 GCF에 대해 회의적인 시각까지 갖고 있어 GCF 사무총장에게 10월 하순 ADP 협상회의에 참석하여 브리핑도 하고 주요국가들을 대상으로 비공식 협의회도 가지라고 권유하였다고 설명했다. 많은 개도국들은 GCF로부터 무상(grant)형태의 재정지원을 받고 싶으나 GCF는 무상지원을 예외적인 것으로 취급하고 있다고 덧붙였다. 시 대표는 GCF가 재원 조성 규모를 확대하는 것도 중요하나 이윤창출이 어려운 적응이나 역량배양사업에 대해서는 무상형태의 지원이 필수적이라고 했다.

이어 프랑스가 의장국으로 기후재원의 장기 로드맵을 만들기 위해 적극적으로 노력하고 있고 실질적 성과를 도출해야 한다는 압박감을 느끼고 있을 것이라고 하면서 개도국들은 기후재원에 대한 성과 없이는 파리에서 합의를 수용하기 어려울 것으로 본다고 분석했다.

시 대표가 파리합의문에 거는 기대가 뭔지를 묻는 질문에 필자는 파리합의문을 통해 정부뿐만 아니라 비정부 행위자─특히 기업들의 광범위 참여를 이끌어 낼 수 있기를 기대하고 있다고 했다. 시 대표는 공감을 표시하면서 기업들의 참여를 이끌어 내기 위해서는 정부가 저탄소 경제로 이행한다는 장기적이고 안정적인 시그널과 이에 부합하는 정부 정책이 있어야 할 것이라고 강조했다. 세계 제2의 경제대국이자 세계의 공장이라는 중국의 장관급 기후변화 특별대표가 이런 이야기를 하는게 놀랍게만 느껴졌다.

또 시 대표는 COP21 이전에 풀어야 할 쟁점을 아래와 같이 설명했다.

- 성공적 파리 기후총회가 되기 위해서는 ① 파리합의문이 유엔 기후변화협약과 불가분의 관계이며 협약의 원칙하에 합의가 도출되어야 하고 ② 공동의 그러나 차별적인 책임원칙(CBDR)이 지켜져야 하고 ③ 적응의 중요성을 충분히 반영하여야 하며 ④ 행동의 투명성뿐만 아니라 지원의 투명성도 확보되어야 하고 ⑤ 선진국과 개도국간의 신뢰구축을 위해서는 2020년까지 천억 달러 조성이라는 약속이 지켜져야 하며 기술에 대한 실질적 진전이 있어야 한다.
- 이는 중국의 입장일 뿐 아니라 개도국들의 관심 사항이며 지난

9월 중-미 정상합의에도 반영되어 있다. 그리고 파리 합의의 법적 구속력도 중요하나 동시에 유연성이 확보되어야 하며 차별화는 사안별 특성을 고려하여 각기 상이한 방식으로 반영되어야 한다.

시 대표는 10월 말 베이징에서 개최할 예정인 BASIC그룹(브라질, 남아공, 인도, 중국) 각료급회의에서도 이러한 입장이 확인될 예정이라고 했다.

기후협상무대에서 중국의 영향력을 다시 한 번 느끼는 시간이었다. 시 대표와의 약 3시간에 걸친 면담과 만찬이 필자에게는 기후변화에 대한 중국의 전략을 파악하는 중요한 기회였다. 그리고 중국과 기후변화협력 협정을 어느 국가보다도 먼저 체결하여 협력의 물꼬를 틀 수 있었다는 데 보람을 느꼈다.

▌ 한-중 기후변화 양자대화

10월 9일에는 중국 국가기후변화전략센터 회의장에서 슈웨이 국장을 수석 대표로 하는 중국 대표단과 도시락 오찬을 해 가면서 협상의제별로 의견을 나누었다. 주요 의제는 COP21를 향한 협상 진전 동향과 새로운 협상문안 평가, 양국의 INDC 소개, 한국의 에너지기술정책 소개 및 향후 계획 등이었다. 슈웨이 국장과 필자는 모두 인사에 이어 협상 진전 동향과 10월 초에 회람된 새로운 협상문서(non paper)에 대해 이야기를 나누었다. 이후에는 실무자들이 분야별로 입장을 발표하고 의견을 교환하는 방식으로 회의를 진행하였다. 중국은 기후재원과 GCF에 대해 관심이 많았으나 우리 측의 기재부 대표가 참석하지 않아 의제에 포함되지 않았다.

　필자는 지난 8월 ADP 협상회의에서 협상문안의 구성(story line)이 정교화되었고 새로운 협상 문서는 예전보다 분량도 훨씬 줄어들어 가독성이 높아졌다는 평가를 했다. 슈웨이 국장은 제네바협상문안이 두 차례 ADP회의를 거쳐 많이 간소화되었고 이번에 새로이 회람된 non paper를 협상기초문서로서 긍정적으로 생각한다고 밝혔다. 일부에서는 올해 연초부터 사무국과 ADP 공동의장이 협상문안을 만들어 놓고 당사국들에 회람할 시간을 기다리고 있었던 게 아니냐는 이야기가 있지만 진위여부를 떠나 이번 협상 문안을 긍정 평가한다고 했다. 이어 슈 국장은 새로운 문안에는 INDC 범위가 감축에 한정되어 있는데 적응과 지원을 포함해야 한다고 했다. 그리고 파리합의문은 협약을 대체하는 것이 아닌 협약의 원칙하에 합의되어야 하는 것이므로 협약의 원칙과 조항이 충실히 반영되어야 한다고 강조하면서 부속서 국가라는 용어를 사용하지 않더라도 선진국과 개도국이라는 용어는 사용되어야 한다고 했다. 그리고 새로운 문안에 재원과 기술과 관련한 실질적인 새로운 사항이 없어 개도국들이 수용하기 어려울 것으로 전망했다.

　필자는 우선 새로운 문안에 적응과 손실/피해가 분리되어 원칙적인 수준에서 규정된 것이 실용적 접근방법이라고 평가하고 감축 조항에 장기목표로 탄소중립성, 제로배출(zero emission) 등이 포함되어 있는데 파리합의문에서는 일정한 방향성을 제시하고 구체적인 방안에 대해서는 가급적 당사국들에게 재량권을 부여하는 방향으로 규정되어야 한다고 밝혔다. 재원 분야에서 조성 기반확대라는 방향에 선진국과 개도국이 모두 동의하나 선진국은 의무적으로, 개도국은 자발적으로 참

여한다는 점을 보다 명확하게 규정할 필요가 있다고 하고 투명성 체제
는 감축, 적응, 지원의 상이한 특성을 고려한 체제가 되어야 한다고 밝
혔다. 슈 국장은 투명성체제와 관련하여 새로운 체제를 도입하기보다
는 기존체제에 기초하여 수립하는 게 필요하며 손실과 피해가 책임과
보상과 연계되어 규정될 경우 협상 타결이 어려울 것으로 전망되며 중
국은 아직까지 이에 대한 명확한 입장을 정하지 못하고 있다고 밝혔
다. 중국은 COP21 총회가 예정된 12월 11일 종료되지 않을 것으로 보
고 12월 13일(월) 저녁 귀국 일정을 예약했다고 했다. 우리도 같은 일
정으로 준비하고 있다고 하고 의제별 논의로 넘어갔다.

　　양국의 INDC 설명 세션은 조계연 외교부 기후변화환경과장과 중
국의 주지(Zou Ji) 국가기후변화전략센터 부사장이 맡았다. 조 과장은
한국이 GDP, 인구, 에너지수요, 제조업 비중 등을 주요 요소로 2030
배출전망치를 산정하였고 다양한 이해관계자의 의견수렴, 국제사회의
기대치와 우리의 역할, 기후변화대응이 가져오는 기회 등을 감안하여
최종적으로 BAU 37% 감축이라는 목표치를 설정하였음을 차분하게 설
명했다. 그리고 한국의 2030 감축목표는 2012년 대비 GDP 단위당 배
출량을 54.7%, 1인당 GDP기준 25%를 감축한 것으로 공평하고 야심적
인 목표로 평가될 수 있을 것이라고 덧붙였다. 중국의 Zou Ji 부사장은
중국이 2005년 대비 2030년 탄소집약도를 60~65% 감축하고 수력, 원
자력을 포함하는 재생에너지 비율을 2030년까지 20% 달성이라는 목표
를 설정하였으며 이 목표는 IPCC의 2℃ 장기목표 달성경로에 부합한
다고 설명했다. 또한 중국은 기존 선진국들과는 다른 새로운 성장경로
를 지향하고 있다고 하고 선진국들은 1인당 온실가스 배출량이 10톤에
서 22톤에 이르는 수준에서 최대 배출량을 보인 후 감축 경로를 밟아

온 데 반하여 중국은 8톤이 약간 못 미치는 수준에 최대 배출량을 달성하고 감소세로 돌아설 전망이라고 발표했다. 또 1인당 GDP기준으로 볼 때, 기존 선진국들이 2만에서 2만 5천 달러 수준에서 최대 배출량을 기록한 반면 중국은 약 1만 4천 달러 수준에서 최대 배출량에 이르게 될 것이라고 했다. 중국이 중산층의 증가, 기술발전, 사회 경제적 비용 등 여러 불확실성 요소를 갖고 있어 INDC 목표달성을 섣불리 예단할 수 없으나 8개의 대표적 모델을 대상으로 여러 차례 시뮬레이션을 갖고 현재의 목표를 설정하였으며 산업구조가 3차산업으로 이행하고 기술발전이 빠르게 이루어지면 온실가스 감축이 빠르게 진행될 수 있다고 전망했다. Zou 부사장의 발표를 들으면서 부럽다는 생각을 가졌다. 2014년 12월 COP20 부대행사에서 Zou 부사장이 발표하는 것을 보면서 우리에게도 저런 역량을 갖춘 전문가가 있었으면 하는 생각을 가진 바 있었기 때문이다.

미래부와 산업부 참석자가 한국의 기후변화 대응기술 개발정책과 에너지 신산업 정책에 대해 설명했다. 이어 중국의 국가발전개혁위와 우리 환경부 참석자가 양국의 배출권거래제도 도입현황에 대한 설명을 가졌다. 2016년 양국이 기후변화협력협정에 의거한 공동위원회를 개최할 때 하루일정의 배출권거래제에 대한 세미나를 개최하기로 합의하였다. 폐막 인사에서 필자와 슈 국장은 양국의 기후변화대화는 이번 회의로 종료하고 2016년부터는 기후변화협력협정에 근거한 공동위를 개최하기로 합의하였다. 중국과 양자 대화를 위한 출장 계기에 "그린 삼성"에 "2015 신기후체제가 가져올 변화와 우리 대응"이란 제하의 기고문을 마무리하여 송고했다.

ADP2-11 협상회의와 INDC 설명회 개최

독일 Bonn에서 개최될 ADP2−11협상회의에 참석하기 전에 10월 15일 프랑스 파리소재 국제박람회기구(BIE) 본부에서 열린 집행위원회 회의를 주재했다. BIE가 관장하는 2020 두바이 등록박람회, 2017 아스타나 인정박람회, 2016 터키 안탈리아 및 2019 베이징 원예박람회의 준비 현황을 점검하는 회의였다. 독일 Bonn으로 가는 도중에 10월 16일 스위스 베른에 들러 스위스 Franz Perrez 기후변화대사와 둘이서 오찬을 했다. IPCC 의장직을 두고 한국과 스위스의 후보가 서로 경쟁을 하는 상황으로 인해 다소 서먹하였던 분위기를 전환하기 위해서였다.

독일 철도의 파업으로 인해 10월 16일 밤늦게야 프랑크푸르트에 도착했다. Bonn 분관의 오일영 환경관이 역에 마중을 나왔고 둘이 차를 타고 가면서 햄버그로 저녁을 떼웠다. 10월 17일에는 파리합의문과 총회 결정문 초안(non paper)을 두고 하루 종일 EIG그룹 회의를 가지면서 공동제안서 작성과 사안별 협력 방안을 협의하였다. 10월 18일 일요일에는 모처럼 휴식을 갖고 생각을 정리할 수 있겠구나 하는 생각을 가졌던 게 사치였다. 일요일 오후 4시에 ADP 공동의장이 긴급 수석대표회의(HOD)를 소집했다. G−77/중국이 10월 5일 배포된 파리합의문 초안에 개도국들의 입장이 제대로 반영되지 않아 불균형이 심하다고 하면서 새로운 협상문서 작성을 요구한 것이다. 일부 강성 개도국 대표들은 공동의장에 대한 신뢰가 훼손되었다는 발언을 늘어놓았다. EU, Umbrella 그룹 및 EIG 그룹 국가들은 ADP공동의장의 non paper를 기초로 협상을 진행해 나가는 게 좋겠다는 입장을 밝혔다. HOD 회의에서 나온 여러 발언들을 경청한 ADP 공동의장은 10월 19

일 회의 진행 방안에 대해 입장을 내놓겠다고 하였다.

10월 19일 오전 개최된 ADP 본회의 개회식에서 G-77/중국을 대표한 남아공 대사는 공동의장이 균형된 문서를 만들어내지 못했다고 강하게 비난하면서 공개문안작성위원회(open-ended drafting committee)를 열어 문서 재작성을 제안했다. 이어 열린 ADP 협상그룹회의(contact group)에서 각 협상 그룹 대표들은 전날 저녁 HOD에서와 유사한 입장들을 되풀이했다. 회의에 참관한 NGO들을 위한 세션으로 느껴졌다. ADP 공동의장은 당사국들의 입장을 반영하여 공개 협상그룹으로 회의를 진행하여 파리합의문안을 조항별로 추가 입장을 받도록 하겠다고 정리하였다. 오후부터 공개협상그룹회의가 시작되었고 1차 독회를 저녁 9시 무렵에 끝났다.

저녁 7시에 예정되었던 MIKTA 협상수석대표 실무만찬이 저녁 9시부터 11시까지 진행되었다. 호주 환경대사 Peter Woolcott가 주재한 실무 만찬은 지난 9월 유엔 총회시 발표한 기후변화에 관한 MIKTA 외교장관 공동선언을 자축하고 앞으로 협상과정에서 공동 협력 방안에 대해 의견을 나눴다. 하지만 5개 회원국들이 사안별로 다른 입장을 취할 뿐 아니라 다른 협상그룹에 속해 있어서 MIKTA차원의 실질적인 공조는 없었다. 협상무대에서 기후변화대사로 불리워지기를 싫어한 호주 Woolcott 환경대사는 1981년에 외교부에 입부하였고 제네바 주재 대사를 마치고 2014년 중반기부터 기후협상을 총괄하는 환경대사로 임명된 다자 외교 전문가였기에 필자와 각별한 친분을 유지하였다. 2015년 12월 파리 기후총회가 끝나고 2016년 1월 주뉴질랜드 대사로 부임하였다. 다시 한 번 만나고 싶은 여러 동료들 중의 한 명이다.

ADP2-11 협상회의를 앞두고 GCF Hela Cheikrouhou 사무국장이 ADP 공동의장이 회람한 협상문서안에 따르면 신기후체제하에서 GCF의 위상과 역할이 다자금융개발기구들에 비해 크게 약화될 우려가 있다고 하면서 도움을 요청해 왔다. 그 계기에 G-77/중국 그룹 협상 대표인 필리핀 대표가 언급한 GCF에 대한 실망감을 전하면서 GCF 사무국장이 협상회의 기간 중 Bonn을 방문하여 GCF의 초기사업 승인 및 향후 계획에 관한 설명을 하고 협조를 요청하는 것이 좋겠다고 했다. 그리고 외교부에서 GCF 업무를 담당하는 녹색성장외교과 이준희 서기관에게 ADP2-11 협상회의 기간 중에 재원분야 협상을 담당하는 주요국 대표들과의 업무만찬을 주선하고 GCF 사무국장에게 참석을 요청하라고 지시했다. 회의장에서 도보로 5분 거리에 있는 레스토랑에서 업무 만찬을 가졌고 재원분야 협상에서 주도적 역할을 하는 미국, 노르웨이, 프랑스, 독일, 스위스, 수단, 앙골라 등 GCF 관심국가 대표들과 GCF 사무국장과 관계자 등 20여명이 참석했다. 신기후 체제하에서 GCF가 핵심운용기구로 역할을 수행할 수 있도록 협조를 당부하였다. GCF 사무국 유치국가 협상대표로 지원 역할을 수행한 것이었다.

10월 ADP 협상회의 기간 중에 수석대표로서 해야 할 주요 임무 중의 하나가 우리 INDC에 대해 설명회를 가지는 것이었다. 국무조정실에 따르면 우리가 6월 30일 제출한 INDC에 대한 부정적 평가가 확산되자 8월 28일 박근혜 대통령이 우리 INDC가 국제사회로부터 인정받을 수 있도록 관계부처가 함께 노력할 것을 지시했다고 한다. 이에 따라 대통령 지시 이행 차원에서 금년 10월 협상회의 기간 중에 INDC 설명회를 개최해야 한다는 것이 국무조정실 입장이라고 알려왔다. UNFCCC 사무국은 6월 및 9월 협상회의 계기에 부대행사로 각국의

2015년 10월 ADP회의를 끝으로 더 이상 독일 본을 찾을 기회가 없을 것이란 생각에 귀국길에 대표단일부와 함께 20년 이상 미뤄두었던 라인강변 로렐라이 언덕 위의 인어공주상을 찾았다.

INDC 설명회 자리를 마련하였고 10월 협상회의에서 설명회 개최를 희망하는 국가는 10월 17일까지 알려 달라고 했다. 6월 회의 때는 미국, EU, 캐나다, 멕시코, 스위스, 노르웨이 등 8개국이, 9월 회의 때는 호주, 뉴질랜드 등 4개국이 INDC 설명회를 가졌다. COP21 개최를 40일 정도 앞두고 협상이 막바지에 달한 시점에서 12개국만이 실시한 INDC 설명회를 개최하는 게 무슨 효과가 있을 것인지에 대해 의구심이 있었다. 또 다른 국가들이 INDC 설명시에 제공한 배출경로, 배출정점(peaking), 목표달성 계획 등을 우리가 제대로 밝히지 못할 경우 오히려 역효과만 나오지 않을까 하는 우려도 있었다. 특히 Bloomberg New Energy Finance(BNEF)가 우리 정부의 2020년까지 석탄화력발전소 증설계획에 비추어 온실가스 감축노력 수준과 감축 목표간의 괴리가 가장 큰 국가라고 지적한 것이 계속 뇌리에 남아 있었다. 2020년 온실가스 감축목표를 달성할 수 있느냐는 예상질문에 대한 답변도 궁색했다. 이러한 상황에도 불구하고 국무조정실은 INDC 설명회 개최가 필요하다는 입장을 강하게 주장하여 하는 수 없이 10월 15일 사무국에 설명회 참여를 신청했다. ADP 협상 마지막 날인 10월 23일(금) 13:30~15:00 간 페루 대표의 사회하에 인도네시아, 콜롬비아, 한국, 태국 등 4개국이 INDC 설명회를 가졌다. 설명회 자료는 조계연과장과 회의장 대표단 CP에서 자투리 시간을 이용해 작성하였다. 에너지경제연구원과 온실가스정보센터(GIR)로부터 받은 기초자료를 활용하였다.

INDC 설명순서는 ① 국가여건(National circumstances), ② 2020 목표와 기후대응정책(2020 Target and Policies to address climate change), ③ 경제성장과 온실가스 배출의 탈동조화 추세(A recent trend of decoupling between economic growth and GHG emissions), ④ 2030 감축목표(2030 Mitigation target), ⑤ 공평하고 의욕적인 목표(A fair and ambitious target), ⑥ 2030 목표달성 정책과 조치(Policies and measures to meet the 2030 target), ⑦ 감축 기술과 R&D 투자, ⑧ 국제시장메커니즘 활용, ⑨ 기후변화적응 순이었다. 그간 협상 회의기간중 양자 면담 등에서 제기된 질문들을 종합해서 가급적 우리 INDC에 대한 궁금증을 해소할 수 있도록 쉽게 만들었다. 참석자들의 반응은 긍정적이었고 시장 메커니즘 활용 계획 등 몇 가지 질의에 대해서도 이해하기 쉽게 답변을 했다. 설명회를 마치고 나니 함께 자리를 했던 국무조정실, 에경연, GIR 등 모든 관계자들이 후련해 하는 모습을 보였다.

협상장 밖에서의 활동이 긍정적이었다면 협상장에서의 논의는 일진일퇴를 거듭하고 있었다. 개도국 협상대표들은 공동의장이 작성한 협상문안의 불균형성을 핑계로 9개 협상 소그룹(SOGs)에서 여러 문안들을 추가했다. ADP2-10 협상회의를 토대로 공동의장이 작성 배포한 협상 문서안의 파리 합의문은 9페이지에 불과했으나 ADP2−11협상회의가 끝났을 때 파리 합의문안은 31페이지로 늘어나 있었다. 많은 대표들은 그 결과를 두고 이제야 협상 문서안에 대한 주도권이 공동의장에서 당사국 중심으로 넘어왔다고 평가했다. 그나마 다행인 것은 협상회의 마지막 날 회의에서 사무국이 본질적 내용에 영향을 주지 않은 범위 내에서 중복된 부분을 편집할 수 있는 권한을 위임받은 것이었다. 파리 COP21에서 원활한 협상 진행을 위해서는 불가피한 일이었다.

Hollande 프랑스 대통령의 방한과 간담회

9월 초에 부임한 Fabien Penone 주한 프랑스 대사가 부임인사 겸 올랑드 대통령 방한일정(11월 3일~4일) 협의를 위해 10월 13일 오후에 필자를 찾아왔다. Penone 대사는 올랑드 대통령 방한의 가장 중요한 목적이 파리 COP21의 성공을 위한 한국의 협조 요청이라고 했다. 파리 기후총회의 성공은 프랑스만의 성공이 아닌 세계 모든 국가와 인류의 성공이 될 것이라는 점을 강조하면서 프랑스 정부가 중점을 두고 있는 4가지 예상 결과물을 설명했다. Penone 대사가 설명한 4개 결과물은 ① 파리합의문(The Paris agreement), ② 모든 국가들의 INDC 제출, ③ 개도국의 참여를 독려할 수 있는 기후 재원에서의 구체적 성과, ④ 비정부 행위자들의 참여 등이었다. 협상 무대에서 프랑스가 COP21 의장국으로 밝힌 내용과 같은 것이었다. 올랑드 대통령의 방한 일정으로 11월 4일 오전에 불 건축가 도미니끄 페로가 설계한 이화여대 복합문화공간 ECC를 방문하고 바로 이어서 10:20~11:20간 이화여대 아령당에서 한국의 관계 장관과 각계 전문가들을 초청한 간담회를 준비하

F. Hollande 대통령 방한계기(2015.11.4) 이화여대 아령당에서 열린 기후에너지 원탁회의

고 있다고 하면서 필자에게 사회자 역할을 부탁했다. 필자는 흔쾌히 좋다고 하고 대사관에서 상정하고 있는 초청 후보자에 IPCC 이회성 의장, COP21에 참석이 예정된 국회 외교통일위원장, GGGI 사무총장 등을 추가하면 좋을 것 같다는 의견을 제시했다. Hollande 대통령은 중국을 거쳐 11월 3일 한국에 도착했다.

필자는 11월 4일 아침 사무실에 들렀다가 간담회 개최장소로 갔다. 고건 전 총리(기후변화센터 명예이사장), 이회성 IPCC 의장, GCF 감축사업 담당국장, 권영수 LG 화학사장이 이미 와 있었고 곧이어 윤성규 환경부장관, 최양희 미래부장관, 나경원 국회외교통일위원장이 도착했다. 올랑드 대통령이 파비우스 외교장관 등 수행원들을 대동하고 아령당에 들어섰다. 필자는 사회자로 올랑드 대통령에게 간단한 인사말과 함께 우리 참석자들을 불어로 소개한 후 올랑드 대통령의 발언을 청했다. 올랑드 대통령은 파리 COP21이 성공해야 할 당위성을 강조하

면서 회의 성공을 위한 프랑스의 노력을 설명했다. 우리 참석자들은
순서에 따라 준비된 발언을 3~5분 정도 하였다. 이후 시간 제약으로
질의·응답 기회 없이 올랑드 대통령의 마무리 발언으로 좌담회를 종
료했다. 파비우스 장관은 필자에게 수고해 주어서 정말 고맙다고 인사
말을 전했다. 1시간에 불과한 짧은 간담회였지만 불어 종주국 대통령
과 여러 장관들 앞에서 불어로 대화할 수 있어 기뻤고 자부심을 느낀
시간이었다. 그러나 그러한 자부심도 잠시였다.

이튿날 벨기에 브뤼셀에서 일하는 둘째 딸의 연락으로 프랑스 르
몽드(Le Monde)에 크게 난 "기후에 관한 한국의 이중성"(Le double
langage de la Corée du Sud sur le climat) 기사를 읽으니 정신이 번쩍 들
었다. Le Monde 지의 보도 내용은 다음과 같았다.

'한국은 2000년 이후 스위스, 멕시코, 모나코, 리히텐슈타인과 함
께 환경건전성그룹(EIG)을 형성하여 기후협상에 가끔 중재자 역할을
해 왔다. 그렇지만 박근혜 정부 출범 이후 이러한 역동력에 브레이크
가 걸렸다. 프랑스의 기후협상대표 Laurence Tubiana는 "한국이 중재
자 역할을 하고 싶어 하고 최근 수개월에 개최된 각료급 회의에서 이
러한 모습을 보였다"라고 평가했다. 여기까지는 긍정적 내용이었다. 그
렇지만 "온난화를 막기 위한 싸움에서는 나쁜 학생"(la mauvaise élève
dans la lutte contre le réchauffement)이라는 중간 제목의 기사는 한국의
에너지 정책을 신랄하게 비판하는 내용이었다. '그러나 한국 외교의 노
련함 뒤에는 다른 현실이 있다. 이는 지구온난화 싸움에서 나쁜 학생
이라는 것이다. 13위의 경제 대국인 한국은 11위의 에너지 소비국이자
7위의 온실가스 배출국이다. 전기생산의 31%를 석탄에 의존하며 중국,

인도, 일본에 이은 4위의 석탄수입국이다. 2005년부터 2014년간 석탄 소비는 54% 증가했는데 이는 원자력발전 유지정비과정의 부패문제 때문이다. 한국은 지난 6월에 2030년까지 BAU대비(en activités constantes) 37% 온실가스배출 감축 목표를 세웠다. 당초 예상했던 14.7~31.3% 사이의 4개 안을 뛰어넘었다. 미국 오바마 대통령이 박근혜 대통령에게 의욕적인 목표 제시하는 결단을 촉구하였다. 박 대통령은 기후문제에 대한 리더십을 보여주기 위하여 제시된 4개 안을 뛰어넘으면서 11.3% 의 배출권 거래를 허용하는 37%을 선택했다. 에너지 정책을 평가하는 비정부기구인 기후행동추적(Climate Action Tracker)은 2030년에 1990년 대비 온실가스 배출이 81% 증가하는 것이라고 했다. 그리고 이전 이명박 정부의 녹색성장정책은 4대강 복구사업으로 환경에 재앙적인 영향을 미쳤다. 2015년 초에 출범한 배출권거래시장도 활성화되지 않고 있다. 한국 산업계는 COP21에 앞서 의무를 경감하려고 정부에 로비하고 있다. 한국 재벌들의 단체인 전경련은 2030 감축목표가 경쟁력을 위협한다고 정부에 항의했다. 올랑드 대통령은 이들 경제인들과 방한중에 오찬을 가질 예정이다.'

르몽드지의 이처럼 신랄한 보도는 국내 언론에 소개됨이 없이 그냥 넘어갔다. 답답함이 가슴을 짓누르고 있었고 다가오는 Pre-COP에서 어떤 역할을 할 수 있을까 고민하는 시간이었다.

2015년 하반기 기후변화협상 이해관계자 간담회

11월 5일(목) 10:00~13:00간 서울 시청앞 플라자 호텔에서 기후

2015 하반기 기후협상이해관계자 회의는 마무리 단계에 들어선 협상에서 우리 입장을 가다듬는 데 큰 역할을 하였다.

변화협상 이해관계자 간담회가 외교부·산업부·환경부 공동주최로 열렸다. 환경부에서는 박천규 국제협력관과 과장이, 산업부에서는 담당 과장과 사무관이, 외교부에서는 필자와 박꽃님 사무관이, 업저버로 청와대 외교안보수석실 손창호 서기관이 참석했다. 학계에서는 서울대 윤순진, 조홍식 교수, 고려대 정서용 교수가, 산업계에서는 전경련, 지속가능경영원, 한국철강협회, 포스코 경영연구소, 지속가능발전기업협의회 대표들이, NGO 대표로 기후변화행동연구소 안병옥 소장, 에너지기후정책연구소 이유진 정책위원, 기후변화센터 김소희 사무국장 등이 참석하였다.

필자는 한국의 역할과 포스트 2020 신기후체제 협상 주요 내용에 대해 설명하면서 협상에 임하는 우리의 기본 입장을 ① 선진국과 개도국 구분없이 모든 국가들이 자국의 역량과 여건을 고려하여 차별화된 기후행동을 취하는 체제를 지향하고 ② 중견국의 입장에서 선진국과 개도국간의 신뢰를 조성하는 교량자 역할을 수행하며 ③ 기술과 혁신을 바탕으로 저탄소 기후탄력적 경제로의 전환을 선도하는 것이라고 밝혔다. 기후변화행동연구소 안병옥 소장은 "신기후체제와 대한민국—시민사회의 제언"이란 발표를 통해 파리협약문의 국제법상의 구속력확보, 완화와 적응의 균형 등 협상차원의 권고와 기후변화법 제정과 기후에너지부 신설 검토, NDC이행상황에 대한 주기적인 평가·환류체계의 마련 등 국내 정책 차원의 제언을 제시했다. 산업계를 대표한 포스코 경영연구소 안윤기 상무는 "신기후체제와 산업계 감축 노력 방향"이란 발표를 통해 주요 업체들의 온실가스 감축 노력을 설명하고 국내 배출권거래(ETS)시장의 안정화, 저탄소 기술개발과 상용화를 촉진할 수 있는 정책 강화 등을 건의 사항으로 제시했다.

전경련 유환익 본부장은 2030 감축목표로 BAU 대비 37%가 결정되어 회원사들로부터 혼이 났다고 하면서 국제적 위상도 중요하지만 실익 추구가 필요하다고 했다. GDP 1조 달러 달성이 어렵고 제조업이 위기 상황에 처해 있는데 기후협상결과로 어려움이 증폭될 수 있다고 하였다. 우리가 선진국이라는 인식을 버리고 우리의 산업 현실과 제조업의 어려움을 고려해야 한다고 주장하면서 산업계는 높은 에너지 효율성에 자부심을 갖고 있다고 했다. 상공회의소 산하 지속가능경영원 전수봉 원장은 기후변화문제에 대해 전경련과 입장을 같이 하는 게 아니라는 입장을 밝힌 후 회원사들이 2030 온실가스 감축목표로 인해 압박감을 느끼고 있다고 하였다. 이 문제에 대한 갈등해소 등을 위한 행정조직의 콘트롤 타워가 필요하며 온실가스 감축목표가 왜 청와대에 가서 정해지는 것인지에 대해 의문을 제기했다. 협상단이 국익에 우선

순위를 두고 협상에 임해 주기를 요청했다. 서울대 윤순진 교수는 일부의 발언이 너무 국가이익에 얽매인다는 느낌을 이야기하면서 기업의 이익이 반드시 국익과 동등한 것은 아니라고 했다. 이어 브라질이 2030 INDC를 절대치로 제출한 사례를 들면서 한국도 절대치 감축목표로 나가는 게 현명하다고 조언했다.

산업계와 학계 인사들이 제시하는 의견들은 추후 협상장에서 다른 협상대표들과 이이야 나눌 때 유용한 사례로 인용할 수 있었다. 기후협상에 여러 번 참여한 환경부 산하 연구소 전문가가 뜻밖의 의견들을 제시했다. 이 전문가는 당시 Bloomberg 에너지연구소가 한국이 2030 감축목표 달성이 가장 어려운 국가가 될 것이라는 평가가 합리적이며 이에 공감한다는 의견을 피력했다. Bloomberg가 이런 평가를 한 이유는 한국이 2020년까지 12기 이상의 석탄화력발전소를 건설할 계획이며 이 계획이 예정대로 진행될 경우 2030 BAU 37% 감축 목표 달성이 어렵다는 것이었다. 이런 배경을 모를 이가 없는 환경부 산하 국책 연구소 전문가가 이런 의견을 밝히는 게 이상하다는 생각이 들었다. 얼마 뒤 이 전문가가 총리실 산하기관에 기관장으로 채용되었다는 소식을 들었다. 에너지분야 국책연구소에서 나온 전문가는 시장이 불확실한 상황에서 우리가 INDC 작성에 너무 의욕성만 강조하여 추후에 논란이 될 수 있다고 주장했다. 필자는 참석자들의 여러 의견을 참고하여 마지막 남은 협상과정에 기여할 수 있도록 하겠다고 마무리 발언을 했다. 산업계와의 직접적인 소통이 필요하다는 생각이 들었다.

마지막 각료급 준비회의: COP21 사전총회(pre-COP)

통상 당사국 총회를 몇 주 앞두고 각료급들이 모여 주요 쟁점사항에 대해 협의를 갖고 합의 가능지점을 모색하여 타결의 정치적 모멘텀을 높이는 동시에 상호간의 신뢰를 도모하는 성격의 사전당사국총회(pre-COP) 형식의 비공식 각료회의가 개최된다. 2015년 11월 8일~10일간 프랑스 파리에서 개최된 pre-COP 회의에는 70개국에서 참석하였는데 장관급이 60여 명이었고 나머지는 협상 수석대표들이었다. 환경부에 장·차관의 참석 가능성을 타진하였으나 어렵다는 반응이 돌아왔다. 환경부의 교체된 기후협상담당자와 장관의 영어통역이 기후 용어도 익힐 겸 해서 대표단에 포함되었고 산자부는 아예 참석하지 않았다. 협상 수석대표로서 답답함을 느꼈지만 한편으론 오히려 잘 되었다는 느낌이 들었다. 비공식 회의인 만큼 우리 입장에 크게 구애받지 않고 협상에 임할 수 있는 여건이 조성되었다.

COP21 의장국 프랑스는 pre-COP 논의 주제로 ① 의욕수준(ambition) ② 형평성과 차별화(equity and differentiation) ③ 포스트 2020 재원조성(post-2020 finance) ④ 2020년 이전 행동과 지원(pre-2020 action and support) 등 4가지를 제시하면서 논의 목적이 ADP가 작성한 2015 합의문안들을 수정하려는 것이 아니라 4개 주제가 합의문에 어떻게 반영되는 것이 좋을지에 대한 안착지점을 모색하려는 것이라고 했다. 싱가포르와 브라질 환경장관, 가봉외교장관 등 8명의 장관들이 촉진자로 임명되었고 2명이 공동으로 의제별 논의그룹을 담당했다. 그룹별 합의 및 논쟁 사항을 정리하여 공동 촉진자 중의 한명이 11월 10일 전체회의에서 발표하였다. pre-COP에서 합의된 사항들이 모두 파

리협정과 당사국 총회 결정문에 반영된 것을 볼 때 참석 장관들이 협
상 진행사항과 쟁점을 잘 숙지하고 있었고 이를 해결하려는 정치적 의
지를 갖고 있었던 것으로 볼 수 있다.

의욕수준(ambition) 주제는 싱가포르와 노르웨이 환경장관이 공동
촉진자로 논의를 진행되었다. 장기목표는 공동의 진행방향(a collective
direction of travel)을 위해 필요하다는 데 대표들이 공감하였다. 장기목
표 설정 방안에 대해서는 칸쿤에서 채택된 2℃ 목표와 함께 취약한 국
가들의 기후안보를 위해 필요한 1.5℃ 목표를 인정하는 용어를 찾아볼
필요성이 있다는 점에 폭넓은 합의가 있었다. 그리고 장기목표를 "저
배출·기후탄력적 사회로의 글로벌 전환"(global transformation towards
low-emission and climate resilient societies)과 같이 정성적 표현하는 것
에 많은 지지가 있었고 필자도 우리의 저탄소 녹색성장기본법을 소개
하면서 이와 같은 장기목표설정이 필요하다고 했다. 단기목표로서의
글로벌 배출정점(global peaking), 2050년 중기목표, 21세기 말의 기후
중립(climate neutrality) 등과 같은 시간을 고려하는 목표설정이 필요하
다는 의견도 많이 있었다.

그리고 매 5년 단위의 글로벌 성과점검(global stocktake)이 필요하
며 대상은 감축, 적응, 이행수단을 모두 포함하여야 한다는 데 합의가
있었다. EU와 군소도서국 대표들은 2020년 이전인 2018년이나 2019년
에 시범 형태의 성과점검을 할 필요가 있다는 점을 제기했다. 다수의
개도국 각료들은 성과점검을 통해 선진국들이 의욕수준을 높이는 데
선도적 역할을 해야 한다고 지적했다. 그리고 글로벌 성과점검 결과가
각 당사국의 목표 수정과 자동적으로 연계되지 않으며 각 당사국은 후

퇴하지 않은 다는 규정을 지키면서 자발적으로 언제든지 목표를 수정할 수 있다는 데 의견을 모았다.

형평성과 차별화 주제는 멕시코와 이집트 환경장관이 공동 촉진자로 논의를 도왔다. 일반적 고려사항으로 형평성과 차별화는 파리협정에 적절한 방법으로 반영되는 게 필수적이며 이를 위해 2014 리마 COP20에서 합의된 "the principle of common but differentiated responsibilities and respective capabilities, in light of different national circumstances"(CBDR/RC/NC)용어를 사용키로 했다. 그리고 이 원칙은 모든 영역, 특히 감축, 투명성과 이행수단에 적용되어야 하며, 적용시에 각 사안별로 다르게 실행되어야 한다는 데 공감대가 형성되었다.

감축 영역에서는 모든 당사국들이 감축의 글로벌 장기목표를 공유하며 CBDR/RC/NC 원칙을 고려하여 최선의 감축 노력을 취해야 한다고 합의했다. 그리고 모든 당사국이 기여를 준비, 유지, 갱신해야 하며 국가결정을 통한 INDC 작성시 진전 또는 후퇴방지 등의 합의 원칙을 지켜야 한다고 의견을 모았다. 선진국은 경제 전반에 걸친 절대 배출감축목표(absolute economy—wide emission reduction targets)를 통해 선도적 역할을 해야 하고 다른 국가들은 비슷한 목표치를 취해야 한다고 합의했다. 개도국들이 조건부 감축행동을 이행하고 미래 감축행동을 제고하기 위해서 지원 제공이 긴요하다는 점에 공감대가 있었지만 개도국의 기여 성격이 조건부 또는 무조건부인지에 대해서는 논쟁이 계속되었다. 최빈 개도국과 소도서 국가들의 특별여건이 인정되어야 한다는 점도 부각되었다.

행동과 지원에 대한 투명성은 당사국들 간의 신뢰를 조성하는 핵심이며 모든 당사국이 취하는 기후행동과 제공하는 지원에 투명성을 약속해야 한다고 합의했다. 그리고 post-2020투명성 체제는 행동과 지원을 포함하는 포괄성을 지녀야 하고 현재 체제와 비교할 때 강화된 것이어야 하며 진전사항을 추적할 수 있어야 한다. 역량에 따른 보고를 허용하는 유연한 투명성 체제로서 당사국 보고 및 검토 규정요건에 후퇴방지가 적용되어야 하며 개도국에는 이들 분야 역량 강화를 위한 지원이 제공되어야 한다는 점에 합의가 이루어졌다.

post-2020 재원 문제는 독일 개발협력장관과 가봉 외교장관이 공동 촉진자가 되어 논의를 진행했다. 재원 규모에 대해서는 2020년까지 조성 목표인 1,000억 달러가 하한선이 되어야 하고 선진국이 선도적 역할을 해야 한다는 점이 강조되었다. 재원 조성 범위 확대에 대해서는 다른 당사국들의 자발적 참여가 보완적 역할을 한다는 점에는 공감하였으나 이를 어떤 용어로 합의문에 반영할지에는 논쟁이 계속되었다. "countries in a position to do so" 또는 "countries willing to do so" 등 여러 용어가 제안되었지만 합의는 없었다. 적응과 감축에 대한 재원 지원 비율이 50대50이 되어야 한다는 주장이 있었지만 현실적 적용이 어렵고 적응과 지원의 균형 추구라는 용어를 수용하자는 주장이 많았다. 그리고 재원의 유형과 관련하여 무상, 장기저리차관과 같은 공공 재원이 주요한 역할을 해야 하며 모든 당사국들이 기후재원의 효과적 이용과 민간 재원 조달을 위한 환경을 조성해야 한다는 점이 강조되었다. 재원기구로서 협약하의 재원체계가 파리협정에도 적용되며 GCF는 시간을 두고 주요 기구(main institution)로 발전되어 나가야 한다는 점이 강조되었다.

필자는 공동 촉진자의 요청에 따라 여러 차례 발언을 하였다. 기후재원 조성을 위한 노력은 기본적으로 모든 국가들이 함께 하여야 하며 선진국이 선도적 역할을, 개도국들은 재원조성 기반 확충에 노력을 기울여야 한다고 했다. 2020년 1,000억 달러 조성은 신뢰조성의 실험대가 될 것이며 선진국의 선도적 노력과 더불어 능력이 있거나(in a position to do so) 혹은 의지가 있는 국가(willing to do so)의 보완적 역할 수행이 필요하다고 했다. GCF는 기후변화 대응을 위해 설립된 기구인 만큼 신기후 체제하에서 보다 적극적 역할을 수행토록 해야 할 것이라고 밝혔다. 남아공 대사는 "countries in a position to do so"라는 표현이 자주 언급되나 이에 대한 법적 정의가 불명확하다고 했다. OECD−CPI는 기후재원 정의조차 불명확한 상태에서 자체적인 방법론을 사용하여 재원 조성 규모를 측정한 보고서를 발표했다고 하면서 수용이 어렵다고 했다. 공동 촉진자인 가봉 장관의 요청에 따라 필자는 "countries in a position to do so"문구가 엄밀히 말해 법적으로 규정할 수 있는 표현이 아니고 정치적 의지가 내포된 용어라고 하고 한국은 선진국과 개도국의 중간자적 입장에서 모두를 협력 파트너국가로 인식하고 있다고 했다. 특히 연대(solidarity)가 중요한 시점에 "in a position to do so"라는 표현을 통해 자발적인 공여 기반을 확대해 나가는 게 필요하다고 밝혔다. 이에 대해 남아공 대표는 재원조성의 자발성(voluntarism)에 대해 검토를 해 보겠으며 GCF 등 협약하의 기금활동이 세계은행, IMF등에 의해 좌우되는 현실에 우려가 있다고 밝혔다.

pre−2020 행동 강화 의제는 모로코 환경장관과 그레나다 국무장관이 공동 촉진자로 회의를 진행하면서 의욕적인 pre−2020 기후행동이 post−2020 의욕 증진을 위해 중요하다는 점을 강조하였고 대다수의 참가국 대표들도 공감을 표시했다. 많은 개도국들은 선진국들의 Doha 개정의정서에 대한 조속 비준을 촉구하였다. 참석 각료들은 2017년 내지 2018년에 모든 당사국의 기후행동 수준에 대한 촉진적 대화(a facilitative dialogue)를 실시하여 행동과 지원을 제고할 가능성을 제기하였다. pre-2020 재원 조성규모와 관련하여 선진국들은 OECD-CPI 보고서을 인용하면서 2020년까지 1,000억 달러 조성을 위해 진전을 이루고 있다고 주장한 반면, 개도국 대표들은 방법론과 신뢰성 측면에서 문제가 있다고 하면서 협약하의 재정상설위원회와의 협조하에 재원 규모 측정이 이루어져야 한다고 주장했다. 양측의 의견이 대립하기는 하였으나 기후 재원규모의 산정에 관한 작업이 국제적으로 진행되고 있다는 점이 긍정적으로 평가되었고 신뢰형성에 기여하였다.

　　Pre-COP 회의에서 가장 눈길을 끈 각료는 캐나다와 호주의 환경장관이었다. 두 국가 모두 총선으로 정부가 교체되었고 이전 정부에 비해 기후변화 협상에서 매우 적극적으로 입장을 개진하였다. 특히 캐나다 장관은 "Canada is back to play a constructive role"이라는 강조 발언을 하여 회의 참석자들의 박수를 받았다. 그리고 러시아 각료급 수석대표는 현실에 기초하여 중재안을 만들어 가야 할 시점이라고 하면서 파리 기후총회의 성공을 위해 모든 국가가 열린 자세로 협력하여야 한다는 건설적인 입장을 보였다. pre-COP이 개최된 11월 10일까지 157개국이 INDC를 제출하였고 COP21 첫날인 11월 30일 개최되는 정상회의에 110명의 정상이 참석을 확정한 것은 파리 기후총회의 성공을 위해 모든 국가가 협력할 준비가 되어있다는 것을 보여주는 징표였다. Fabius 외교장관은 프랑스가 계획하고 있는 총회 진행 방향에 대해 설명하였다. 그리고 pre-COP 회의결과를 조속히 정리하여 회람토록 할 예정이며 협상 주요 쟁점 이슈에 대한 논의 결과를 모든 각료들이 숙지할 것을 당부하면서 각료들이 협상에 많은 시간을 할애할 수 있기를 기대한다고 밝혔다. G-77/ 중국을 대표한 남아공 대사는 협상대표들과 장관들 간의 역할 분담이 효율적으로 이루어져야 하며 1주차에는 협상 대표들에게 최대한 많은 시간을 할애하고 마지막 결정이 필요한 사항을 2주차에 장관들이 주도권을 갖고 결정할 필요가 있다고 강조했다. 파리 COP21의 2주차 회의의 진행 방식을 예고하는 것이기도 했다.

PART
3

새로운 출발을 위한 파리협정

01

파리 기후총회의 성공을
만들어 가는 과정

COP21 총회 참가 준비와 정부 대표단 구성

파리에서 열린 pre-COP 회의를 다녀 온 지 이틀이 지난 11월 13일 저녁 파리에서 동시다발 테러가 발생하여 130여 명이 사망하는 참혹한 사태가 벌어졌다. 프랑스 올랑드 대통령은 국가 비상사태를 선포하였고 전 세계가 파리 테러를 자행한 테러범들과 배후세력인 IS(Islam State)단체를 강력히 규탄하였다. 올랑드 대통령과 파비우스 외교장관은 COP21 기후총회를 예정대로 개최하고 반드시 성공적인 결과를 도출하여 세계의 단합된 모습을 보여주자고 호소했고 모든 당사국이 이에 호응했다. 11월 20일 오전에는 "우리들의 미래"가 주최하는 2015 서울 기후-에너지 회의(2015 Seoul Climate-Energy Conference) 제1세션에 발표자로 참가했다.

GGGI의 이보 드 보어 사무총장이 사회자가 되어 진행하는 COP 21의 전망에 관한 세션이었다. 필자는 모든 당사국에 적용 가능하고 법적 구속력을 지닌 신기후체제의 출범을 조심스럽게 전망하고 이는 상향식과 하향식을 적절히 조합한 하이브리드(hybrid) 체제가 될 것이라고 했다. 한국의 INDC 작성에 주요 고려 요인이 무엇이냐는 사회자의 질문에 에너지 집약적 산업구조를 지닌 국가여건과 역량, 그리고 한국에 대한 국제사회의 기대를 염두에 두었다고 했다. 사회를 보던 GGGI 사무총장은 최고의 답변이라고 평했다.

다음 과제는 COP21 파리기후총회에 참가할 대표단 규모와 훈령을 확정하는 일이었다. 대표단을 정부 대표와 자문단으로 구분하여 임명하는 데 정부 대표단의 숫자를 최소화하고 나머지 인원은 자문단으로 돌렸다. 대표단 규모가 커지는 것에 대한 상부의 우려가 있다는 이야기를 들었기 때문이다. 11월 30일 예정인 COP21 정상회의에 참석할 대통령과 공식 수행원, 경호·의전요원 및 기자단은 별도로 구성되는 만큼 유엔기후협약 온라인 시스템에 대표단으로 등록하여 출입증을 발급받도록 했다. 특히 수행기자단의 경우 기후협약 사무국의 참관 기자단 등록수가 정원을 초과하여 대표단으로 등록할 수밖에 없었다. 회의 참가 준비과정에 외교부 기획조정실장으로부터 연락이 있었다. 국회 나경원 외교통일 위원장이 COP21 한국 홍보관에서 개최되는 부대행사 계기에 COP21 회의를 참석할 예정인데 의미 있는 역할을 할 수 있도록 해 주면 좋겠다고 하였다. 기후변화환경과장에게 회의 제2주차 첫날에 개최되는 고위급회의에 윤성규 장관이 참가하지 않으면 나 위원장이 대표 연설을 하는 것을 검토해 보라고 했다. 왜냐하면 정상회의에서 정상이 연설한 당사국들은 고위급 회의에서 연설을 해도 되고,

하지 않아도 된다는 것이 기후변화협약 사무국의 설명이었기 때문이다. 국회 나경원 의원실에서 고위급회의 연설을 하고 싶다는 연락이 왔다고 하여 그렇게 준비하라고 했다.

COP21 당사국 총회 훈령은 11월 27일 예정된 대외경제장관회의를 거쳐야 한다고 했다. 박근혜 대통령을 수석대표로 하고 환경부 장관과 외교부 기후변화대사가 교체 수석대표를 맡는 것으로 했다. 훈령은 기본 입장과 주요 이슈별 대응 입장으로 나누어 작성했다. 기본 입장으로 아래 3가지를 제시했다.

① 모든 국가들이 자국의 역량과 여건을 고려하여 기후행동을 취할 수 있는 보편적 체제 지향

② 환경건전성그룹(EIG) 및 주요 중견국과의 협력을 통해 신기후체제 창출에 건설적 기여
  - 선진국의 리더십 발휘와 능력에 상응하는 개도국의 기여 필요성을 균형있게 고려하여 중재 역할 수행

③ 기술과 혁신을 바탕으로 저탄소 기후탄력적 경제로의 전환 선도
  - 정상기조연설, 한국 홍보관 활동 등을 통해 창조적 기후변화 대응노력 홍보
  - 신기후체제에 대한 다양한 행위자들의 포괄적인 참여를 확보

주요 이슈별로는 그간의 협상과정에서 우리 대표단이 취한 입장과 합의 가능 옵션을 중심으로 작성토록 했다. 훈령의 범위 내에서 필자는 레드 라인으로 ① 국제 배출권시장 메커니즘의 반영 ② 온실가스 감축목표 달성의 국제법적 비구속성 확보를 설정하였고 투명성 체제 운영에 내재된 신축성을 부여하되 합의된 범위(agreed parameters) 안이

어야 한다는 입장을 견지하기로 맘을 먹었다. 왜냐하면 COP21에서의 핵심 난제에 대한 타결은 모두 비공식 수석대표 협상에서 이루어질 것이기 때문에 여러 가지에 초점을 맞추는 것보다 우리의 핵심이익에 해당되는 사안에 집중하는 것이 좋을 것 같았다.

협상과는 별도로 신경을 써야 했던 게 한국 홍보관 운영이었다. 한국 홍보관은 지금까지는 대개 환경부와 산자부 산하 공단에서 공동 운영하였으나 COP21 파리총회에서는 산자부가 홍보관 운영에 참여하지 않기로 입장을 결정하였다. 그래서 환경관리공단, 녹색기술센터 (GTC) 등 환경부와 미래부 산하기관이 중심이 되고 외교부, 환경부, 미래부, 국조실이 후원하는 방식으로 운영키로 했다. 산자부의 한국 홍보관 불참 의사는 이해하기 어려웠다. 에너지관리공단 관계자는 홍보관 운영에 참여하고 싶으나 상부 기관에서 완강히 반대해서 어렵다고 했다. 페루 Lima COP20에서 환경관리공단과 에너지관리공단이 한국 홍보관을 공동 운영하였고 결과도 좋았다고 생각하였기에 더욱 아쉬운 생각이 들었다. 파리로 출발하기 전에 주요한 사안에 대한 입장은 거의 정리되었다.

파리로 가는 길목: BIE 총회와 집행위원장 재선

대표단 구성과 훈령에 관한 사항을 담당과에 맡기고 11월 25일 파리에서 개최되는 제158차 BIE 총회 참석을 위해 하루 전날인 11월 24일 출국했다. BIE 총회에서 2016~17년도 의장단을 선출하는 선거를 진행하였고 필자는 국제박람회의 개최지 결정, 박람회 조직과 운영을

OECD회의장에서 개최된 국제박람회기구 총회에서 집행위원회 활동결과보고

총괄하는 BIE 집행위원회 위원장에 재선되었다. BIE는 우리에게 1993
년 대전엑스포, 2012년 여수엑스포 개최로 잘 알려진 국제기구였다.
필자는 2005~2007년간 주프랑스 대사관에서 BIE업무를 담당하면서
행정예산위, 집행위 위원으로 활동하면서 2012년 여수박람회 주제개발
과 유치신청 업무에 관여하였다. 그리고 2007년 외교통상부 국제경제
국장을 하면서 2012년 여수 국제박람회 유치지원대사를 맡아 유치 교
섭활동을 전개한 적이 있었다. 그 과정에 BIE의 Vicente Loscertales
사무총장과 각별한 친분관계를 유지하였다.

2009년 3월~2012년 3월간 모로코 주재 대사 임기를 마치고 주프
랑스 대사관 공사로 자리를 옮겼다. 소식을 들은 Loscertales 사무총장
이 불로뉴 숲속의 Pré Catelan 레스토랑에서 환영오찬을 열어주었다.
그해 5월에 여수국제박람회가 개막되었고 당시 주불대사와 BIE담당서
기관이 참석하였다. 2012월 8월에 주오이시디 대표부로 자리를 옮겼고

BIE 업무와는 다시 멀어졌다. 2013년 2월에 Loscertales 사무총장으로 부터 2020년 세계박람회 유치를 신청한 UAE, 러시아, 터키, 브라질에 BIE 실사단(enquiry mission)을 파견하는 데 참여할 수 있는지를 문의해 왔다. BIE 업무가 주프랑스대사관 소관이었기에 망설이다가 본부에 허가를 신청하여 승낙을 받았다. 다시 BIE와의 관계가 이어진 것이다. BIE 실사단으로 브라질을 다녀온 후 8월 하순경에 Loscertales 사무총 장으로부터 집행위원장 입후보 제의를 받았다.

2013년 11월 BIE 총회에서 필자는 아시아에서는 최초로 집행위원 장에 선출되었다. 집행위원회가 국제박람회의 유치준비단계에서부터 조직·운영에 이르는 모든 사항을 관장하는 BIE 헌장상 기구이고 영어와 불어의 구사를 필요로 하기에 주로 서유럽 내지 북미지역 출신들이 집행위원장을 역임하였다. 2022/23년도 국제박람회 개최 후보지로 미국 미네아폴리스, 폴란드 우치, 아르헨티나 부에노스아이레스 등 3개 국이 경쟁하고 있는 상황에서 집행위원장으로 실사단장을 맡는 게 쉽지 않은 기회였기 때문이다. 11월 25일 BIE총회에서 만장일치로 2년 임기의 집행위원장에 재선되었다. 그리고 2017년 11월 BIE총회에서 집행위원장에 다시 한 번 선출되어 2019년 11월에 3번째 임기를 마치고 BIE 총회 의장에 선출된 것은 그 후의 일이다.

협상그룹별 회의와 양자협의(11월 28일)

국제박람회기구(BIE) 총회를 마치고 이틀 동안 파리에 머물면서 COP21 준비사항을 챙겼다. 이 기회를 이용하여 필자는 재원분야에 대한 기본 입장을 정리해 보았다. 비공식 각료회의를 거치면서 재원 공여국 확대와 같은 차별화 방안에 대한 우리 입장이 많은 국가들의 관심 대상이 되었기 때문이다. 당시 필자는 재원분야의 협상에 임하는 우리 입장을 아래 5가지로 정리하였다.

① 각 당사국은 기후재원 목적에 따라 국내 재원을 동원하고 국내·외 투자 유치를 위한 여건을 조성하여야 하며 이러한 과정에 CBDR/RC/NC 원칙을 고려한다.

② 2015 합의문에 climate finance의 목적을 분명히 하여야 한다.

③ pre−2020 1,000억 달러 조성 방안은 ADP의 협상의제가 아닌 당사국 총회(COP) 의제로 다루는 게 바람직하다.

④ 1,000억 달러는 2015 합의문 도출을 위한 신뢰 조성의 상징으로 간주되며 Post−2020 기금조성의 하한선 내지 출발점이다. (as a floor or a starting point)

⑤ "Other parties in a position to do so"는 기후변화협약 제4.5조에도 나오는 표현이다.

"other parties and organizations in a position to do so may also assist in facilitating the transfer of such technologies." (협약 4.5조 마지막 문장)

필자가 "other parties in a position to do so"에 대한 협약을 언급하고자 기록해 둔 것은 이 표현에 대한 남아공 대사의 지속적 반론 제기 때문이었다.

▌EIG 그룹 전략회의

11월 30일에 개막되는 COP21를 앞두고 각 협상 그룹별회의는 11

COP 21 총회를 앞두고 주프랑스 스위스 대사관에서의 환경건전성그룹(EIG)전략회의

월 23일부터 시작되고 있었다. 11월 23일~24일간의 최빈 개도국 그룹회의, 11월 25일~26일간 아프리카 및 군소도서국 그룹회의, 11월 27일~28일간 G-77/중국회의가 유네스코 회의장에서 열렸다. 우리가 속한 EIG 그룹은 11월 28일(토) 파리 7구에 소재한 스위스대사관에서 전략회의를 가졌다. 스위스대사관은 한국대사관과 거의 마주 보고 있지만 대사관 내부 회의실에 들어가 보는 것은 처음이었다. 전략회의 중간에 COP21 의장단과 양자 협의를 위해 수석대표들은 자리를 비워야 했다.

EIG 전략회의는 그간의 협상 진전현황을 평가한 후 재원, 감축 및 기타 사안에 대해 의견을 나눴다. 멕시코는 최근 중남미 국가 비공식 협의에서 베네수엘라와 니카라과는 선진국의 책임을 약화시키는 INDC 제출에 반대하여 아직 제출하지 않고 강경한 입장을 취하고 있는 반면, 여타 국가들은 건설적으로 협상에 기여하고자 하는 입장을 보였다고 했다. pre-COP 회의 결과를 보더라도 결국 재원이슈 타결

여부가 협상의 성패를 좌우할 것으로 전망했다. 필자는 재원 공여 기반 확대에서 "Parties in a position to do so"에 대한 G-77/중국을 대표한 남아공의 강한 반대 입장 감안시 새로운 문구가 필요하며 post-2020 재원의 정량적 목표 설정 여부가 합의의 관건이 될 수가 있다고 밝혔다. 리히텐슈타인과 모나코는 투명성 체제 이행이 소규모 국가에 과도한 의무를 부과할 가능성을 우려했다. 스위스는 베네수엘라와 니카라과가 INDC 제출을 파리합의 조건으로 삼는 조항에 문제를 제기하고 있는 것은 우려되지만 사우디가 INDC를 제출한 점이 매우 긍정적이라고 평했다. 재원 이슈 중에 스위스는 일부 개도국들이 1,000억 달러 달성 등 Long Term Finance(LTF) 안건을 COP이 아닌 ADP의 WS2에서 논의하기를 주장하는 것에 대한 우려를 표명하였다. 재원상설기구 등 COP관련 재원 이슈에 대해 EIG 공동 제안서 작성을 추진키로 했다.

감축분야에서 스위스는 정량적 장기목표에 대한 수용성 증가 필요성과 함께 장기 전략 제출을 강제적 의무가 아닌 자발적 성격으로 규정할 필요가 있다고 했다. 감축목표의 제출 주기, 제출시점, 제출정보 및 특성 등은 결정문에서 다루는 게 좋겠다고 하고 시장메커니즘은 합의문에 반영되어야 한다는 입장을 밝혔다. 멕시코는 장기 목표 합의가 쉽지 않으며 정량적 목표와 정성적 목표가 상호 배타적이 아니라고 했다. 진전의 원칙과 감축목표 제출 주기를 통해 감축 목표의 의욕 상승이 필요하며 시장메커니즘에 대한 당사국들의 수용성을 높이기 위해 선진국과 개도국에 제공할 수 있는 편익을 강조하는 게 필요하다고 했다. 필자는 개별 당사국에 대한 INDC 사전협의 절차는 INDC의 기본 취지에 어긋나며 전체 INDCs에 대한 총량 효과 중심으로 전지구적 검토에서 다루어야 할 것이라고 하고 장기 전략의 제출은 강제적 의무가 아닌 자발적인 성격으로 규정해야 함을 강조했다. 그리고 시장메커니즘은 반드시 합의문에 포함되어야 하며 감축 목표의 기입방식, 제출정보 등은 결정문에 포함되어야 한다고 했다.

　COP 의장단과의 양자 면담일정으로 전략회의를 종료하기 전에 12월 1일 COP 개막총회 협상 그룹 대표연설을 한국 환경장관이 하는 것을 제안하고 그룹의 동의를 얻었다. 대표 연설문안은 우리가 작성하여 회람키로 하였다. 또한 COP 회의 기간 중 EIG 그룹 전략회의를 매일 9:00~10:00에 갖기로 합의했다.

▌ COP21 의장국대표와의 면담(12:00-12:30)

　EIG 그룹 수석대표들은 스위스 대사관을 찾아온 프랑스 Laurence Tubiana 기후변화특별대사와 양자 면담을 가졌다. 주요 의제는 의장국 프랑스가 주재하는 2주차 협상회의 진행 방식이었다. Tubiana 대사는 ADP 공동의장이 주도하는 1주차 회의와 프랑스가 주도할 2주차 협상회의의 연속성을 강조했다. 1주차 협상회의에서 쟁점사항의 60~70%가 해결되어야 하며 이를 위해 Spin-off Group과 Contact Group 회의 양 체제로 진행할 예정이라고 했다. 둘째 주는 쟁점사안에 대한 실질적 협상을 진행하여 결정을 하는 시간이라고 하면서 "I cannot decide"라는 입장을 가져서는 안 된다고 강조했다. 반드시 고위급만 발언할 수 있는 게 아니지만 한 국가를 대표한 일관된 목소리를 내는 게 필요하며 협상의 진전을 위한 EIG 그룹의 적극적인 중재안 제출을 당부했다.

　스위스 대사는 EIG 그룹이 가장 중요하게 생각하는 쟁점은 선진

국과 개도국으로 이분화되지 않는 차별화, 굳건하고(robust) 지속가능
하며(durable) 역동적인(dynamic) 체제, 재원 등 3가지를 언급했다. 필자
는 차별화 문제를 너무 정치화하기보다는 실용적으로 접근하는 것도
중요하며 5년 주기성과검토(stocktake)를 통해 모든 국가들의 최선의 노
력을 이끌어 내고 투명성을 확보하는 게 중요하다고 했다. Tubiana 대
사는 EIG 대표들이 지적한 쟁점 사항의 중요성에 공감하고 새로운 기
후체제의 핵심이 모든 국가들의 참여를 유도하고 이들의 최선의 노력
을 이끌어 내는 것이라고 하면서 사안간의 균형을 고려해 나가야 할
것 같다고 밝혔다. EIG 그룹이 중요하다고 생각하는 사안을 다른 협상
그룹들도 중요하다고 생각하고 있으므로 그룹간 활발한 협의를 가져
달라고 당부하고 양자 면담을 마쳤다.

▌ ADP 공동의장과의 면담(13:00-13:45)

ADP 공동의장은 11월 28일 G-77/중국의 내부협의가 끝나는 오
후 6:30부터 유네스코 회의장에서 ADP 비공식회의를 소집하겠다고 했
다. 회의 목적은 주로 협상 프로세스에 관한 것이며 ADP 공식 개회 이
후에는 절차적인 문제에 대한 논의 없이 바로 실질적인 협상으로 들어
간다고 했다. 11월 29일(일) 오후 5시에 ADP 개회식을 개최하여 협상을
재개하며 기술, 역량배양, 전문(preamble), 이행준수(compliance), 절차조
항, WS2에 대해서는 시한을 정한(time-bound) Spin-off Group(SOG)을
11월 30일(월)부터 운영할 예정이라고 했다. 감축, 재원, 적응, 투명성
은 순서대로 12월 1일 소집되는 Contact Group에서 논의될 예정이며
300명 규모 회의장에 입장 못하는 대표들을 위한 청취실 운영계획을
밝혔다. 회의 진행 시간 계획으로 매일 10~13시, 15~18시, 19~21시
구간을 제시했다. 12월 5일(토) 오전 10시에 ADP 최종문안을 확정하고

UN 공용어로 번역하여 COP 의장에게 넘길 예정이라고 했다. ADP 공동의장단도 1주차와 2주차 협상의 일관성을 강조했다.

▌ SBI 의장과의 면담(14:00-14:45)

이행부속기구(SBI) 의장은 짧은 부속기구 회의일정 때문에 부득이 SBI 의제를 3가지로 분류하여 진행할 예정이라고 하면서 양해를 구했다. 첫째 유형은 결정문을 도출해야 할 의제이며 비공식협의를 통해 중재안을 도출할 예정으로 10개 비공식협의 그룹과 촉진자를 선정해 두었고 SBI 개막회의에서 이들 명단을 공개하겠다고 했다. 둘째 유형은 의장이 주도하여 결론을 작성해야 하는 의제로 자신이 초안을 작성하고 당사국들의 의견을 수렴할 예정이고 셋째 유형은 단순히 해당 의제가 논의되었다고 보고하는 것으로 마무리되는 의제라고 설명했다. SBI 의장으로서 중점을 두는 의제는 적응관련의제, 2013-15 검토, 대응조치, 국제평가검토(IAR)관련 의제이며 특히 2013-15 검토의제는 반드시 COP21에서 종료되어야 한다고 했다.

스위스 대사는 적응기금에 대한 재정 지원 계획을 밝히면서 적응 이슈에 큰 관심을 갖고 있고 2013-15 검토의제는 스위스 입장에서 매우 중요하며 국가간 신뢰를 바탕으로 반드시 의미 있는 결과를 도출하여야 한다고 했다. 지금까지 2013-15 검토의제에 대한 논의 진전을 반대하던 우리를 염두에 두었다는 생각이 들었다. 필자 개인적으로는 기후변화의 장기목표의 적절성을 검토하고 평가하는 2013-15 검토의제의 중요성을 충분히 인식하고 있었기에 이에 반대하는 우리 전문가들에게 질책성 질문을 던지기도 했다. 환경부 산하 연구원 출신 전문가들은 적극적 입장을 취했으나 다른 전문가들은 진전을 반대하는 이유를 제대로 밝히지 않고 부정적인 의견만 보였다. 한마디 중동 산유국의 입장을 따라 가는 것인지 궁금할 따름이었다. 그래서 SBI 의장에게 우리도 2013-15 검토 의제에서 의미 있는 결정이 채택되도록 노력하겠다고 긍정적 언질을 주었다. 리히텐슈타인과 모나코는 소규모 국가들의 제한적 역량을 감안하여 지나친 업무 부담이 발생하지 않도록 해 주기를 요청했다.

▌ SBSTA 의장과의 면담(15:00-15:45)

과학기술자문부속기구(SBSTA) 의장도 SBI 의장이 설명한 바와 같이 짧은 회의 기간으로 인해 의제들을 3가지 유형으로 분류하여 회의를 진행하겠다고 하면서 협조를 요청했다. 특히 첫 주 목요일까지 실질적인 논의를 마무리할 계획이라고 하면서 의장이 결론을 작성하는 의제에 대해 이견이 있는 경우 조속히 제출해 달라고 했다. 필요시 비공식회의를 개최하여 심도있는 논의를 하겠다고 설명했다.

갑작스런 ADP 비공식 협의회 소집

ADP 공동의장이 밝힌 대로 비공식 협의회(informal consultation)가 UNESCO 회의장에서 개최되었다. 이미 협의회의 목적과 내용이 모두 알려진 탓인지 참가자 수가 많지는 않았다. ADP 공동의장은 비공식 협의회 개최목적과 함께 양자 면담시 설명한 회의 진행 방식을 밝혔다. COP20 의장국인 페루 대표는 향후 협상 방식에 대해 당사국간에 분명한 공감대가 형성되어야 하며 시간제한을 두어 협상을 효율적으로 진행하는 것이 중요하다고 강조했다.

COP21 의장국 대표인 프랑스 Tubiana 대사는 첫 주 토요일까지 ADP 공동의장 주도하에 협상문안을 마무리하여 프랑스 측에 이관하여 주기를 당부하면서 협상의 연속성 유지를 강조했다. 남아공 대표는 G-77/중국을 대표하여 Contact Group이 실질적인 협상을 진행하여야 하며 특히 장기목표, 진전원칙, 의욕수준, 법적 구속성 등에 대한 심도있는 논의 필요성을 제기했다. 그리고 명확한 위임사항(mandate)하에서 투명하고 포괄적인 방식으로 협상이 진행되어야 하며 분명한 시한을 두고 협상을 진행하되 경우에 따라 유연성이 필요하고 밝혔다. 그 밖의 협상 그룹들은 공동의장과의 양자 면담 결과를 존중하여 별도 입장을 밝히지 않았다. ADP 공동의장은 11월 29일(일) 17시에 ADP 개막식이 개최될 예정임을 밝히고 비공식 협의회의 종료를 선언했다. 긴 하루의 일정이 끝났다.

ADP 개막총회(11월 29일)와 정상 연설문 준비

일요일(11월 29일) 오전 외교부 인사과에서 메일로 받은 인사자료인 추천평가서를 작성해 보냈다. 2016년 춘계 공관장 신청자에 대한 청와대의 공직 인사 검증이 진행되고 있으며 인사자료 작성 절차를 신속히 추진하기 위한 것이라고 했다. 숙소인 파리 CDG공항 인근 노보텔(Novotel)에서 외교부 대표단들과 대책회의를 가진 후 함께 오찬을 했다. 그리고 11월 29일(일) 17:00에 예정된 ADP 개막총회 참석을 위해 Le Bourget 회의장으로 이동했다. 회의장에 마련된 대표단 CP에서 내부회의를 가진 후 ADP 개막총회 회의장으로 향했다. 보안요원들이 대표용 명찰을 일일이 확인하면서 입장을 허용했다.

COP20 의장인 페루 Manuel Pulgar-Vidal 환경장관은 개회사에
서 파리합의문을 도출하기 위한 연대와 효율성을 강조했다. COP21에
서 채택되는 파리합의문은 재원조성에 관한 아디스아바바(Addis Ababa)
행동계획과 유엔2030지속발전목표(SDGs)와 함께 새로운 발전 패러다
임을 형성하게 될 것이라고 하면서 효율적 회의진행을 통한 타협을 촉
구했다. COP21 의장인 프랑스 Laurent Fabius 외교장관은 11월 30일
정상회의에 150개국 정상이 참석 예정이며 파리합의문 채택을 통해 지
구온난화를 2℃ 내지 1.5℃ 이내로 억제할 수 있는 경로에 진입할 수
있고 지속발전이 가능하다고 했다. COP21 의장으로 2주 동안에 의욕
적인 결과가 나올 수 있도록 객관성을 갖고 촉진하는 역할을 최우선
순위로 삼고 모든 절차를 투명하게 진행하겠다고 했다. ADP가 가능한
한 진전된 문안을 합의하고 2주차에 장관들과 각국 협상 수석대표들에
게 가장 민감한 정치적 선택만을 남겨 줄 것을 당부했다. Daniel
Reifsnyder ADP 공동의장은 ADP2-11 협상회의 결과를 토대로 11월
6일 및 11월 10일 회람한 문서를 협상 출발점으로 설명하고 회의 진행
방법과 시간 계획을 설명하였다. 일부 대표들의 요청으로 재원 분야는
10월 23일 회람한 문서를 기초로 삼기로 했다.

협상 그룹 대표들의 개막 연설은 발언문을 COP21 홈페이지에 게
재하는 것으로 합의하고 시행하지 않았다. 다만 베네수엘라와 투발루
대표가 회의장 출입시 보안 요원 통제로 20분 이상 대기하였다는 불평
발언과 소규모 대표단에 대한 비공식회의 공지에 보다 관심을 가져줄
것을 요청하는 발언을 한 후 종료되었다.

필자는 ADP 개막회의를 마치고 11월 30일 정상회의 참석을 위해

파리를 방문한 박근혜 대통령과 대표단들이 묵는 숙소인 오페라 옆 Intercontinental Paris Le Grand 호텔로 옮겨갔다. 기후변화대사가 주요 수행원에 포함되었기 때문이다. 박 대통령 일행이 도착한 후 주프랑스 대사가 문화부장관, 외교안보수석 등 주요 수행원들을 위해 주최한 만찬에 참석했다. 11월 30일 오전 7시부터 회의장 Le Bourget로 향하는 고속도로가 통제되기 때문에 개인 차량을 이용하는 수행원들은 새벽 5시 반에 호텔을 출발해야 한다는 공지가 있었다. 환경부에서 어떻게 회의장으로 가느냐는 질문이 있어 필자는 지하철을 이용하여 오전 7시경에 호텔을 출발 예정이라고 했다.

숙소 방에서 회의 자료를 살펴보고 있는데 윤병세 장관 보좌관이 연락이 왔다. 대통령 기조연설문이 맘에 들지 않는다는 것이었다. 이는 필자도 같은 생각이었다. 청와대로 문안을 보냈지만 반영된 것은 별로 없고 경제수석실에서 다시 작성했다는 이야기를 실무자에게 들었다. 회의에 참석한 모 부처 사무관이 전력 프로슈머 시장 개설, 제로 에너지 빌딩 의무화 같은 내용이 포함되도록 아이디어를 주었다고 자랑을 했다. 2014년과 2015년 유엔기후정상회의 연설문을 두 차례 준비하면서 당혹감을 느꼈던 필자로서는 COP21정상회의 연설문 내용에 대해서 많은 시간을 할애하지 않았다. 장관 객실로 가니 이상화 보좌관이 함께 있었다. 윤 장관은 대통령 연설문에 분명한 메시지가 결여되어 있다고 하면서 수정을 해야겠다고 했다. 그래서 필자는 파리에서 도출할 신기후체제에 대한 우리 입장과 기대사항을 장관에게 설명했고 연설문에 일부 포함시켰다. 이는 파리합의문에 대한 각국의 기대사항을 듣고자 하는 COP21 의장국의 희망이기도 하였기 때문이다. 그러나 박 대통령이 행할 최종 연설문에 어떻게 반영될지는 아무도 모르는 상황이었다.

파리 기후총회의 역사적 개막과 정상회의(11월 30일)

제21차 기후변화협약 당사국총회(COP21) 개막일인 11월 30일 호텔 Café de la Paix에서 이른 아침을 먹고 오전 7시경에 지하철을 타고 Le Bourget 회의장으로 갔다. 대표단 CP에 도착하니 새벽 일찍 승용차로 도착한 윤성규 환경장관, 김규현 외교안보수석, 안종범 경제수석 등이 자리를 잡고 있었다. 오전 회의일정을 설명하고 10시에 개최되는 COP21 개막총회 행사에 들어갔다. 박근혜 대통령은 정상들을 위한 별도 출입구로 도착하여 개막총회 이후에 열리는 정상회의(Leaders event) 시작 전까지 다른 정상들과 함께 정상 대기실에 머무르고 있었다.

COP20 의장인 페루 환경장관의 사회로 개막되어 프랑스 Laurent Fabius 외교장관을 COP21 의장으로 공식 선출했다. Fabius 장관은 취임사에서 의장으로서 ① 모든 의견을 경청하고 ② 투명성과 포용성 보장 ③ 의욕적인 합의문 추구 ④ 당사국들간의 타협 확보를 위해 노력하고 회의 2주차에 장관들이 고려해야 할 마지막 요점들만 남길 수 있도록 하겠다고 밝혔다. UNFCCC 사무총장은 합의문 마무리를 위한 당사국들의 책임을 강조했다. 영국의 찰스 왕세자는 파리에서의 2주가 현재 세대와 미래 세대를 좌우할 것이며 기후변화보다 더 큰 위협이 없다고 하면서 국가 이익을 쫓느라 국제적 필요성을 망각해서는 안 된다고 강조했다.

프랑스 올랑드 대통령은 개회식에 바로 이어 개최된 정상행사 개막 연설에서 파리 기후총회의 성공을 평가하는 3가지 잣대로 ① 2℃ 또는 1.5℃ 목표달성을 위한 신뢰 가능한 경로 제시 ② 모든 국가가 기후행동에 참여하는 기후연대 달성 ③ 비정부 행위자를 포함한 모든 행위자의 참여 유도를 제시했다. 반기문 유엔사무총장은 파리에 모인 정상들이 현재와 미래세대를 위한 리더십을 보여줘야 할 도덕적·정치적 책임을 갖고 있으며 협상가들이 타협과 합의를 도출할 수 있도록 지시를 주어야 한다고 했다. 파리기후총회는 저탄소경제로 전환하는 분기점이 되어야 하며 파리합의는 지속적이고 역동성을 갖추어야 한다고 했다. 또한 기후 취약국과 최빈국들에 대한 연대의식을 반영하고 선진국의 선도적 책임과 개도국들의 증가하는 책임간의 균형을 갖춘 것이 되어야 한다고 밝혔다. 개막식 행사가 끝나고 11:30에 정상 포토 세션이 진행되었고 12시부터 정상기조연설이 시작되었다.

정상연설은 La Seine와 La Loire 2개 회의장에서 나누어 진행되었다. 박근혜 대통령은 La Loire에서, 미국 오바마 대통령과 중국의 시진핑 주석은 La Seine에서 연설하게 되어 있었다. 스위스 Perrez 대사가 급하게 찾아왔다. 스위스 대통령이 급한 국내 일정으로 정상연설을 마치는 대로 귀국하여 박 대통령과 순서를 바꾸어 줄 수 있는지 문의해 왔다. 아직 대통령도 입장하지 않은 상태라 난감하였다. 그래서 Perrez 대사에게 박 대통령의 연설 순서도 그리 빠른 순서가 아니니까 앞 순위를 알아보거나 의장에게 사정을 설명해 보는 게 어떠냐고 했다. 2014년 9월 유엔 기후정상회의시 이집트 대통령도 순서에 없이 앞당겨 연설한 적이 있다고 했다. 스위스 대통령은 4번째 순서로 연설하고 떠났다. Perrez 대사 이야기는 4번째 순위인 짐바브웨 무가베 대통령이 흔쾌히 양보하겠다고 했는데 사무국에서 스위스 사정을 감안하여 짐바브웨 앞 순서에 넣어 주었다고 했다. 무가베 대통령이 장기 독재자로 악명이 높지만 그런 아량이 있는 줄은 몰랐다고 하면서 둘이 웃었다. 박근혜 대통령은 10번째로 연설하였다. 전날 저녁 윤 장관과 열심히 수정한 게 반영되었는지 궁금했다. 한 문장이 반영되었다. "파리 총회는 종착역이 아닌 새로운 출발점입니다"라는 문장이었다.

박 대통령 연설문 요지는 다음과 같았다.

'우리가 세계 최고 수준의 높은 에너지 효율성과 높은 제조업 비중에도 불구하고 2030 감축목표를 BAU 대비 37%의 야심찬 감축목표를 세웠다. 에너지 신산업 개발을 통해 온실가스 감축에 앞장설 것이며 2030년까지 100조원의 신시장과 50만개의 일자리를 창출하면서 감축목표를 달성할 것이다. 에너지 신산업 육성 전략를 중심으로 전력프로슈머 시장 개설, 제로 에너지 빌딩의무화, 제주도 carbon-free island 계획 등을 설명했다. 이어 한국의 에너지 자립섬 모델을 아마존 지역에 적용한 사업이 첫 GCF사업으로 승인되었음을 소개하고 한국의 배출권 거래 시장에 대해 설명하면서 선진국과 개도국이 참여하는 탄소시장이 열릴 수 있도록 국제적 논의에 적극 기여하겠다고 했다.'

박대통령 연설을 들으면서 파리합의문에 대한 우리 입장을 추가하여 더 균형을 갖추었으며 하는 아쉬움이 있었지만 그래도 한국의 정책을 제대로 소개한 적이 없으니 그나마 괜찮다는 생각을 했다. 나중에 윤병세 장관에게 박대통령이 다른 정상들은 파리합의문에 대한 입장을 이야기하는데 우리는 너무 국내정책만 이야기한 게 아닌가 하는 이야기를 했다고 들었다.

La Seine 회의장에서는 미국 오바마 대통령, 중국 시진핑 주석, 러시아 푸틴 대통령 등이 정상연설을 하였다. 오바마 대통령은 최근 테러를 겪은 프랑스 시민들에게 위로와 연대를 표하고 정상들이 파리에 모여 기후총회를 예정대로 진행함으로써 단합과 미래 세대를 위한 행동을 국제사회에 보여주고자 한다고 했다. 미국은 세계 최대의 경제대국이자 2위의 온실가스 배출국으로 기후변화문제를 초래한 데 대한 책임을 느끼고 문제 해결을 위해 적극 노력 중이라고 밝혔다. 파리 기후총회에서의 청정 에너지분야 투자 확대를 위한 "Mission Innovation" 이니셔티브 발족을 발표했다. 파리에서 출범하는 신기후체제는 당사국들이 기후변화 대응목표를 제출하고 이를 주기적으로 갱신하는 체제가 되어야 하며 이러한 이행노력을 점검할 수 있는 투명성 메커니즘을 구축하는 것이 중요하다는 입장을 밝혔다.

중국의 시진핑 주석은 파리 합의는 균형되고 야심적이며 구속력이 있어야 하고 기후변화협약의 원칙에 기반하여 post-2020 전 지구적 기후변화 대응 노력을 강화시켜나가는 것이 되어야 한다고 강조했다. 시 주석은 신기후체제가 도출되기 위해서는 비정부 행위자들의 적극적인 참여, 2020년까지의 천억 달러 조성 목표달성, 적극적인 기술이전 노력과 빈곤퇴치 목적과의 부합성 등이 중요하다고 했다. 그리고 2030년까지 CO_2배출량을 2005년 원단위 기준 62~65% 감축하고 재생에너지 비중을 20%까지 상향하는 목표와 정책 조치 등에 대해 설명하였다. 러시아의 푸틴 대통령은 기후변화를 지속가능발전을 저해하는 요인으로 인식하고 기술을 통한 대응에 중점을 두고 정책을 이행해 오고 있음을 밝히고 2030년에는 1990년 배출수준 대비 약 7%를 감축할 수 있을 것으로 보고 이를 위해 기술개발에 투자를 확대할 예정이라고 했다. 그리고 기술과 함께 온실가스 주요 흡수원인 산림의 중요성을 강조하고 산림관리를 위한 정책을 시행중이라고 했다. 독일의 메르켈 총리는 파리에서 야심차고 포괄적이며 공평하고 구속력 있는 신기후체제가 도출되어야 할 것을 강조하면서 그 의미를 설명했다.

11월 30일(월) 오후에는 '미국이 제안한 "Mission Innovation" 출범식 행사가 있었다. 30분간 예정으로 진행될 예정이었고 박 대통령은 시간에 맞추어 행사장에 갔다. 필자는 다른 주요 수행원들과 함께 대표단 CP에서 대기하고 있었다. 나중에 오바마 대통령이 늦게 행사장에 나타났고 박 대통령은 푸틴 대통령과 면담을 위해 오바마 대통령 도착 전에 자리를 뜨게 되어 정작 출범식 행사에 참석하지 못하고 기념사진도 찍지 못했다고 했다. 필자는 2018년 5월 23일~24일간 스웨덴 말뫼에서 개최된 제3차 Mission Innovation 각료회의에 한국 수석대표로 참석하였다. MI 역사를 설명하는 창립총회 정상 사진에 박근혜 대통령이 포함되지 않음을 확인하는 자리였다. 박 대통령은 푸틴 대통령과 면담시간에 맞추어 약속장소에 갔으나 푸틴 대통령은 30분 늦게 도착했다는 소식이 대표단 CP로 전해졌다. CP에서 기다리던 수석들은 긴장하는 모습들이었다.

정상들의 연설이 계속되는 가운데 ADP 본회의가 17시에 개최되었고 공동의장단은 12월 3일까지 하루 3차례 ADP 본회의(open-ended plenary)를 갖고 12월 4일(금) 08:00까지 통합된 합의문안과 결정 문안을 대표단에게 배포하겠다고 밝혔다. 그리고 12월 5일(토) 10:00에 작업을 마무리하여 정오에 마지막 ADP 회의를 갖겠다고 밝혔다. 간단한 ADP 전체회의에 이어 저녁 7시부터 파리합의문 전문과 목적(제2조),

기술이전(제7조), 역량배양(제8조), 이행과 의무준수(제11조), 당사국 총회(제12조) 등에 대한 Spin-off Group 회의(SOGs)가 소집되었다. 각 분야별 업무분장에 따른 회의 참석을 지시하고 파리 숙소에서 공항인근 대표단 숙소로 짐을 옮기기 위해 시내로 갔다. 오페라 인근 한식당에서 저녁 식사 중에 윤병세 장관을 만났다. 대통령 연설문에 한 단락을 추가한 것이 좋았다는 이야기를 했다. 필자는 협상 대표단이 머무는 공항 인근 호텔로 숙소를 옮긴다고 하고 총회 진전사항은 수시로 보고하겠다고 했다. 다소간의 곡절이 있었으나 새벽부터 시작된 11월 30일 정상회의 긴 일정이 마무리되었다.

ADP2-12 회의 결산과 Draft Paris Outcome

12월 1일(화)부터 본격적인 협상회의 일정이 시작되었다. 우리 대표단은 08:20부터 09시까지 내부 대책회의를 갖고 09:00~10:00간은 EIG 그룹 전략회의를 가지는 일정으로 하루를 시작했다. 10시에 개최된 COP 21 총회(plenary)가 Fabius 의장의 주재하에 개최되어 의제를 채택한 후에 바로 교토의정서 제11차 총회(CMP11)로 전환하여 의제를 채택하였다. 이어 COP/CMP 합동총회를 개최하여 각 협상그룹별 대표연설을 청취하였다. 한국의 윤성규 환경장관이 EIG 그룹을 대표하여 연설을 하였다. 모든 당사국에 적용되는 합의문 채택, CBDR/RC/NC에 입각한 차별화에 대한 유연한 접근, 공동규칙과 시간을 두고(over time) 의욕성을 제고해 나가는 체제를 강조했다. 협상그룹대표들의 연설이 끝난 후에 NGO 대표연설이 있었다. SBSTA와 SBI의 개막식 회의가 오전과 오후에 각각 개최되었다. 필자는 COP21 개막총회에는 참석하지 못하고 협상 대표들과 함께 10시부터 개최된 ADP 본회의(Contact Group)에 참석했다. ADP 본회의에서는 spin-off 그룹에서 다루지 않는 합의문 채택을 위한 결정문, INDC에 관한 결정문을 다루었고 또한 소그룹 촉진자들로부터 경과 보고를 간략히 청취하였다. ADP 본회의 중에도 각 분야별로 spin-off 그룹과 비공식 비공식모임(informal informals)이 촉진자들의 주재하에 열렸다. 이러한 회의 일정이 spin-off 그룹회의 종료 시한으로 설정된 12월 3일(목) 18시까지 계속되었다.

12월 3일(목) 19시 ADP 본회의가 개최되었고 각 분야별 촉진자들은 협상 문안 진전이 매우 더디게 진행되고 있다고 밝혔다. 하루 종일 여러 회의장을 오가다가 미국 백악관의 에너지 담당 선임국장인 Paul Bodnar를 만났다. 오바마 대통령을 수행해서 COP21 회의에 왔다고 하면서 주말까지 머물면서 회의 진전사항을 살펴볼 계획이라고 했다. 필자에게 한국의 INDC 작성 준비과정에 유선협의를 가지면서 미측과 긴밀히 협의해 주어 고맙다는 인사를 하면서 파리합의문이 도출될 수 있도록 건설적 기여를 해주기를 당부했다.

12월 4일(금) 오전 spin-off그룹 논의가 반영된 취합문서와 공동 촉진자들의 중재문안(bridging proposal)을 포함한 종합 취합문서가 각각 회람되었다. G-77/중국을 대표한 남아공 대사는 2개 문서회람에 놀라움을 표하면서 협의 시간을 요청하였다. 오전 시간을 협상토대문서와 작업방식에 관한 그룹별 협의로 소진하고 오후부터는 중재문안을 담은 종합 취합문서를 협상토대로 사용하면서 각 당사자의 핵심 관심 사안을 들었다. 발언에 나선 일부 당사국들은 자국의 관심 사안을 추가하려고 했다. 예를 들어 니카라과와 볼리비아는 전문에 "Mother

Earth" 개념의 추가를, 볼리비아와 베네수엘라는 시장메커니즘과 함께 "비시장 메커니즘"을 제안한 것이 대표적인 사례하고 할 수 있다.

ADP 공동의장 Djoghlaf는 야간회의를 마치면서 중재문안을 담은 종합 취합문서(the compilation text with bridging proposals)와 당사국들의 의견을 담은 숙고 요지(a reflection note)를 토요일 회의에서 배포할 예정이라고 밝혔고 당사국들은 동의를 표했다. 2012년에 첫발을 내디딘 ADP 협상회의가 마침내 결승선에 도달하는 시간이 된 것이다.

12월 4일(금) 09:30에 환경부 기자단을 대상으로 한 브리핑 세션이 있어 잠시 기자들과 이야기를 나눴다. 이에 앞서 윤성규 장관이 필자를 잠시 보자고 했다. 요지는 기자들과 저녁을 하면서 이야기하는 가운데 2015 합의문은 법적 구속성을 지니게 될 것이며 각 당사국이 제출하는 감축 목표도 국제법적 구속성을 지닌다고 했다는 것이었다. 그래서 필자는 감축목표 달성은 법적 구속력이 없으며 감축목표 제출과 감축목표를 달성하기 위한 국내정책과 조치를 취해야 하는 것은 법적 구속성을 지니는 방향으로 합의가 도출되고 있다고 설명했다. 윤 장관은 자신이 잘못 이해하고 기자단에게 이야기한 것 같다고 하면서 설명을 잘 해 달라고 했다.

환경부 출입기자단을 대상으로 한 브리핑에서 협상 진전상황을 설명했다. 43페이지에 달하는 협상문서에 합의되지 않은 문구들이 900여 개가 넘어 합의 도달에까지 많은 어려움이 있겠지만 회의결과에 대해서는 조심스럽지만 희망적이라고 했다. 각국의 감축목표달성에 법적 구속력을 부여하자는 입장도 있지만 조약 비준권을 지닌 미국 상원의 입장 등을 감안시 어려울 것으로 보며 대신에 감축목표 달성을 위한 국내정책과 조치를 취할 의무와 5년 단위 주기적 평가를 통한 의욕 상승, 후퇴방지 및 진전원칙 채택 등을 통해 취약점을 보완해 나갈 것이라고 했다. 파리합의문은 신기후체제하에서 기후행동을 취하는 새로운 플랫폼이 될 것이며 모든 국가가 참여하여 의욕적인 감축 행동을 통해 2℃ 상승억제와 같은 장기 목표를 달성해 가는 출발점이 될 것이라고 했다. 2015년 5월 베를린에서 만나 INDC 제출 시기에 대해 의견을 나눴던 CBS노컷뉴스 장규석 기자가 필자의 사진과 함께 협상 진전상황을 보도했다.

12월 5일(토) 11:00~13:00 간 ADP 폐막총회가 개최되어 Durban mandate에 따라 2020년 이후 모든 당사국에 적용될 새로운 법적 문서 "Draft Paris Outcome(파리결과문안)"를 채택하였다. 당초 ADP 공동의장은 "Draft Paris Agreement(파리협정문안)"을 제안하였으나 중국이 COP21에서 최종 채택될 결과물의 법적 성격을 예단해서는 안 된다는 입장을 제기함에 따라 "파리결과문안"으로 명명하였다. ADP 공동의장은 파리결과문안이 부속서 I과 II로 구성되어 있으며 부속서 I은 "ADP의 작업영역 1과 2에 관한 협정문안과 결정문안"이며 부속서 II는 당사국들이 12월 4일 오후회의(15:00~18:00)에 제안한 "숙고 요지"(Reflection note)로 이루어져 있다고 설명했다. 부속서 II에 잘못된 반영이나 추가 의견이 있을 경우 12월 5일 13:00까지 사무국으로 제출하여 주면 이를 반영하여 12월 5일(토) 18:00에 예정된 COP 총회에 이관하겠다고 했다.

COP21 의장국인 프랑스의 Laurence Tubiana 대사는 ADP 공동의장의 주도하에 뚜렷한 성과물인 "파리결과문안"을 도출하였으며 이

제부터는 COP 의장국인 프랑스가 협상을 주관해 나갈 예정임을 설명
했다. 이어서 각 협상그룹별 대표들이 ADP 폐막과 파리결과문안 채택
에 관한 입장을 밝혔다. G-77/중국을 대표한 남아공 대사는 파리 결
과문안을 토대로 한 향후 협상 진행에 대한 지지를 밝히면서 협상이
예측가능하고 투명하고 포괄적이며 당사국들이 주도하는 것이 되기를
희망했다. 우리가 포함된 EIG 그룹을 대표한 스위스 대사는 남은 협상
과정에도 적극 협력할 예정이며 의욕적이고 지속가능하며 법적 구속력
을 지닌 합의문이 도출되기를 기대한다고 밝혔다. Umbrella 그룹을 대
표한 호주 환경대사는 12월 5일 현재 185개국이 INDC를 제출할 것을
매우 고무적으로 생각하며 이러한 전 지구적 의지를 바탕으로 2°C 목
표를 달성할 수 있는 합의문을 도출할 수 있기를 기대한다고 하였다.
그리고 남은 협상과정을 주도할 장관들에게 투명하고 분명한 지침을
제시해 주기를 바라며 주기적 검토, 강력한 회계원칙과 투명성 체제,
지원 활동 등을 바탕으로 의욕적이고 지금의 현실(modern day reality)을
반영한 신기후체제 도출을 기대하였다. EU는 모든 당사국에 적용 가능
하면서 모두가 수용할 수 있는 의욕적인 파리 합의가 도출될 수 있기
를 기대하였다.

이외에도 아프리카 그룹을 대표하여 수단이, 군소도서국 그룹
(AOSIS)을 대표하여 몰디브가, 최빈개도국그룹을 대표하여 앙골라가,
열대우림국가연합을 대표하여 파나마가, LMDC 그룹을 대표하여 말레
이지아가, 아랍그룹을 대표하여 사우디가, ALBA 그룹을 대표하여 베
네수엘라가, AILAC 그룹을 대표하여 과테말라가, 어느 협상그룹에도
포함되지 않은 터키가 각각 발언을 하였다. 이처럼 모든 협상그룹이
발언에 나선 것은 지난 4년간의 ADP 작업 과정에 개별국가 단위로,

협상그룹 단위로 참여한 결과를 반영하는 것이라고 하겠다. 마샬제도의 Tony deBrum 외교장관이 마지막 발언을 하였다. 기후변화에 취약한 국가를 대표한 발언이었는데 국가 분류를 통한 분화된 접근법이 아닌 공동으로 기후변화에 대응해 나갈 수 있는 방안이 마련되어야 하며 이를 통해 최소한의 수준이 아닌 의욕적인 신기후체제가 도출되어야 한다는 점을 강조했다. 수개월 전 파리 비공식 각료회의 계기에 출범한 "높은 의욕성 그룹"(The High Ambition Group)이 추진하는 1.5℃ 목표을 반영하여 최소 온도목표 수준으로 알려진 2℃를 뛰어 넘어야 한다는 것을 암시하는 발언이었다.

이로서 ADP에서의 신기후체제 협상이 종료되었다. ADP 협상회의를 마감하면서 알제리 Djoghlaf 공동의장은 자신이 지난 1년 반 동안 열심히 찍은 사진들로 비데오클립을 만들어 폐회선언과 함께 상영하였다. 비공식 각료회의때 필자와 찍은 사진도 포함되어 있었다. 그리고 COP21 회의의 마감을 앞둔 12월 10일 회의장 카페테리아에서 파리회의가 끝나면 뭘 할 것인지를 이야기했다. 기후변화협상 연구로 박사학위를 받은 미국 Reifsnyder 공동의장은 학교에 돌아가서 시간이 되는 대로 협상 회고록을 집필하겠다고 했다. 필자는 회고록이 나오면 한국어 번역권을 미리 사겠다고 하면서 커피를 샀다.

대표단 CP로 돌아오니 박꽃님 사무관이 조선일보에 이상한 컬럼이 실렸다고 한다. 조선일보 한삼희 논설위원이 "파리에서 악동 취급받는 한국"이라는 제목으로 환경 컬럼을 쓴 것이다. 내용은 지난 6월 INDC 작성준비 기간중에 있었던 한−미 정상간 통화가 INDC 목표 상향과 연계되어 있으며 영국 환경저널리스트가 한국을 러시아, 캐나다

ADP 회의 폐막후 여유를 가진 공동의장과 12.10 가진 커피미팅

등과 함께 묶어 '이론의 여지가 없는 악동'(undisputed bad boy)으로 명명했다는 등이었다. 한 논설위원의 컬럼에 대한 대응은 환경부에서 하라고 하고 필자는 SNS에 사실과 다른 면이 있다고 협상대표로서의 입장을 밝혔다.

02

신기후체제의 출발점이 된
파리협정 채택

새로운 협상무대: 파리위원회(Comité de Paris)

ADP 회의가 종료된 12월 5일(토) 18:30에 COP21 의장인 프랑스 Laurent Fabius 외교장관이 ADP결과문을 공식적으로 전달받기 위한 COP 총회를 소집했다. 이에 앞서 프랑스 의장단은 모든 수석 대표들을 협상그룹별로 소집하여 오후 늦게 개최될 COP 총회의 진행 시나리오를 설명하고 회의가 효율적으로 진행될 수 있도록 협조를 당부했다. 우리가 포함된 환경건전성(EIG) 그룹은 16:40~17:00 간 프랑스 의장단과 면담을 갖고 회의 진행에 적극 협조하겠다는 의지를 밝혔다. 이어 개최된 COP 회의에서 ADP공동의장은 지난 4년간 15차례의 ADP 회의가 개최되었으며 금년에 5차례 열렸다고 설명하고 그간의 논의 과정에 전 세계 온실가스 배출량

의 94%에 달하는 186개국이 INDC를 제출하였으며 이러한 노력에 힘
입어 모든 당사국에 적용되는 야심적이고 포괄적인 파리결과문안(Draft
Paris Outcome)을 도출했다고 밝혔다. 파리결과문안에는 아직 많은 쟁
점들이 남아 있으나 COP에서 성공적인 신기후체제를 출범시킬 수 있
기를 기대하면서 넬슨 만델라 기념일인 12월 5일에 파리결과문안을
COP 의장에게 공식 전달하게 되어 의미가 있다는 소감을 피력하였다.

　　Laurent Fabius 의장은 ADP가 일정에 맞추어 합리적 결과문을 도
출해 준 것을 평가하면서 사전에 협상그룹별 수석대표 면담에서 밝힌
앞으로의 회의 진행 계획과 방식을 자세히 설명하였다.

- 제2주차 협상은 ADP와는 다른 단계이지만 기본적으로 ADP와
  의 연속성(continuity)을 최대한 살리는 방향으로 진행될 것이며
  투명하고 포용적이며 개방적임과 동시에 당사국들이 주도하는
  방식이 될 것이다.
- 협상은 "Comité de Paris"(파리위원회)로 명명된 개방적 하나의
  기구(open-ended one single body)를 중심으로 진행될 예정이
  며 파리위원회는 매일(daily basis) 개최될 것이다. 파리위원회
  에서는 정치적 지침을 제시하고 비공식작업반에서의 진전사항
  을 점검하게 되며 Fabius 의장 본인이 직접 주재하거나 불가
  시에는 Tubiana COP의장 특별대사가 주재할 예정이다. 파리
  위원회 회의에는 반드시 장관급 인사가 참석해야 하는 것은
  아니며 모든 국가 대표단은 누구나 참석 가능하고 "nothing
  agreed until everything agreed" 원칙으로 진행되며 협상 과
  정의 투명성 확보를 위해 모든 회의 내용은 청취 룸에서 실시
  간 청취가 가능하도록 할 계획이다. 제1차 파리위원회 회의는

12월 7일(월)에 개최할 예정이다.

- 협상의 4대 쟁점사안인 ① 차별화(감축, 재원, 투명성분야) ② 의욕수준과 장기목표 ③ 지원 또는 이행수단 ④ 2020년 이전 행동강화(work stream 2)에 대해서는 두 명의 각료가 촉진하는 비공식 작업반을 구성하여 구체적인 중재안을 도출할 예정이다. 우선 차별화 작업반은 브라질 환경장관과 싱가포르 외교장관이, 이행수단(MOI) 작업반은 가봉 외교장관과 독일 환경장관이 주재하며 나머지 두 개 작업반과 추가적인 작업반의 신설 및 촉진자 지정은 추후에 공지토록 할 예정이다. 첫 비공식 작업반 회의는 12월 6일(일) 오후부터 소집되며 2개의 작업반 회의가 동시에 개최될 예정이다.

- 파리합의문의 법률과 언어를 검토할 위원회가 유엔 5개 지역그룹 추천 각 2명과 군소도서국 그룹 추천 1인 등 총 11명으로 구성될 예정이며 2명의 공동의장(각각 부속서 I과 비부속서 국가 출신)이 회의를 주재한다. 각 그룹에 법률 검토위원회에 참여할 대표를 12월 6일(일)까지 추천하여 줄 것을 요청한다.

COP21 의장이 회의 진행 계획과 방식에 대한 설명을 마친 후에 각 그룹별 대표와 일부 회원국 대표들의 발언이 있었다. 필자는 모철민 주프랑스 대사 관저에서 열리는 국회 환경노동위 대표단을 위한 만찬에 참석하기 위해 그룹 대표들의 발언을 듣지 못한 채 회의장을 떠났다. 맘 같아서는 회의장에 남아서 각 그룹 대표들의 입장을 살펴보고 싶었으나 대표단에 포함된 대사관 직원들의 관저 만찬 참석 요청을 거절할 수가 없었다. 관저 만찬에 불참함으로써 발생할 수 있는 불필요한 오해를 받고 싶지 않았고 COP21 회의 참관을 위해 방문한 의원들에게 협상 진전사항을 보고할 필요가 있다고 판단했다. 일요일 아침 박꽃님 사무관으로부터 여러 협상 그룹 대표들이 발언을 하였는데 EIG 그룹은 발언을 하지 않았다고 했다.

일요일(12월 6일) 오후부터 장관급 촉진자들이 주재하는 비공식 그룹회의 준비를 위해 환경노동위 주최 오찬, 한국 홍보관에서 열리는 지자체 단체장들의 행사 참석을 취소했다. 외교부 대표단과 본부 보고용으로 "파리 기후총회(COP21) 중간보고"를 작성하여 보냈다. 공항 인근 쇼핑 몰에서 오찬 후 회의장으로 갔다. 노르웨이와 세인트루시아 장관이 주재하는 의욕수준과 장기목표, 브라질과 싱가포르 장관이 주재하는 차별화 그룹에는 필자가 외교부 환경부 실무자와 함께 참석하고 이행수단, pre-2020 그룹에는 담당부처별 대표들이 참석토록 했다.

의욕수준과 장기목표를 다루는 그룹은 방향성을 제시할 수 있는 장기목표온도(2℃ 또는 1.5℃)와 이의 합의문 반영 구조, 진전도 측정과 공동 주기 등 폭넓은 질의에 대한 참석 각료들의 의견을 듣는 것으로 시작했다. 필자는 2℃ 목표에서 다소 진전된 "well below 2℃"를 장기온도 목표로 이야기하면서 1.5℃ 목표에 대한 가·부간의 입장을 표명하지 않았다. LMDC그룹을 제외한 다수의 국가들이 1.5℃ 목표 반영에 부정적이지 않고 포괄적인 글로벌 성과점검과 5년 단위 보고 주기에 대해서도 공감이 형성되어 가고 있다는 느낌이 들었다. 차별화 논의 그룹에서 투명성체제에 어떻게 차별화를 반영할 것인가에 중점을 두고 발언을 준비했다. 얼마 전까지만 해도 투명성 분야에서 선진국과 개도국간의 차별화를 거론하던 우리 대표단의 일각에서도 온실가스 다배출 개도국을 거론하면서 투명성 체제의 강화 필요성에 힘을 싣기 시작한 것이다. 그러나 차별화 그룹에서의 논의는 다람쥐 쳇바퀴 돌리듯 각 그룹별 입장이 반복되었고 진전이 이루어지지 않았다.

협상 2주차 고위급회의와 남·북한 대표연설

12월 7일(월)~8일(화)간 기후변화협약과 교토의정서의 합동 고위급회의가 개최되었다. 대표단 내부회의(08:20~9:00)와 EIG그룹 전략회의(09:00~10:00)를 마친 다음 바로 고위급 회의가 열리는 La Seine 회의장으로 향했다. 북한 리수용 외무상이 오전 기조 연설자로 예정되어 있었기 때문이다. 합동 고위급회의에서 한국 측 연설자로 예정된 나경원 국회 외교통일위원장도 회의장에 들어왔다. Laurent Fabius 의장은 고위급회의 개막사를 통해 결정을 위한 시간이 도래했다고 하면서 참석 각료들에게 합의문의 타결을 위한 정치적 견해를 공유해 주기를 요청했다. 반기문 유엔사무총장은 파리가 우리의 운명을 결정한다고 하면서 새로운 협정이 탄소 저배출로의 전환이 시급하다는 신호를 민간 분야에 보내야 한다고 강조했다. 이어 유엔총회의장인 덴마크의 Mogens Lykketoft 전 외교장관, IPCC의 이회성 의장, UNFCCC의 Christiana Figures 사무총장이 고위급회의 개막식에서 연설을 했다. 고위급 회의에서 아프리카 스와질랜드 총리 등 정부 수반과 총리급 인사들과 협상그룹 대표들이 연설을 했다. EIG 그룹에서는 리히텐슈타인 환경장관이 대표 연설을 하였다.

북한의 리수용 외무상이 14번째로 단상에 올랐다. 리수용 외무상은 기후변화가 전 지구적 성격을 갖고 있어 국제적 단합을 통해 해결되어야 하며 이를 위해 국제적·지역적 협력과 재정지원 제고가 필요하며 선진국이 자기 역할을 해야 한다고 강조했다. 녹색기후기금(GCF) 지원에 부당한 조건이 부과되고 정치화되는 것을 반대하며 공정성이 보장되어야 한다고 주장했다. 북한은 기후변화 대응을 위한 법적 토대를 갖고 있으며 향후 10년간 63억 그루의 나무를 심어 자연재해를 방지하고 2030년까지 1990년 대비 온실가스 배출량을 37.4% 줄이겠다고 발표했다. COP21 총회개최시까지 INDC를 제출하지 않은 10개국에 속한 북한으로서는 상당히 의욕적인 발표로 여겨졌다. 그리고 북한의 목표치 37.4%가 우리의 목표치 37%보다 약간 상회한다는 게 무슨 의미를 갖고 있나 하는 생각이 들었다. 하루 지난 12월 8일(화) 저녁 20시에 회의장에서 개최된 Laurent Fabius 의장주최로 개최된 수석대표 리셉션에서 통역관을 대동하고 나타난 리수용 외무상을 만났다. 리 외무상의 전날 연설에서 식목을 강조한 것이 인상적이었다고 하면서 기후변화 대응을 위한 남북한 간의 산림분야 협력 필요성을 이야기했다. 리 외무상은 필자의 말에 여러 차례 고개를 끄덕이면서 환경보호국에서 기후 업무를 담당하는 데 이야기해 두겠다고 응답했다. 이날 리 외무상을 수행한 통역은 북한 외무성 국제기구국 직원으로 2019월 6월 30일 트럼프 미 대통령과 김정은 위원장간의 판문점 만남에서 통역관 역할을 하였다.

12월 7일(월) 고위급회의 진행중에 반기문 유엔사무총장이 단상에서 이석하는 기회에 나경원 의원과 함께 짧게 인사 나눈 후 오찬장으로 자리를 옮겼다. 이동 과정에 국회 기후변화포럼 후원으로 COP21 총회에 참가한 청년들과 그룹 사진을 찍었다. 나 의원은 그날 오후 18:30~18:50 간 반기문 사무총장과 별도 면담을 가졌으며 호주의 비숍 외교장관과의 면담은 비숍 장관의 바쁜 일정으로 성사되지 못하였다.

12월 7일(월) 15:00 의욕수준에 관한 장관급 촉진자가 주재하는 협상그룹과의 양자 협의회에 참석했다. 파리합의문의 온도목표, 중장기 감축목표, 국별기여방안의 범위와 제출 주기, 사전 협의절차 및 전 지구적 성과점검 등에 대한 EIG 그룹 입장을 들었다. 필자는 2℃목표를 기본으로 하되 군소도서국가 등 취약한 국가들의 특수한 상황을 반영하는 1.5℃ 목표 인정 문구를 지지한다고 밝혔다. 그리고 5년 주기의 촉진적 성격의 전 지구적 성과 점검을 지지하나 이로 인한 추가적 부담은 없어야 할 것이라는 원론적 입장을 피력했다.

나경원 의원은 12월 8일(화) 고위급회의 오전 세션에서 32번째 연사로 기조발언을 하였다. 재단법인 기후변화센터에서 참석한 고건 전 총리, 유영숙 전환경장관 및 기후환경 NGO 참석자들이 오전 세션을 참관을 하였다. 나 의원은 기후변화가 시급한 글로벌 과제이며 이번 총회에서 새로운 합의가 도출되어야 한다고 강조하고 지난 주말 ADP에서 채택된 파리결과문안을 환영한다고 밝혔다. 신기후체제가 갖추어야 할 요건으로 ▲ 모든 국가들이 자국의 여건과 역량을 반영하여 공동의 장기 목표 달성을 위한 기후행동을 취해야 하며 ▲ 국제사회는 개도국들에 대해 기술개발과 이전, 재정 등 지원을 제공해야 하고 ▲ 모든 국가들이 INDC를 준비하고 충실하게 이행하고 강화해 나가게 하며 ▲ 지자체, 산업계, 시민사회단체 등 모든 행위자들이 기후변화 대응을 위해 협력하는 견고한 토대를 마련하는 것이어야 한다고 지적했다. 한국은 공정하고 의욕적인 INDC를 적시에 제출하였고 기술과 혁신을 통해 기후변화 대응을 신성장 동력창출의 새로운 기회로 삼는 노력을 하고 있다고 했다. 또 한국은 ▲ GCF 및 글로벌녹색성장연구소(GGGI)와의 협력을 통한 개도국 지원 ▲ 개도국의 온실가스 인벤토리 체계(MRV)구축지원 ▲ 제6차 세계 산불 총회 개최 등을 통해 국제사회의 기후대응 역량배양에 기여하고 있다고 설명했다. 그리고 나 의원은 '빨리 가려면 혼자 가고, 멀리 가려면 함께 가라'는 아프리카의 속담을 인용하면서 연설을 마무리하였다. 나 의원의 기조 연설문에는 당초 정상 연설문에 넣으려 했던 사항들이 많이 포함되어 있었다. 그리고 GIR과 산림청의 요청으로 개도국의 온실가스 인벤토리 구축역량지원과 세계 산불 총회 결과가 간단하게 나 의원 연설문에 포함되었다.

　나 의원이 연설을 마치고 나오는 길에 NGO 자격으로 참관한 녹색당인사가 나 의원에게 무슨 자격으로 한국 대표연설을 하느냐고 항의성 질문을 했다. 그리고 필자에게도 협상수석대표인 기후변화대사가 기조연설을 하지 않고 왜 나 의원이 하게 되었느냐고 질문을 했다. 2주차 고위급 회의에서 나 의원이 연설하는 것이 문제가 되지 않는다고 생각한 필자로서는 당황스러운 일이었다. 언제 소집될지도 모르는 수석 대표들 간의 비공식 협상회의 때문에 일정을 유연하게 잡고 있었고 협상 수석대표들이 고위급 회의에서 기조연설하는 사례가 없었다. 더구나 2주차 고위급 회의 개막식행사 이외에는 총회의장이 아닌 부의장이 사회를 보았고 나 의원 연설시에도 총회 부의장인 중국의 Su Wei 국장이 고위급 회의를 주재하고 있었다. 고위급 회의 연설을 마친 나 의원은 한국 홍보관 행사를 위해 떠났고 필자는 대표단 CP로 돌아와 차별화와 의욕성에 관한 비공식협상을 준비했다.

결승점을 향한 막바지 질주와 태클

12월 8일(화) 19:00~20:00 간 Comité de Paris 회의가 열렸고 각 분야별 장관급 촉진자들은 진전사항을 보고했다. 독일 개발장관은 재원(조항)에 진전이 있었다고 보고했고 싱가포르 외교장관은 아직 당사국들이 차별화에 관한 최종 입장을 내놓을 준비가 되어있지 않은 것 같다고 했다. 노르웨이 환경장관은 많은 당사국들이 합의문에 1.5°C 반영을 기꺼이 받아들일 의지를 보였다고 했다. 각 분야별 촉진자들의 보고를 청취한 후 Laurent Fabius장관은 12월 9일(수) 13:00에 지금까지의 협의를 바탕으로 한 'clean text'를 배포할 예정이며 오후 늦게 파리위원회 회의를 소집할 예정이라고 했다. 파리위원회 회의에서 각 분야별 장관급 촉진자들의 진전사항보고가 진행되는 중간에 Fabius 장관은 사회봉을 넘기고 고위급회의 참가 수석대표들을 위한 리셉션 주재를 위해 자리를 비웠다. 필자도 잠시 후에 대표단의 장수미 사무관과 함께 리셉션에 참석하였고 북한의 리수용 외무상을 잠깐 만나 대화를 나누었다. 필자는 기후변화대응을 위한 남·북한간의 공동협력에 대해 설명했고 리 외무상은 북한 담당부서에 이야기해 두겠다고 하였다.

리셉션 후 대표단 CP에 돌아와 자료를 챙겨서 21:30~21:50 간 차별화분야 공동 촉진자들과 EIG 그룹간의 양자협의를 가졌다. 스위스 Franz Perrez 대사가 EIG 그룹을 대표하여 감축, 재정, 투명성체제 등 3개 분야의 차별화에 대한 EIG 공동 입장을 먼저 설명했다. Perrez 대사는 NDC의 범위는 명시적으로 규정하기 보다 각 세션별로 의무사항을 정함으로써 우회적으로 규정하는 방안을 선호하고 감축분야 차별화는 ★ 각국이 스스로 결정하는 NDC에 기초하여 차별화하되 선진국이 선도적 역할을 수행하며 ★ 최빈개도국과 군소도서국의 특수상황을 고려하고 ★ 지원이 필요한 국가에게는 이를 제공하는 것이 되어야 하며 ★ 재원은 선진국의 선도적 역할과 역량 있는 국가(in a position to do so)들도 자발적으로 재원 조성에 참여하고(should) ★ 투명성체제는 공동의 촉진적이고 비징벌적인 체제가 되어야 하고 역량이 부족한 국가들은 지원을 받을 수 있도록 해야 한다고 설명했다.

필자는 EIG 공동입장에 추가하여 ▲감축은 기본적으로 각국이 스스로 결정하는 NDC와 진전원칙을 기본으로 하는 차별화가 실행되어야 하고 ▲ 재원은 선진국의 선도적 재원 조성 역할에 개도국들은 선진들의 역할을 보완하는(complementary) 자발적 역할을 이행하며 ▲ 투명성은 공동의 강력한 체제를 구축하되 체제내 유연성(built-in flexibility)을 부여해야 하고 그 유연성을 국가들이 악용하지 않도록 해야 한다고 했다. 멕시코 대표는 한국 대표의 발언에 전적으로 공감하며 차별화 문제에 대한 실용적 접근이 필요하고 투명성 체제 운영에 역량 부족 국가들을 위한 전환 기간(transitional period)의 도입 필요성을 제기했다. 싱가포르 외교장관은 필자에게 투명성 체제에 내재된 유연성 악용을 방지하는 기준을 어떻게 설정할 것인지를 질의했다. 필자는 감축형태, 국가역량 등 합의된 기준들(agreed parameters)을 기초로 하여 유연성 체제 남용을 방지할 수 있다고 하고 이는 추후 당사국 총회에서 정할 수 있을 것이라고 밝혔다.

밤 늦게 숙소로 돌아오니 이형종 심의관이 나경원 의원의 고위급회의 연설 때문에 여러 국내 언론들이 비판적 보도를 하고 있다고 했다. 나 의원을 정부대표단에 포함하고 고위급회의 기조 연설자로 내세

우게 된 이유에 대해 외교부 상부 기관에서도 궁금해 한다는 것이었다. 나 의원을 포함한 의원들과 취재 기자단, 대통령 행사 수행 및 경호팀들이 대표단에 포함된 것은 기후변화협약 사무국의 안내 때문이었다. 협약 사무국은 정상회의 참가자와 언론의 취재 요청이 당초 예상 규모를 넘어서자 마감 시간을 넘겨 등록을 요청한 모든 취재단과 정상 수행 인원들을 모두 대표단으로 등록토록 하였다. 따라서 나 의원을 비롯한 국회 참석자들과 각계 전문가들을 회의 참석 편의를 위해 대표단에 포함하여 회의 사무국에 등록했던 것이다. 나 의원의 제2주 고위급회의 기조연설에는 필자의 생각도 어느 정도 영향을 미쳤다. COP21 준비가 한창이던 11월 중하순경 외교부 기조실장의 협조 요청을 받고 당초 제2주차 고위급 회의 기조연설을 하지 않기로 했던 생각을 바꾸어 나 의원이 할 수 있다면 해 주는 것도 나쁘지 않을 것 같다는 생각을 했다. 다만 국회의원의 고위급회의 연설 순서가 정부수반, 외교장관, 장관, 특명전권대사 다음이라는 것이 맘에 걸려 이를 나 의원실에 설명하고 양해를 구하라고 했다. 연설 내용은 정상회의 연설문과 보완해서 작성하라고 했다. 그리고 11월 하순에 BIE 총회, 사전협상회의 참석 등을 위해 대표단 결재와 훈령 작성 등을 보지 못하고 파리로 출국했다. 이러한 상황을 본부에 설명하라고 심의관과 과장에게 지시하였다.

12월 9일(수) 07:30~09:00간 파리CDG공항에 있는 쉐라톤호텔에서 개최된 제네바 ICTSD 주최 배출권거래제에 관한 조찬 모임에 참석했다. 여러 정부대표 외에도 프랑스의 Pascal Lamy 전 WTO 사무총장을 비롯한 EU와 미국의 법조계 전문가들이 조찬에 참석했다. 조찬을 마치고 회의장 대표단 CP에 돌아오니 이 심의관이 나경원 의원의 고위급회의 연설로 인한 논란이 확대되고 있다고 했다. 맘이 그리 편치 않았고 연일 계속되는 강행군 탓인지 심신이 지쳐 있음을 느꼈다. 한 국 홍보관 행사 축사를 위해 회의장에 나온 나 의원을 잠시 만났다. 나 의원은 자신의 고위급회의 연설에 대한 논란이 확대되는 것을 오히려 반기는 듯했다. 나 의원이 필자에게 나쁜 영향이 있을까 염려된다고 하여 필자는 그럴 일이 없을 것이라고 했다.

합의 도출을 위한 인다바(Indaba) 회의

12월 9일(수) 오후 1시에 ADP가 작성한 파리결과문안의 수정본이 처음으로 '기후변화협약하의 파리협정'(The Paris Agreement under the UNFCCC)이란 명칭으로 배포되었다. 29페이지로 이루어진 파리협정문 에는 미합의 부분이 많이 줄었지만 아직 정치적 결정을 필요로 하는 난제들이 상당수 남아 있었다. 오후 3시에 열린 파리위원회 회의에서 Fabius 의장은 차별화, 재원, 협정의 의욕성이 정치적 결정을 요하는 사안들이라고 밝히면서 비공식 협의를 가속화 해 줄 것을 협상대표들 에게 요청했다. 오후 8시에 다시 소집된 파리위원회 회의에서 Fabius 의장은 작업방식으로 차별화의 공통된 항목, 재원 및 의욕성에 대한 "Indaba" 협의를 진행할 것이라고 밝혔다. 그리고 손실과 감축, 대응조 치, 협력적 접근과 시장 메커니즘, 전문(preamble) 등은 COP20 의장이 었던 페루 환경장관이 Indaba 협의를 진행할 것이라고 했다. Indaba 회의란 남아공의 줄루 족들이 공동의 문제를 해결하기 위해 공동체 대 표를 모아 진행하는 회의를 의미하며 남아공 더반에서 열렸던 COP17 에서 더반 결정문 최종 타결을 위해 활용되었던 적이 있었다. G−77/

중국 그룹의장으로 협상과정에 핵심적 역할을 담당하고 있는 남아공을 배려한 것 같은 느낌을 받았다. 각 협상그룹 수석대표들이 참가한 회의에서 합의된 사항을 비록 참가하지 못했더라도 수락하라는 무언의 압력을 주는 회의였다.

회의장 복도에서 마주친 싱가포르 곽 대사가 필자의 얼굴을 보더니 좀 쉬라고 권했다. 오늘 저녁보다는 목요일이나 금요일이 중요할 것 같다는 생각을 이야기했다. 대표단 CP로 돌아와 이 심의관에게 저녁 파리위원회 회의를 부탁한다고 하고 저녁을 먹고 숙소로 돌아왔다. 회의 마지막 날까지 컨디션을 유지하기 위해서는 휴식이 필요하다는 생각으로 항생제를 복용하고 일찍 자리에 들었다. 새벽 1시경에 호텔 방 전화가 요란하게 울렸다. Indaba 회의에 참석하고 있는 이 심의관이 상황이 심상찮으니 회의장으로 왔으면 좋겠다고 했다. 무슨 일이냐고 물으니 협상 진전 속도가 빨라 아무래도 저녁에 타협안이 나올 것 같다는 것이었다. 누가 회의를 주재하고 있느냐고 물으니 Tubiana 대사가 진행하고 있고 진전이 빠르면 Fabius 장관이 나올 것 같다고 했다. 전화를 끊고 잠시 생각해 보다가 이 심의관에게 전화하여 회의장에 나가기 어렵다고 하고 자리에 들었다. 합의 문안 도출이 첫 번째 인다바 회의에서 이루어질 수 없다고 판단하면서.

12월 10일(목) 오전 회의장은 다소 조용한 분위기였다. 전날 인다바 회의가 새벽녘에 끝난 탓이었다. 외교부 기후변화환경과에서 경향신문의 "한국정부, 기후협약총회에 왜 불참했나/나경원이 기후총회연설/한국정부 실종"이란 기사에 대해 배포한 언론대응자료를 보내왔다.

대표단 내부회의를 가진 후 지금까지 수정되어 온 파리협정 문안 중에 우리가 수용할 수 없는 조항이 있는지와 우리가 반드시 포함시켜야 할 문구가 무엇인지에 대해 검토했다. 감축 조항에서는 국가결정기여(NDC)를 통해 제출한 감축 목표달성이 국제법적 구속성을 지녀서는 아니 된다는 점과 우리가 이미 배출권 거래시장을 운영하고 있고 INDC에 국제배출권 사용을 명시하였음에 따른 배출권거래제 도입, 그리고 재원 분야에서 선진국과 차별화되는 국가들의 자발적 기여와 인천 송도에 본부를 둔 GCF의 재원 운영기구 지정 등을 우리 대표단이 반드시 지켜야 할 입장으로 정했다. 그리고 이러한 입장을 수석 대표들간의 협의 및 COP21 의장국과의 양자 협의 등에 제시하는 것으로 방침을 정했다. 12월 10일(목) 오후 3시에 개최 예정이었던 파리위원회 회의가 저녁 7시로 연기되었다가 마침내 저녁 9시에 소집되었고 Indaba 회의 결과를 반영한 수정된 파리협정문안이 배포되었다.

Fabius 의장은 차별화의 가장 복잡한 사안들과 재정과 의욕성 분야에 아직 미합의 문구가 남아 있다고 밝히고 우리 모두가 최종점(the finish line)을 앞둔 만큼 "해결을 위한 인다바"(an Indaba of solutions)를 2시간 30분 후에 개최하겠다고 했다. 각국 수석대표들은 2시간 반 동안 타협점을 도출할 수 있도록 각자의 입장을 검토해 달라고 했다. 새로이 배포된 문안에 우리가 반드시 반영하거나 지켜나가야 할 사항들이 어떻게 되었는지 살펴보았다. 국제 배출권 시장의 도입여부가 일부 중남미 국가들의 반대로 합의가 도출되지 않고 있었다. 특히 브라질이 지속발전 메커니즘 활용의 전제로 절대감축목표치를 주장하고 있는 것이 우려 사항이었다. 그래서 Indaba 협의 및 의장국과의 양자 협의에서 시장메커니즘의 파리합의문 반영에 우선순위를 부여하는 발언문을

생각했다. 시장메커니즘 분야에서 프렌즈 그룹을 구성하여 긴밀히 협
의해 온 뉴질랜드 대표와도 입장을 공유하고 파리합의문에 배출권거래
제와 같은 시장메커니즘의 반영을 위해 같이 노력하고 탄소시장에 관
한 공동선언문을 작성하여 발표하기로 했다. 주요경제국포럼(MEF) 회
의와 같은 비공식 각료급 기후협상에서 역량을 발휘한 뉴질랜드 Tim
Groser 기후변화·통상장관의 적극적 역할을 기대할 수 있었기 때문이
다. 회의장에서 조우한 마샬제도의 deBrum 외교장관은 필자에 1.5℃
를 장기목표로 언급해 주면 좋겠다는 요청을 했다.

12월 10일(목) 22:30에 Fabius 의장이 주재하는 인다바 회의가 개
최되었다. 미국의 존 케리 국무장관, 호주의 쥴리 비숍 외교장관, EU
기후집행위원과 영국의 기후에너지장관 등 낯익은 모습들이 시간에 맞
춰 회의장에 나타났다. EIG 그룹에서는 스위스와 멕시코의 환경장관,
그리고 필자가 테이블 앞자리를 차지했다. 특별한 지정석이 없고 협상
그룹별로 자리를 같이하는 관행이 있어 일찍 회의장에 입실한 동료들
이 자리를 맡아 주기도 했다. 부지런한 EIG 회원국들이 테이블 앞자리
를 5개 확보하였으나 의장국과 사무국에서 3자리만 가지라고 권유를
해서 모나코와 리히텐슈타인이 뒷자리에 앉았다.

Fabius 의장은 모두 발언을 통해 더 이상 일반적인 연설은 곤란하
며 합의문의 의욕성(2.1조), 감축 차별화(3.3조), 재원(6.1조), 투명성(9조)
및 미합의 조항에 대한 구체적 입장을 밝혀 줄 것을 요청했다. 중국은
파리협정이 기후변화협약의 이행강화를 위한 것임을 강조하고 수정본
이 상당히 간략화되었음을 평가하였다. 인도 환경장관은 INDC의 창의
적 역할을 강조하면서 선진국과 개도국의 차별화가 각 영역에서 반영

되어야 한다고 주장했다. 미국의 존 케리 국무장관은 21세기에 선진국과 개도국의 분리는 무의미하며 CBDR/RC에 입각하여 각국이 기후변화대응을 취하는 때임을 강조했고 호주의 외교장관도 동일한 요지로 논리를 전개했다. 인다바 회의에 첫 등장한 모 국가의 환경장관은 발언문을 읽어가다가 페이지를 혼동하여 발언을 중단하는 해프닝도 있었다.

Fabius 의장이 Tour de Table 방식으로 발언권을 부여하여 마침내 순서가 EIG 그룹으로 넘어왔다. 스위스 환경장관에 이어 필자는 먼저 괄호 안에 들어있는 시장 메커니즘 관련 문구의 합의문 포함을 주장했다. 각 당사국이 파리합의문의 효과적 이행을 위해 다른 당사국과 협력하여야 하며 이미 많은 당사국들이 온실가스 감축을 비용 효과적으로 하기 위하여 배출권거래제와 같은 시장메커니즘을 도입하고 있는 현실을 반영해야 한다고 했다. 파리합의문의 의욕성을 높이고 기후변화 취약국들의 우선순위를 반영하는 차원에서 장기목표로 1.5℃을 인정할 수 있다고 했다. 그리고 감축의 목표로서 정점(peaking)개념을 도입하는 조항 작성을 지지한다고 밝혔다. 재원문제에 대해서는 스위스 장관이 EIG 공동 입장으로 선진국의 선도적 역할과 여타국가들의 자발적 공여를 강조하였기에 더 이상 언급하지 않았다.

차별화 등 핵심 난제에 대한 소규모 장관급 회의가 옆 방에서 수시 소집되었다. Fabius 의장은 12월 11일(금) 05:30에 인다바 회의를 종료하면서 12월 12일(토) 09:00 파리위원회 회의를 소집하여 파리협정 수정문안을 제출하겠으며 12월 11일(금)에는 차별화와 최고의 의욕수준을 위한 의장단과 협상그룹별 장관급 비공식 협의회를 가질 예정이라고 밝혔다. 숙소로 돌아와 잠시 휴식을 취한 후 외교부 대표단들과 파리 시내 한식당 우정에서 늦은 점심식사를 했다. 식사 후 Trocaderot 광장에서 에펠탑을 향해 사진을 찍으면서 모처럼 여유를 즐기는데 프랑스 의장단과의 EIG 그룹 수석대표들과의 양자협의가 18:00로 정해졌다는 연락이 왔다. 양자 협의 준비를 위한 회의장 대표단 CP로 돌아와 이메일을 점검했다.

GCF의 Hela Cheikhrouhou 사무총장이 "Confidential for your eyes only"라는 주의와 함께 12월 10일(목) 저녁에 배포된 Draft Paris Outcome(version 2)의 협정 제6조(재원)의 재정체제(FM)의 미래가 분명하지 않다고 하면서 제6조 3항 또는 9항 말미에 추가할 옵션 2개를 송부해 왔다. 수신자는 필자, 멕시코, LDC 대표, 중남미 그룹대표, 군소도서국 대표로 되어 있었다. GCF 사무총장이 보내온 1번 안은 "A significant share of new climate finance will flow through the operating entities under the financial mechanism of the Convention.", 2번 안은 "the level of financial resources through the operating entities under the financial mechanism of the convention will grow significantly over time."이었다. 앞으로 조성될 기후재원의 큰 몫을 GCF가 확보하지 못하며 신생 기구로 또 다른 재원기구인 GEF와 다자개발금융기구(MDIs)와의 경쟁에서 밀릴 것이라는 우려는 GCF 사무총장으로서 당연히 가져야 할 사항이었다.

그러나 문제가 간단한 것이 아니었다. 2015년 8월과 10월 ADP 협상에서 필자는 2015 합의문하의 재원 운용기구 지정과 GCF의 역할 증대를 G-77/중국 협상대표인 필리핀의 B. Muller와 논의했다. 노련한 협상가인 Muller와는 1996년 주필리핀 대사관 근무 때부터 아는 사이이고 몬트리올의정서, 생물다양성협약 등에서 함께 일해 본 적이 있어 친한 사이였다. 당시 필자는 GCF가 신기후체제에서 핵심 역할(primary role)을 할 수 있어야 한다고 주장하였다. 그러나 선진국뿐만 아니라 개도국들의 반응이 그리 호의적이 아니었다. 그 이유는 서로가 달랐는데 선진국은 GCF의 의사결정구조가 만장일치제이며 너무 정치색이 강하게 논의가 진행된다는 것이었고 개도국은 GCF가 제대로 일을 못하면서 너무 욕심만 내고 있다는 것이었다. 그런 가운데 GCF를 GEF와 함께 파리협정하의 재정운용기구로 지정하는 것을 총회결정문에 반영하였으나 GCF의 미래 재원규모에 대해서는 합의를 도출할 수 없는 상황이었다. GCF 사무총장의 이메일 내용이 민감한 것이었기에 멕시코 대표와 이야기를 나눠 보았지만 난색만 나타낼 뿐이었다. 우리 대표단의 재원 담당대표도 현재 파리결과문안의 내용이 수용 가능하다고 했다. 의장단과의 양자 협의에서 기후가 되면 거론해 보겠다는 생각을 했지만 그럴 기회가 없었다.

12월 11일(금) 18시에 의장단과의 양자협의에 들어갔다. Fabius 장관과 Tubiana 대사가 협정문 협상 진전상황과 12월 12일(토) 진행일정에 대해 설명해 주었다. Fabius 장관은 09:00시에 파리위원회를 개최하며 Hollande 대통령의 간략한 모두 발언 이후 파리협정문안을 배포하고 12시에 다시 회의를 소집하여 파리협정을 채택할 계획이라고 했다. 파리협정에 선진국과 개도국의 분리(bifurcation)가 불가피하다고 보고 이를 최소한의 수준으로 반영하였으며 이는 진화(evolution)를 동결하려는 것이 아니라 배려와 균형(care and balance)을 보여주는 것이라고 했다. 그리고 1.5℃ 목표는 군소도서국들에 대한 정치적 고려로

서 장기목표로 노력해 가는 것이라고 밝혔다. 각 당사국이 각자의 입
장에 집착할 때 해결책이 없으며 어느 일방이 100% 만족하는 협상은
없음을 강조하고 각 당사국의 수석대표들이 유연성을 보여줄 것을 요
청하면서 파리 총회의 실패는 코펜하겐 총회가 보여주었듯이 재앙이
될 것이라고 경고했다. EIG 대표들은 의장국인 프랑스의 중재 노력을
평가하고 지지의사를 표명하였다.

대표단 CP로 돌아와 의장단과의 양자 협의 결과를 알려주고 본부
에 보낼 파리협정문안 수용 건의 전문을 준비하고 본부 국장과 실무자
들에게도 내일 전문이 발송된다는 것을 미리 알려 주라고 지시했다.
대책회의 중에 12월 12일(토) 파리위원회 소집 시간이 11:30으로 연기
되었다는 소식이 왔다. 연합뉴스 파리 주재 특파원과 저녁 시간에 만
나 진행사항을 설명하고 인터뷰를 가졌다.

숨 가쁜 질주와 역사적인 파리협정 채택

12월 12일(토) 평소보다 늦게 아침식사를 하고 있는 때에 박꽃님
사무관이 당황한 모습으로 나타났다. 뒤늦게 스위스 대표가 보내온 메
일을 확인했는데 09:30에 COP 의장단과 EIG 그룹 수석대표들간의 양
자협의가 공지되었다고 한다. 차량 준비를 지시하고 회의 준비를 해서
로비에 내려오니 같은 호텔에 묵고 있는 멕시코 협상 수석대표도 허겁
지겁 내려왔다. 둘이서 같이 차를 타고 회의장에 도착, 보안 검색을 마
치고 의장단 사무국까지 수백 미터를 뛰어갔다. 의장단과의 양자 회의
실에 도착하니 스위스 대표가 기다리고 있었다. 의장국을 대표하여

EIG그룹과의 소통을 담당하는 주유엔 프랑스 대사가 보좌관과 함께 나타나서 파리협정문이 미합의 문구 없이 작성되었음을 알려 주었다. EIG 그룹 수석대표들에게 지금까지 수정된 협정 문안중에 반드시 포함되어야 하거나 포함되지 말아야 할 사항이 있는지를 말해 주면 자신이 확인해 주겠다고 했다. 시간 절약을 위해 이러한 방식의 양자협의를 진행한다는 것이었다. 스위스 대사는 모든 당사국에게 차별없이 적용되는 법적 구속력을 지닌 파리협정을 기대한다고 하였다. 필자는 파리협정 이행을 위한 시장 메커니즘의 활용과 INDC 목표의 국제법적 비구속성을 우선적으로 거론했다. 멕시코 대표는 적응의 글로벌 목표와 글로벌 성과점검을 거론했다. 프랑스 대표는 모든 사항이 반영되어 있다고 했다. 그리고 11시 30분에 파리위원회 회의가 소집되며 올랑드 프랑스 대통령과 반기문 유엔사무총장이 참석할 예정이고 협정과 결정문으로 구성된 파리결과물 최종안이 소개될 예정이라고 했다. 그리고 최종안은 13시 30분에 6개 유엔 공용어로 번역되어 UNFCCC 홈페이지에 게재될 예정이며 15시 45분에 채택을 위한 COP21 총회가 개최된다고 하면서 파리협정의 순조로운 채택을 위한 EIG 그룹의 지지와 협조를 당부했다.

프랑스 의장단과의 양자 협의회가 마친 직후인 오전 10시에 CP에서 대표단 전체회의를 소집했다. 파리협정과 결정문의 최종안 내용이 "선진국과 개도국의 명시적 구분 없이 각국이 자국의 역량과 여건에 따라 기후 행동을 강화시켜 나가고자 하는 우리의 기본 입장과 맥락을 같이 하고 세부조항들도 우리 훈령 범위를 벗어나지 않음을 감안하여 우리 대표단을 파리협정과 관련 결정문 채택을 지지하겠다"는 요지의 청훈을 본부에 긴급 타전하기 전에 각 부처의 입장을 물었다. 총리실,

12월 12일 오전 파리협정문안 지지를 결정한 대표단 대책회의 후 다들 환하게 웃는 모습

산업부, 환경부 등 모든 부처 대표들이 동의 입장을 보였다. 본부에 지지 청훈 내용에 별도 의견이 있을 경우 파리시각 16시까지 긴급 지시를 달라고 했다. 그리고 이 심의관과 과장에게 주말인 만큼 본부 국장과 담당과 실무자에게도 청훈 내용을 전달하라고 했다. 아울러 파리협정 채택을 환영하는 보도자료를 관계부처와 공동으로 발표하도록 문안 작업을 마친 후 필자는 바로 스위스 환경장관의 요청으로 멕시코 수석대표와 함께 파리협정 채택이후 밝힐 EIG 그룹 입장 작성을 위해 모임을 가졌다.

12월 12일(토) 11시 30분 파리위원회가 개최되었고 Fabius 의장은 파리협정문이 불가능한 것처럼 보였던 차별화되고 공정하며 견고하고 역동적이며 균형되고 법적 구속력을 담은 제반 원칙들을 포함하고 있다고 소개했다. 반기문 유엔사무총장은 세계가 마침내 긴 여정을 마무리하는 순간에 도달했다고 하면서 파리협정은 역사적인 문서로 세계를 저탄소 기후탄력적 경로로 이끌게 될 것이라고 하면서 모든 국가들이 타협의 정신으로 마무리할 것을 당부했다. Hollande 대통령은 역사를 만드는 시간이 왔으며 마침내 협상의 결정적인 순간에 도달하였으며 당사국들은 합의를 원하느냐는 질문에만 답해야 한다고 했다. 파리에서 의욕적이면서도 실용적인, 기후변화에 관한 첫 보편적인 협정을 채택함으로써 세계를 변화시키는 기회를 만들어야 한다고 강조했다.

Fabius 의장은 협정과 결정문을 6개 유엔 공용어로 번역하여 13시 30분에 UNFCCC 웹사이트에 게재하겠으며 17시 30분에 회의를 속개하겠다고 선언했다. 그러나 파리위원회는 17시 30분에 속개되지 못하였다. 공식적으로는 파리협정안과 결정문안을 6개 공용어로 번역하지 못하였다는 것이었으나 실제로는 일부 문구에 대한 일부 대표단 설득이 순조롭게 진행되지 못했다. 13시 30분에 배포된 파리협정안(FCCC/CP/2015/L.9)의 제4조 4항 때문이었다. 협정안 제4조 4항은 차별화의 핵심 사안중의 하나로 "선진국 당사자는 경제 전반에 걸친 절대량 배출 감축 목표를 약속함으로써 주도적 역할을 지속하여야 한다. (이하 중략)"는 것으로 영어표현으로는 "Developed country parties shall continue taking the lead by undertaking economy−wide absolute emission reduction targets.(⋯)" 으로 되어 있었다. 미국 협상팀은 동 조항의 "shall"이 법적 구속력을 지닌 법률 용어로서 받아들일 수 없고 지금까지 협상과정에서도 권유형인 "should"로 표현되어 왔음을 지적했다. UNFCCC 사무국에서도 "should"가 맞으며 기술적 실수(typo)로 인해 "shall"로 표현되었다고 하면서 이를 수정하겠다고 했다. 그러나 니카라과 대표를 위시한 일부 강성 개도국들이 동 조항은 선진국과 개도국 차별화의 핵심 사항으로 shall 표현을 수정하는 것은 불가하다는 의사를 밝혔다. 특히 니카라과 대표는 이를 수정할 경우 컨센서스 채택에 반대하겠다고 했다. 파리위원회를 잠시 정회하고 니카라과 대표를 설득하려는 다양한 외교적 노력이 전개되었으나 니카라과 대표는 입장을 양보하지 않았다.

마침내 저녁 7시 16분에 파리위원회가 속개되었고 법률검토위원회의 보고가 있었다. UNFCCC 사무차장은 법률검토위원회의 심의 결과를 반영한 파리 협정안의 기술적 수정사항을 설명했다. Fabius 의장은 기술적 수정사항을 반영한 파리협정안과 결정문안(FCCC/CP/2015/L.9/Rev.1)을 파리위원회 전체회의에 상정하고 이를 만장일치로 채택한다고 선언했다. Fabius 의장의 회의 진행 속도는 정말 숨이 가쁠 정도였다. 니카라과 대표는 발언권을 신청했으나 수많은 참석자들의 환호와 박수 속에 묻혀 버렸다. 러시아 협상대표 Oleg는 휴대폰을 갖고 필자 앞 테이블에서 발언권을 신청하는 니카라과 대표 모습을 연신 찍어댔다. Fabius 의장은 발언권을 주지 않고 파리위원회를 종료함과 동시에 COP21 총회(plenary)의 재개를 선언하고 파리협정문을 채택의제로 상정했다. 그리고 1초의 여유도 주지 않고 컨센서스로 The Paris Agreement를 담은 결과문서가 채택되었음을 선언하였다. 파리위원회가 공식 종료된 시간이 오후 7시 25분이었고 COP21 총회가 재개되어 파리협정을 공식 채택한 시간이 오후 7시 29분으로 기록되었다. 2011년 12월 COP17에서 Durban Platform 채택으로 시작된 post-2020 신기후체제 출범을 위한 협정 채택협상이 2015년 12월 12일 19시 29분에 마무리된 것이다.

파리협정 채택의 의미를 새기는 시간

Fabius 의장은 협정 채택 열기가 가라앉기를 기다렸다가 협상 그룹별 대표들에 발언 우선권을 주겠다고 하고 G-77/중국을 대표한 남아공 대표에게 첫 발언권을 주었다. 남아공 대표는 더반에서 시작한 긴 여행이 마침내 한 단원의 막을 내리게 되었다고 하면서 넬슨 만델라의 "It always seems impossible until it's done."이란 명구를 인용했다. 파리협정이 완벽하지는 않지만 앞으로 강화된 행동을 위한 견고한 기반이며 중요한 전환점이라고 평가하고 개도국에게도 기존 체제에 없던 새로운 의무가 부과되는 만큼 선진국들이 행동을 강화해 나가면서 개도국에 대한 지원을 강화해 나가는 것이 무엇보다 중요하다고 밝혔다. 그리고 파리협정 이행 결정문에 근거한 기술적 작업과 2020년 이전 재원 규모 증대를 위한 국제적 노력 강화 필요성을 강조했다. Umbrella 그룹을 대표한 호주의 비숍외교장관은 파리협정의 채택을 축하하면서 이 협정은 모든 국가들이 상황변화와 능력에 맞게 기후행동을 취하고 행동에 있어 더 후퇴하지 않도록 하는 협력 강화의 기반이 되었다고 평가하였다. 니카라과 대표는 의장이 협정 채택 과정에 자신의 발언요청을 인정해 주지 않은 것에 유감을 나타내고 INDC가 1.5℃ 목표 달성을 이루지 못할 경우 역사적 책임과 기후정의에 근거한 지구탄소예산(global carbon budget) 도입과 보상기금의 설립을 허용하는 조항을 협정에 포함해야 함을 다시 한 번 강조했다. 그리고 협정에 유보를 기록할 수 없음을 개탄한다고 밝혔다.

EIG그룹을 대표한 스위스 환경장관은 모든 국가들이 파리협정에 근거하여 2℃ 또는 1.5℃의 목표하에 NDC를 5년마다 제출하고 적응계획과 행동을 촉진하며 이행수단 동원과 기후분야 투자에 재원을 투입하게 되었으며 협정이 법적 구속성, 의욕성과 공정성을 갖추고 있으며 기후변화대응과 미래 사회의 개발을 위한 토대를 동시에 제공하고 있다고 평가했다. EU 기후집행위원은 파리협정이 의욕적이고 공정하며 법적 구속력을 지닌 역사적 협정으로 안보와 안정을 제공하는 이정표이며 장기목표, 5년 주기 점검, 진전원칙 등을 포함하고 있는 것을 평가하였다. 그리고 오늘은 축하를 나누지만 내일은 행동해야 한다고 하면서 EU는 "The High Ambition"그룹으로 2020 기후재원 조성을 확대하고 예측 가능하게 할 것이라고 밝혔다.

이집트와 수단은 아프리카를 대표하여 아프리카 국가들의 특별상황을 고려한 지원 증대와 차기 부속기구회의(SB44)에서의 특별 논의를 요청했다. CARICOM을 대표한 세인트루시아 외교장관은 파리협정을 다자주의의 승리하고 평하고 1.5℃ 목표설정과 손실과 피해를 협정에 반영함으로써 높은 의욕성을 보였다고 했다. AOSIS 그룹을 대표한 몰디브 환경장관은 역사는 오늘 우리가 한 일을 평가하는 것이 아니라 오늘부터 앞으로 우리가 한 일을 갖고 평가하게 될 것이며 세계 각국이 기후변화대응에 높은 결단을 보여주었다고 했다. AILAC를 대표한 콜롬비아는 파리협정에 인권과 양성평등이 반영되었고 모두에 적용될 뿐 아니라 모두에게 속하는 협정이라고 평가했다. 열대림국가연합(Coalition for Rainforest Nations)을 대표한 파나마는 정부 및 비정부기구가 REDD+사업에 참여하게 된 것을 환영하였다. Arab 그룹을 대표한 사우디는 협정 채택을 환영하면서 지속발전을 달성하는 기회를 제공할 것이라고 평가했다. 최빈개도국(LDC) 그룹을 대표한 앙골라는 파리협정이 모두에게 적용되고 주기적 검토, 글로벌 성과점검과 특별 필요성

고려 등을 통해 1.5℃ 목표달성을 위한 진전을 권장한다고 평가하였다.

협상 그룹별 대표들의 발언 순서가 끝나고 단상에 자리한 Hollande 대통령, 반기문 유엔사무총장 및 Christiana Figueres UNFCCC 사무총장이 파리협정채택 축하 메시지를 전했다. Hollande 대통령은 파리협정이 출발점이며 그동안 각국 정상들의 의지 표명, 당사국들의 INDC 제출, 비정부 행위자들의 기후행동 참여 등을 통해 야심찬 결과를 도출하게 되었다고 평가하고 프랑스는 온실가스 감축목표를 2020년까지 수정하고 취약국가에 대한 적응 지원활동을 증가시키겠다고 약속을 했다. 그리고 투자의 방향 전환을 위한 탄소가격제 도입을 위한 연대에 모든 국가들의 참여를 요청했다. 반기문 사무총장은 지구평균기온 상승을 1.5℃로 제한하기 위해 노력한다는 목표와 손실과 피해 분야 국제협력강화 조항 반영을 성과로 거론하면서 파리협정의 채택이 지구와 인류를 위한 기념비적 성공이라고 평가하였다. 향후 과제로서 현재 규정된 의욕 수준을 하한선으로 하여 5년 주기의 검토를 통해 수준을 강화해 나가며 감축과 적응 행동을 균형있게 지원하고 선진국들은 재원조성과 기술개발 및 이전, 역량배양 지원에 주도적 역할을 하고 개도국들은 역량에 부합하는 증가된 역할을 해야 한다고 강조하였다. Figueres 사무총장은 파리협정이 정부, 개인과 비정부간기구 등 모두가 수년간 쌓아 온 노력의 결과이며 이제 21세기 남은 기간 동안 안전한 성장을 가져오는 토대가 될 것이라고 평가했다.

터키 대표는 자국의 특수한 상황에 대해 COP21 의장이 협의를 진행하여 줄 것을 요청하였고 Fabius 의장은 그렇게 하겠다고 했다. 중국 대표는 개선의 여지는 있지만 파리협정이 그간의 노력을 통해 공정하고 정당하며 포괄적이고 야심적이며 효과적이고 견고하다고 평가하고 감축과 적응, 행동과 지원의 균형을 반영하고 있다고 환영했다. 또한 선진국들이 개도국에 대한 지원공약을 준수할 것을 강조하고 중국은 발전단계 등 국내 여건을 고려하면서 국제적 의무를 다할 것이며 INDC를 충실히 이행할 것이라고 밝혔다. 미국 대표는 파리협정이 기후변화의 황폐한 결과를 방지하고 청정에너지 경제로의 전환에 기여할 것이며 시장에 중요한 신호를 보내어 투자가 저탄소 경제 전환을 향해 유입되고 시장에 기술혁신을 불러오는 새로운 길을 열게 되었다고 평가하였다. 파리협정이 완벽하지는 않지만 앞으로 이를 이행하고 이를 토대로 기후변화 대응을 강화해 나가는 것이 주요 과제라고 하였다. 인도는 파리 협정이 취약국에 대한 고려, 기후정의 인정, 형평성과 CBDR 등 협약의 원칙에 기반하고 각 부분에서 차별화가 반영하고 있는 것을 평가하고 파리 협정의 목적 달성을 위한 선진국들의 역사적 책임을 강조하였다.

필자도 발언을 신청하고 기다렸으나 순서가 언제 올지 알 수가 없었다. 긴 회의 시간에 지친 많은 고위급 대표들이 자리를 이석한 10시 반경에 필자는 동석해 있던 외교부 이 심의관에게 마무리를 부탁하고 자리를 떠났다. 12월 13일(일) 아침 일찍 파리 시내에서 모 TV 방송국 특파원을 만나 인터뷰를 하기로 했기 때문이다. 숙소로 오는 길에 함께 따라 나온 박 사무관, 김진수 사무관과 간단히 저녁 식사를 하면서 지난 1년 반 동안 필자를 도와준 고마움에 감사를 전했다. 파리협상이 본격화된 bad timing에 협상호의 선장역인 기후변화대사로 부임하여 임무를 성공적으로 완수하였다. 때에 따라 힘들고 고달픈 과정도 있었지만 보람이 더 컸다는 생각을 하면서 잠자리에 들었다.

파리 총회 그 이후: 보람과 아쉬움이 교차하는 시간

12월 13일(일) 이른 아침을 하고 9시에 파리 샹젤리제에 있는 방송사 사무실을 방문하여 인터뷰를 마치고 나와 샹젤리제 거리 카페에서 커피를 마시고 있는데 조태열 2차관에게서 문자가 왔다. "이렇게 큰 회의를 하는 데 최종 협상결과에 대한 본부 청훈 및 관계부처 장·차관 차원에서의 검토·보고 과정이 전혀 없었다"는 요지였다. 어찌 된 영문인가 싶어서 조 차관에게 바로 국제전화를 해서 토요일에 긴급 청훈 전문을 보냈고 16시까지 본부의 별도 의견이 없어 전문에 청훈한 대로 조치했다고 했다. 조 차관은 자기뿐만 아니라 윤 장관도 긴급전문에 대해 보고 받은 바 없다고 한다면서 경위를 알아보라고 했다. 정말 당황스런 순간이었다.

그래서 숙소에 있는 담당 과장에게 긴급전문 발송여부를 주프랑스 대사관에 확인하라고 했더니 대표단이 요청한 대로 발송되었고 본부 접수도 확인했다고 한다. 본부 과에 남아서 실무를 챙기고 있는 김리라 사무관에게 확인했더니 토요일 저녁 긴급전문을 받고 바로 국장에게 보고하였으며 장·차관 보고 여부는 알지 못한다고 했다. 더 자세한 상황을 알아볼 수가 없어 조 차관에게 다시 전화를 해서 긴급 전문을 보낸 시간과 대표단과 본부 실무자 간에 오간 메시지 내용을 간략하게 설명을 했다. 조 차관은 장관과 함께 담당 국장을 호출하여 상황을 파악하였다고 하면서 어떻게 그런 내용의 전문을 윗선에 보고조차 않은지에 대해 의문을 표했다. 돌이켜 보니 불과 사흘 전 목요일에 조 차관과 통화 후 담당국장에게 전화하여 상부에 자주 보고해 달라고 부탁한 생각이 떠올랐다. 담당국장은 장·차관의 지시에 따라 월요일에 관계부처 국장급 회의를 소집해서 대표단의 청훈 전문을 승인하는 방식을 취하려고 했다. 그러나 관계부처는 모두 토요일 저녁에 장·차관 보고가 끝난 상황이라 필요 없다고 했고 청와대 외교부서에서 근무하는 실무자도 일요일 새벽에 보고서를 대통령에게 올렸다고 하면서 추가 조치 필요성에 대해 고개를 갸웃거렸다. 필요 절차에 따라 본부에 청훈하였고 만약의 경우를 대비한 입장까지 건의한 필자로서는 맥이 빠지는 느낌이었다. 그리고 이날의 해프닝은 그 후 필자의 신상에도 영향을 미치게 되었다는 생각이 들었다.

약 3주간의 파리 출장을 마치고 12월 13일 저녁 귀국길에 올랐다. 파리 CDG공항에서 BIE 로세르탈레스 사무총장과 케르켄테즈 보좌관을 만나 12월 15일(화) 부산 방문과 12월 16일(수) 서울에서의 국제박람회 컨퍼런스 일정에 대해 논의하였다. 필자도 12월 15일(화) 부산시가 주선한 2030 박람회 후보지를 BIE 사무총장 일행과 함께 방문할 예정이었다. 그러나 12월 14일(월) 오후 서울 도착하여 장관 보좌관과의 통화한 후 12월 15일~16일간의 부산 방문일정을 취소하였다. 윤 장관이 필자의 부산 방문일정에 대해 불쾌감을 나타내고 있으니 사무실에 출근해 상황을 보고하는 게 좋겠다고 했다. 알았다고 하고 조 차관에게 전화를 해서 상황을 이야기했다. 조 차관이 필자의 부산 방문 보고를 장관에게 미처 이야기하지 못했다고 했다. 얼마 후에 조 차관이 전화를 해서 윤 장관에게 필자의 부산 출장에 관해 이야기하였으니 출장 여부는 필자가 알아서 판단하면 좋겠다고 했다.

12월 15일(화) 부산 방문일정을 취소하고 사무실에 출근하여 장관실에 보고를 갔다. 윤 장관은 파리협정 채택을 위한 마지막 단계에서 보고 누락으로 인해 기후외교 홍보를 제대로 하지 못한 것에 대해 아쉬움이 섞인 질책성 이야기했다. 그러나 사태의 경과를 파악한 탓인지 정도가 심하지 않았고 내용에 필자도 전적으로 공감했다. 당시 심신이 지쳤지만 좀 더 신경을 써서 파리에서 통화보고를 하였으면 모든 게 잘 마무리될 수 있었는데 하는 아쉬움이 들었다. 조 차관도 마지막 단계에서의 보고누락에 대한 아쉬움을 이야기했다. 외교부 출입기자단을 위한 설명회는 이틀 후인 목요일에 갖기로 했다. 이미 파리협정 채택의 열기가 빠진 탓인지 그리 많지 않은 수의 기자단이 설명회에 참석하였다.

12월 16일(수) 프레스센터에서 부산시가 주최한 BIE 사무총장을 위한 오찬에 참석하였다. 2030 부산등록박람회 유치를 위한 범시민추진위원회의 공동위원장들과 부산시 간부들이 자리를 같이 하였다. 필자는 로세르탈레스 사무총장에게 약속했던 부산 일정에 동행하지 못한 것에 대해 이해를 구했다. 로세르탈레스 사무총장은 부산 일정이 즐거웠다고 하면서 범어사 방문이 기억에 남는다고 했다. 옆에 있던 케르켄테즈 보좌관이 양반다리 자세로 차를 마시고 제대로 일어서지 못해 고생했다고 하면서 만찬 장소 예약시에 의자 없이 바닥에 앉아야 하는 레스토랑은 피해 달라고 당부했다. 회의에서 기조연설을 한 로세르탈레스 사무총장은 엑스포의 목적이 일반 대중의 교육이며 인류의 미래를 위한 비전을 제시하는 것이라고 하면서 엑스포 성공의 열쇠는 주제의 선정이라고 했다. 주제 발표를 한 케르켄테즈 보좌관은 엑스포 성공의 기초가 주제라고 강조했다.

연세대 SSK기후변화와 국제법센터가 국회기후변화포럼과 공동 주최하는 "신기후체제 파리협정의 채택과정과 주요 내용"에 관한 세미나가 12월 29일(화) 13:00~18:00 간 연세대 법학전문대학원 국제회의장(광복관 별관)에서 열렸다. 연세대 박덕영 교수의 요청으로 파리협정과 우리의 과제를 주제로 한 기조연설을 하였다. 파리협정의 주요 내용을 포함한 COP21 결과물과 후속 협상 사안들을 소개하고 국제시장 메커니즘 활용을 위한 남북한 시범협력사업 추진과 2016년 4월 22일에 예정된 파리협정 서명과 비준을 위한 국내 절차의 진행 등 당면 과제에 대해 설명하였다. 박덕영 연세대교수와 민미연 환경관리공단 차장이 각 1,2세션의 좌장을 맡아 감축과 적응, 이행수단과 의무준수에 관한 조항들에 대한 발표를 진행하였다. 파리기후총회의 열기와 의미를 잠시나마 돌이켜 볼 수 있게 해 준 행사였다.

파리협정 서명에서 비준까지

좌절된 공관장 발령과 분위기 전환을 위한 시간

파리에서 귀국한 이후 틈나는 대로 베트남어를 공부하기 시작했다. 파리 기후총회에 참석하기 전에 2016년 춘계 공관장 보임에 신청을 했고 베트남을 지원하였다. 2016년 새해에 접어들면서 후임 기후변화대사 임명에 관한 소문들이 돌기 시작했다. 필자는 파리협정 이행을 위한 후속 협상도 중요하지만 아무래도 기술적·실무적 사안에 해당되므로 글로벌 외교 강화차원에서 1급 보직인 기후변화대사의 직명과 관할업무를 재조정하여 기후변화·환경·지속발전과 개발협력 업무를 총괄하도록 하는 것이 국제적 흐름에 부합한다는 의견을 인사와 조직 담당부서에 제출했다. 그리고 후임자에게 인계할 업무를 챙겼다.

　　1월 중순 인사를 담당하고 있는 국장이 밤늦게 전화를 해 왔다. 공관장 인사안을 상부기관에 송부하는 과정에 장관 지시로 필자의 배치를 베트남에서 말레이시아로 변경시켰다고 알려왔다. 담당국장은 장관에게 필자가 베트남이 아니면 본부에 더 있을 생각을 갖고 있다고 설명했는데 이게 문제의 원인이 된 게 아닌지 하면서 미안함을 이야기 했다. 필자는 필자 나름대로 들은 소문이 있어 괜찮다고 했다. 늘 인사철이 되면 자기 사람을 좋은 자리에 앉히려는 게 외교부의 오랜 관행 중에 하나인데 이번이라고 예외일 수가 있겠는가 하는 생각이 들었다. 며칠 뒤 말레이시아 주재 대사로는 외부인사가 내정되었다는 이야기와 함께 서울에 더 있어야 한다는 연락이 왔다. 씁쓸하면서도 파리협정이 채택되던 날에 있었던 해프닝에 대한 책임을 묻고 있다는 생각이 들었다. 한편으론 6개월 더 본부에서 기다리다 보면 불어권 공관장 자리도 나겠지 하는 기약 없는 희망을 위안으로 삼았다. 그리고 2016년 하반기 공관장 발령시까지 파리협정의 비준과 후속협상 준비, 국내 이해관계자들을 대상으로 한 아웃리치(outreach) 활동에 많은 시간을 보내야 겠다는 생각을 하면서 맘을 추스렸다.

2030 온실가스 감축 이행 로드맵과 제도 개편

　　박 대통령은 파리협정 채택이후 수석비서관회의에서 관계부처가 함께 국제탄소시장 활용을 포함한 2030 감축로드맵과 장기 저탄소 발전전략을 마련하라고 지시했다. 새해 들어 반기문 유엔사무총장은 오는 4월 22일 지구의 날에 뉴욕 유엔본부에서 파리협정 고위급 서명식을 가질 예정이라고 하면서 박근혜 대통령을 초청하는 1월 7일자 서한을 주유엔 대표부를 통해 보내왔다.

국무조정실 주관으로 관계부처 참여하에 파리협정채택에 따른 후속조치 이행계획(안)을 작성했다. 후속조치의 필요성으로 ① 신기후체제 출범에 따라 기후변화대응을 새로운 성장기회로 활용할 방안을 마련하고 저탄소 사회로의 전환 전략 수립과 ② 기후변화대응 리더십 국가로서 국제사회의 기후변화 대응노력에 적극 동참하고 새롭게 형성될 국제탄소시장 선점을 위한 국가적 노력의 가시화 등이 제시되었다. 2030 감축로드맵 수립 기본방향으로 37% 감축목표를 국내에서 25.7%, 국제탄소시장 등을 통해 11.3%를 감축하며 감축경로는 연도별로 최대한 적정하게 배분될 수 있도록 감축 정책과 수단을 활용하는 것으로 설정하였다. 국무조정실 녹색성장 지원단의 주관하에 관계부처 공동작업반을 구성하여 2016년 6월 말까지 2030 로드맵을 확정하기로 하였다. 그리고 4월 22일 파리협정 서명식에는 국내 고위급 인사가 참여하여 서명키로 하였고 2016년 중에 파리협정을 비준할 수 있도록 국내 준비를 시작하고 시기는 주요국들의 비준 동향을 보아가며 결정하기로 했다. 그러나 관계부처 회의를 거치면서 로드맵 작성시기는 점차 늦어졌고 부처별 책임제라는 미명하에 부처 간 협업은 멀어졌다.

국무조정실은 파리협정 이행을 위한 기후변화대응체계 개편방안을 담은 '정책현안관계부처차관회의'자료를 2월 1일 배포하면서 온실가스 감축정책관리와 온실가스 종합정보관리체계업무를 환경부에서 총리실로, 배출권거래제운영을 경제부총리 총괄, 즉 사실상 기재부로 이관하는 제도 개편방안을 제시했다. 또 개편방안에 따르면 "환경부장관은 주관부처로서 국회·언론·국제협상 등을 담당"한다는 당근이 환경부에 제시되었다. 국무조정실 관계자는 배출권거래제 및 온실가스 종합정보센터체제 개편과정에 환경부를 달래주라는 상부의 지시를 받아서 환경부에 국제협상을 추가했다고 한다. 파리협정 채택을 위한 기후협상이 최고조에 달했던 2015년 10월 외교부가 기존 "국제경제국" 명칭을 "기후환경과학외교국"으로 변경하는 과정에서 국무조정실이나 환경부에서는 아무런 이의를 제기하지 않았다.

파리협정 후속이행을 위한 국제협상을 환경부가 주관부처로 담당하는 것은 적절치 않다는 외교부의 입장을 감안하여 국무조정실은 국제협상을 국제협력으로 수정하고 부처별 직제는 개정하지 않은 것으로 합의하였다. 파리협정 이행을 위한 기후변화 대응체계 개편 방안이 2월 25일 채택되어 시행됨으로써 총력적인 기후변화 대응 체계가 구축되었다고는 하나 GIR의 국조실 이관, 배출권거래제 운영의 경제부총리 총괄, 소관부처 책임제 도입 등으로 환경부의 역할이 크게 축소되었다. 이러한 개편방안에 대해 일부 국내 언론과 시민사회는 2015년 하반기부터 나돌던 환경부 위상 약화, 기재부 권한 강화가 현실로 나타났다고 하면서 정부의 대응을 비판하였다. 또 2030 로드맵 작성과정에 2020 온실가스 감축목표(BAU 30% 감축)는 더 이상 지킬 수 없으며 폐기되어야 한다는 산업계의 목소리가 부각되었고 정부 일각에서도 은연중에 이를 지지하거나 묵인하였다.

우리 정부의 이러한 조치는 결국 미국, 영국, EU 등의 우려를 가져오게 하였다. 주한 영국대사와 EU대사는 우리 정부의 기후행동 약화 가능성에 대해 우려를 표명하였다. 특히 미국의 기후협상 대표는 필자에게 이메일 및 전화통화를 통해 우리 언론에 보도된 기후변화 대응

체계 개편과 2020 온실가스 감축 목표 폐기 여부에 대해 질의해 왔다. 필자는 3월 1일 미국의 협상대표인 Trigg Talley와 통화를 하여 우리의 기후변화대응체계 개편이 업무의 일관성과 효율성을 높이기 위한 것이며 2020 감축목표는 2030 감축목표 이행 로드맵 작성 과정에 감축경로로 다루어질 사항으로 목표폐기는 사실이 아니라고 했다. Trigg Tally는 미국의 대법원이 27개 주정부와 화력발전소들이 제기한 소송이 끝날 때까지 오바바 대통령의 "청정전력계획"(Clean Power Plan) 이행을 중단하라고 한 것은 미국의 2020 감축목표 이행과는 무관한 것이라고 설명했다. 2015년 오바바 대통령이 발표한 청정전력계획은 2030년까지 미국 내 발전소의 탄소 배출량 감축 목표를 2005년 대비 30~32%로 높이고, 재생에너지 비중 목표를 28%로 확대하는 내용을 담고 있었다. 이에 따라 각 주 정부는 발전소 탄소 배출량 감축목표가 담긴 실행계획을 마련해 2016년 9월까지 연방환경보호청(EPA)에 제출해야 하는데 이번 대법원의 결정으로 시행이 중단된 것이다. 필자는 박꽃님 사무관에게 통화 내용을 알려 주면서 관계부처와 공유하고 실제로 2020 감축목표 폐기 계획이 있는지를 알아보라고 했다. 물론 관계부처로부터 아무런 연락이 없었다.

파리협정 설명을 위한 외부 행사와 브뤼셀 방문

1월 하순에 외교부를 출입하는 세계일보 기자로부터 부탁이 왔다. 2월 14일 잠실 롯데월드에서 2016국제지도자회의(International Leaders Conference: ILC2016)가 열리는데 제1세션이 기후변화 문제와 각국의 대응 방향을 주제로 하고 있다고 하면서 필자에게 발표를 부탁했다. 많은 국가의 정치 지도자들이 참석한다고 하여 발표제의를 수락했다. 세계 각국에서 400여 명이 참석한 2016 ILC에서 문선진 가정연합회장이 기조연설을 한 후 열린 기후변화 세션에서는 키리바시 아노테 통 대통령의 영상 메시지가 먼저 방영되었다. 이후 필자는 파리기후협정과 한국의 대응에 대해 설명하였다. 파리기후협정은 현실적인 위협으로 다가온 기후변화 문제를 해결하기 위해 선진국과 개도국의 차별없이 모든 국가가 자국의 역량과 여건을 감안하여 기후변화 대응조치를 취하기로 합의한 보편적 국제법 규범이라고 설명했다. 한국은 협상과정에 선진국과 개도국의 중재자적 교량역할을 하였으며 IT 기술의 활용, 배출권거래제 실시 등을 통해 선제적 기후대응 행동을 국제사회에 보여주고 많은 국가들과 경험을 공유해 나가고 있다고 설명했다. 제1세션을 마치고 회의장을 떠났다. 그 이후 세션에서 미국의 크리스토퍼 힐 전 주한 대사, 나경원 국회 외교통일위원장 등이 발표자로 나선 사실을 다음날 세계일보를 보고 알았다.

2016년 2월 25일~26일간은 벨기에 브뤼셀소재 유럽정책연구센터(The Center for European Policy Studies: CEPS)가 개최한 Ideas Lab 기후분과 회의에 참석하여 탄소가격제(Carbon Pricing)와 파리협정에 대한 입장을 발표하였다. Ideas Lab 행사에는 기후변화 협상과정에서 알게 된 캐나다 출신 Andrei Marcu의 소개로 전문가 자격으로 참석하였다. 2월 24일 Andrei가 주최한 만찬에는 한국에서 최대 규모의 CDM사업을 실시한 한국 로디아를 자회사로 둔 벨기에 Solvay S.A의 관계자도 참석했다. 만찬 도중 필자에게 한국 배출권 거래시장의 전망과 파리협정하의 국제배출권시장 활용 방향에 대해 질문을 했다. 필자는 한국의 배출권 거래시장이 아직 자리를 잡아가고 있는 중이며(learning by doing process) 중장기적 안목에서 접근할 필요가 있다고 하였다. 파리협정하의 국제배출권시장은 이행규칙 협상결과에 좌우되겠지만 각국이 시행하고 있는 제도를 포용하는 방향으로 타결되어야 할 것이라고 했다.

2월 25일 오후에 열린 "CEPS Idea Labs 2016" 개막식 행사에서 CEPS 의장은 Ideas Lab의 목적이 변화하는 상황에 EU가 더 잘 대응할 수 있도록 준비를 하는 데 있다고 했다. 1,000여 명이 참석한 행사장에서 과거 UNEP, OECD에서 함께 근무했던 브뤼셀주재 외교관 동료들을 만나 소식을 나눌 수 있었다. EU 및 벨기에 주재 공관장으로 수년째 근무하고 있다는 뉴질랜드 Vangelis Vitalis 대사는 매년 초에 개최되는 Ideas Lab이 앞으로 다가올 국제 동향을 미리 읽을 수 있다는 점이 매우 유익하여 매년 참가하고 있다고 했다. 높은 참가비 때문인지 한국대사관에서 참석한 인사는 없었다.

"국제협력 없이도 탄소누출 위험에 효과적으로 대응이 가능한가?"(Can carbon leakage risk be addressed effectively without international cooperation?)라는 질문을 화두로 한 기후변화와 탄소가격제(carbon pricing) 세션은 채텀하우스 룰(Chatham house rules)을 적용하여 격식없이 자유롭게 진행되었다. 모두 발언에 이어 파리협정에 대한 EU 집행위 참가자의 평가가 있었다. 파리협정 채택에 참여했던 EU 대표는 파리협정 채택을 정치적 성공이라고 평가하고 프랑스 의장단의 역할과 186개국이 INDC를 제출한 것이 성공의 caviar이라고 밝혔다. 그리고 EU 관점에서 본 앞으로의 과제를 INDC 이행, 저배출 저탄소사회로 전환, 기술혁신, 배출권거래제, 화석연료보조금 폐지, Lima-Paris 기후행동강화(비정부행위자 역할강화), 탄소누출(carbon leakage)방지와 공정경쟁(levelling playing field) 등을 제시했다. 그리고 파리협정이 성공적으로 이행되기 위해서는 앞으로의 5년이 중요하며 에너지 기술혁신과 탄소 가격제를 위한 국제 파트너십 형성을 강조했다. 산업계 대표로 나선 전문가는 공정한 경쟁시장을 조성한다는 것이 말처럼 쉽지 않으며 규칙의 투명성이 필요하다고 했다. 공정한 경쟁 조성은 최신 가용기술에 대한 투자를 불러오는 반면 탄소 누출은 가격 왜곡 현상을 불러온다고 강조했다. 파리협정의 5년검토주기가 탄소누출을 방지하고 정책을 조화시키는 데 기여할 수 있다는 입장을 밝혔다.

필자는 탄소가격제가 기업들의 온실가스 감축을 비용 효과적이고 효율적으로 하기 위한 경제적 수단인 것은 분명하나 부담스러운 것이라고 했다. 글로벌 가치사슬로 연계되어 있는 기업들은 가격 경쟁력 우위확보를 위해 언제든지 탄소누출이 가능한 곳을 선호할 수 있음을 감안할 때 공정한 경쟁을 보장하기 위한 국제협력이 필요하다고 이야기했다. 그리고 한국의 지난 1년간 배출권 거래시장 운영과정에서 관련 기업들은 제도의 미흡, 정책과 가격의 불확실성, 감축기술 부족, 전문인력 부족 등을 애로 사항으로 제시했다고 하면서 국가간, 기업간 경험공유와 기술이전 등 협력이 필요하다고 강조했다. 파리협정은 탄소가격제 도입을 위한 계기를 제공하는 만큼 과거 오염도피처(pollution haven)로 오염산업이 이전한 사례를 감안한 탄소누출 위험에 대한 국제적 논의가 필요하다고 밝혔다.

제네바 소재 ICTSD에 적을 두고 있는 한 선임연구원은 탄소누출을 방지하기 위해서는 공정경쟁보장과 규범의 투명성이 필요하다고 강조했다. 기업들이 최적 기술에 투자하도록 유인할 수 있는 방안이 탄소누출과 같이 시장의 왜곡을 가져오는 요인을 방지해야 한다고 하면서 온실가스 감축 기간을 5년 단위로 일치화(synchronization)가 효과적일 수 있다고 했다. 기업들은 절대로 순진하지(naive) 않으며 수익을 창출할 수 있는 곳에 투자를 한다고 하면서 공정경쟁의 필요성(levelling the playing field)을 강조했다. EU 석유화학산업계 대표는 EU 배출거래제(ETS)의 목표가 ① CO_2 감축 ② 기업 경쟁력과 일자리 유지 ③ 시장 왜곡 방지이나 실질적으로 목표달성이 어려우며 보호 조치가 없는 산업의 경우 소멸이 불가피하다고 하면서 2008년 이후 15개의 EU 정유 공장이 문을 닫았다고 했다. EU 의회 참가자는 EU ETS가 정치적 거래의 산물이며 제대로 작동하지 않은 요인들을 분석하여 개편하여야 한다고 밝혔다. 그리고 많은 국가들이 EU ETS를 벤치마크하고 있음을 감안하여 국제적 공조를 강화해야 한다고 했다.

CEPS 회의 참석과 탄소가격제에 대한 발표는 파리협정 제6조의 후속 협상 방향에 대한 많은 준비가 필요하다는 것을 일깨워 주었다. 그래서 Andrei Marcu에게 서울에서 파리협정하의 시장메커니즘에 대해 논의할 기회를 만들어 보겠다고 하면서 초청 의사를 밝혔더니 흔쾌히 좋다고 했다. 그리고 몇 개월이 지난 후 재단법인 기후변화센터와 협의하여 파리협정 제6조와 배출권거래제에 대한 세미나를 개최하였고 Andrei Marcu를 초청하였다. Marcu는 방한 기간 중에 기후변화센터 한덕수 이사장을 면담하고 배출권 거래제와 파리협정 제6조의 후속 협상 방향에 대해 설명하는 기회를 가졌다. 그리고 Yvo de Boer가 GGGI 사무국장을 사임하여 후임을 뽑을 때도 많은 관심을 보였다. 국내에서는 파리협정 채택의 의미와 발전 방향에 관심을 가진 다수의 대학과 연구원들의 요청으로 신기후체제 출범과 우리의 과제를 주제로 강연을 하였다.

UN 파리협정 서명식과 주요경제국포럼(MEF) 회의

　2016년 4월 22일 뉴욕 유엔본부에서 진행될 파리협정 서명식 참석을 위한 준비는 기후변화대응체계 개편이라는 잡음과정에서도 순조롭게 진행되었다. 협정 서명권자로는 여러 방안이 제시되었지만 환경부 장관이 참석하여 서명하는 것으로 정리가 되었다. 필자 입장에서는 준비 작업이 한결 가벼워진 셈이었다. 미국 백악관은 파리협정 서명을 위한 고위급회의 계기에 뉴욕에서 제24차 기후와 에너지에 관한 주요경제국포럼(Major Economies Forum on Climate and Energy)을 4월 23일(토)~24일(일)간 개최한다고 알려왔다. 주요 의제로는 참가국들의 파리협정 비준 준비현황, 모로코 마라케시 COP22에서의 관심 의제, 각국의 파리협정 이행계획, 항공부문의 온실가스 배출감축과 몬트리올 의정서상의 HFC 규제 일정 등을 제시했다.

　4월 22일(금) 유엔본부 총회장에서 반기문 유엔사무총장의 사회로 "기후변화에 관한 파리협정 고위급 서명식"(High-Level Signature Ceremony for the Paris Agreement on Climate Change) 행사가 COP21 참가국 수를 상징하는 197명의 줄리어드 음대생들의 화려한 입장으로 개회되었다. 이어 미래 세대를 대표하는 차원에서 16세의 탄자니아 출신 학생이 단상에 올라 파리협정의 조기 비준을 촉구했다. 반 총장은 175개국 대표들이 파리협정 서명을 위해 모였으며 태평양 도서국을 중심으로 15개국이 서명과 동시에 비준서를 유엔 사무국에 기탁할 예정이라고 밝혔다. COP21 유치국이었던 프랑스 올랑드 대통령은 개막 연설을 통해 ① 파리협정의 조기 비준 ② 탄소가격제(carbon pricing)의 조기 도입 ③ 기후재원의 의욕적 동원 등을 강조하면서 미래 세대에 큰 희망을 보여줄 것을 촉구했다. 중국의 장가오리 부총리는 2016년 9월 중국 항주개최예정인 G−20 정상회의 이전에 파리협정을 비준할 계획이라고 밝혔다. 미국의 존 케리 국무장관, 브라질 지우마 대통령, 캐나다 트뤼도 총리 등 여러 정상급 참석인사들이 단상에서 연설을 하였다. 그러나 가장 많은 박수는 유엔 평화의 메신저로 단상에 오른 영화배우 레오나르도 디카프리오(Leonardo DiCaprio)였다.

  화려한 개막식에 이어 서명식이 시작되었고 프랑스 올랑드 대통령이 첫 번째로 서명하였다. 미국의 존 케리 국무장관은 손녀딸을 안고 나와 파리협정을 서명하여 눈길을 끌었다. 의전에 구애됨 없이 현재와 미래 세대에 정치적 메시지를 던지는 존 케리 장관의 모습이 부러웠다. 북한를 대표해서는 리수용 외무상이 서명을 하였는데 입장 장면부터 수행해 온 통역과 대표부 직원들이 사진과 동영상을 열심히 찍는 모습이었다. 한국정부를 대표하여 윤성규 환경장관이 서명을 하였다. 서명식에 이어 각국 수석대표들의 연설이 오후까지 계속되었다. 오전 개회식 기조연설에서 미국, 중국, 프랑스 등 주요국들이 조기 비준 의사를 밝힌 데 이어 오후 세션에서도 많은 국가 수석대표들이 연내 비준의사를 밝혀 파리협정의 조기 발효에 청신호가 켜진 셈이었다. 국내에 돌아와서 이런 회의 동향을 청와대, 총리실과 여러 관계부처에 공유했지만 국내의 비준 절차 가속화에는 아무런 영향을 미치지 못하였다. 서명식 회의에 수석대표로 참가하여 서명권자의 명예를 지닌 분도 별다른 역할을 하지 못하는 모습에 실망을 금할 길이 없었다.

4월 22일(금) 저녁은 MEF 회의에 참석한 수석 대표들간의 비공식 업무 만찬이었다. 호텔에서 레스토랑을 찾아가는 길에 사우디의 칼리드 대표, 싱가포르 곽푹셍 대사를 만나 파리 COP21 이후 친하게 지내던 대표들의 동향에 대해 이야기를 나눴다. 뉴질랜드 기후변화통상장관은 주미대사로, 호주 환경대사는 주뉴질랜드 대사로, 남아공과 베네수엘라 대사는 주 EU 대사로 각각 부임했다고 했다. 중국의 슈웨이 대표는 Christiana Figueres의 후임으로 UNFCCC 사무총장직을 희망하고 있으며 중국 정부가 이를 위해 노력하지 않겠느냐 하는 이야기도 있었다. 사우디의 칼리드는 5월 부속기구회의시에 선출예정인 파리협정 후속작업반(APA) 공동의장으로 자국의 협상단원이 Sarah를 입후보시킬 예정이라고 하면서 필자의 지원을 요청했고 필자는 그렇게 하겠다고 했다.

비공식 업무 만찬에서는 COP21 의장국인 프랑스의 Tubiana 대사가 저탄소 장기전략 연구사업인 DDPP(deep decarbonization pathway project) 개요를 설명하고 동행한 전문가가 중간 연구 결과를 참석자들과 공유했다. 파리협정 채택에 따른 후속조치로 모든 당사국들이 2020년까지 금세기 중반까지의(2050년) 온실가스 장기 감축 계획과 전략을 제출하여야 하는데 이 계획 작성에 유용한 작업이었다. 만찬 참석자들은 각 테이블별로 자유롭게 앉아 만찬을 하면서 자국의 장기 감축계획 작성방안에 대해 이야기를 나누었다. 필자는 중국 시젠화 특별대표와 같은 테이블에 앉아 이야기를 나누면서 탄소포집 및 저장 기술(Carbon Capture and Storage: CCS)의 상용화와 같은 기술의 역할이 중요하다고 하였으며 시젠화 대표는 중국의 경우 CCS에 이용(Utilization)을 추가한 CCSU의 연구가 활발히 진행되고 있다고 언급하였다. 만찬을 마치고 돌아오는 길에 ADP공동 의장을 맡았던 미국의 다니엘은 국무부를 그만두고 대학에 가서 기후변화 협상론을 강의하면서 협상 기록을 남기는 작업을 할 예정이라고 했다.

주말인 4월 23일(토)~24일(일)간의 MEF 회의는 오바마 대통령의 기후변화 선임보좌관(senior advisor) Brian Deese의 주재로 진행되었다. 파리협정 채택 이후라 특별히 논쟁이 예상되는 실질적 의제가 없고 협정 비준과 이행을 위한 각국의 준비상황, 마라케시 COP22에서 우선적으로 다루어져야 할 사항들에 대해 폭넓게 의견을 교환하는 자리였다. 불참한 러시아를 제외한 25개 참가국 중에 남아공만이 의회 선거 때문에 2016년 내 비준이 불투명하다고 밝혔을 뿐 다른 참가국들은 연내 비준을 위한 국내절차를 진행하고 있다고 했다. 온실가스 최대 배출국인 중국이 9월 G20정상회의 이전 비준입장을 다시 한 번 확인하였고 2위의 배출국인 미국도 가까운 시일 내 파리협정 가입서(acceptance)를 제출할 예정이라고 했다. 필자는 비준에 필요한 국내 절차를 진행 중에 있는데 국회 비준 필요성 여부에 관한 법제처의 심사결과에 따라 시간이 좀 더 걸릴 수도 있지만 파리협정의 연내 발효에 기여하는 당사국이 될 수 있도록 노력하겠다는 입장을 밝혔다. 회의에서는 파리협정이 조기에 발효될 경우를 대비하여 마라케시 COP22에서 파리협정 미비준국도 후속 작업 논의에 참석할 수 있도록 포용성을 확보할 필요가 있다는 의견들이 많이 제시되었다.

파리협정의 국내적 이행노력에 대한 의견교환 세션에서 필자는 우리 정부가 지난 2월 하순에 취한 기후변화대응조직 개편에 관한 설명을 하였다. 파리협정의 효율적 이행을 위한 조정역량 강화차원에서 환경부 산하의 온실가스정보센터(GIR)를 총리실로, 배출권거래제도의 주무부서를 환경부에서 기재부로 이관하였음을 설명하였다. 또 미국과 일부 EU 국가들이 의문을 제기한 한국의 2020 감축목표 폐기는 사실이 아니며 기존 2020 목표를 반영한 에너지, 수송 등 각 부문에서의 구체적 이행계획을 담은 새로운 2030 감축로드맵 작성을 준비 중에 있다고 밝혔다.

미국 대표는 미국의 청정전력계획(Clean Power Plan)에 대한 미 대법원의 결정이 감축 목표이행이 걸림돌이 되는 것이 아니냐는 우려가 있으나 이는 잠정적인(non permanent) 결정이고 CPP 또한 여러 감축 수단 중의 하나이며 2020년 및 2025년 감축 목표는 차질 없이 이행될 것이라고 밝혔다. 중국은 새로운 경제발전전략에 기후변화전략이 포함되어 있고 2017년부터 전국적인 배출권거래제 도입을 앞두고 있어 탄소거래 시장을 강화하고 규율하는 문제에 초점을 두고 있다고 밝혔다. 새로운 경제발전전략에는 2020년까지 GDP 단위당 온실가스배출량(원단위 배출량)을 현재 수준의 18%까지 감축하기로 명시하였으며 이를 통해 2030년에는 45% 감축 목표를 뛰어넘는 48% 감축 수준을 달성할 수 있도록 노력할 예정이라고 덧붙였다. 브라질은 2020 감축목표이행을 점검하고 있고 REDD+가 국가적 우선순위로 산림부분에 초점을 맞춘 감축 정책을 추진 중에 있다고 설명했다. 아프리카 그룹을 대표한 말리 대표는 아프리카 53개국이 INDC를 제출하였고 10개국 정도가 2016년 중에 파리협정을 비준할 것으로 전망하고 이행을 위한 재정지원을 촉구하였다.

미국의 Brian Deese 선임자문관은 마지막 의제로 파리협정 밖에서 이루어지고 있는 국제항공분야 온실가스 배출감축을 위한 ICAO 논의와 몬트리올의정서의 수소불화탄소(HFCs) 규제논의를 MEF에서 다루어 보기를 희망한다고 설명했다. 멕시코 대표가 선도 발언을 통해 ICAO에서의 논의 동향을 공유하였고 EU 대표는 몬트리올 의정서상의 HFCs 규제논의 동향에 대해 설명하였다. 인도 대표는 성장단계에서 있는 개도국들의 항공부문 규제는 기본적으로 불평등함을 지적한 후 규제방안에 유연성과 차별화 요소가 반영되어야 한다고 주장했고 브라질과 사우디가 공감 입장을 밝혔다. 중국 대표는 항공사 담당자들과 협의를 해 본 결과 연료의 선택, 냉난방시스템 가동방식, 엔진의 종류에 따라 감축 잠재력이 높은 것으로 파악되었다고 설명하면서 상쇄제도 도입 필요성과 CBDR 원칙에 기초한 논의를 강조했다. 미국은 항공부분 상쇄제도 도입과 국제 규제체제 구성 필요성, 그리고 차별화 요소의 반영 등이 ICAO논의 핵심을 구성할 것이라고 하였고 싱가포르와 네덜란드는 ICAO에서의 논의되고 있는 결의안 초안을 긍정적으로 평가하고 일부 국가들에게 편중된 지표가 아닌 보편성을 확보할 수 있는 지표에 대한 합의가 필요하다고 했다. HFCs 규제논의에 각국의 역량에 따른 유연성 도입이 최대 과제라는 입장들이 많았다. 특히 인도 대표는 HFCs 대체 물질이 한정되어 있는 현 상황에서 동 물질에 대한 규제는 IPR 문제와 직결될 수밖에 없고 자칫 특정 기업들의 독점을 부추기는 결과를 낳게 될 수 있다는 우려를 보였고 남아공과 중국이 공감을 하였다. 중국은 기술의 지원 필요성이 가장 중요한 사안이며 몬트리올의정서체제에서 이에 대한 실질적 논의가 필요하다고 했다.

과거 주케냐 대사관에서 근무할 때 우리의 몬트리올의정서 가입 준비과정에 관여했던 필자로서는 이 분야에 대한 우리 입장을 관계부처로부터 받지 못해 아무런 입장을 밝힐 수가 없었다. 우리 입장이 HFCs 감축에 반대하는 일부 중동 강경국가들과 유사하다고 들었기에 발언 자료를 받지 못한 것이 오히려 다행이라는 생각이 들었다. 이틀간의 MEF 회의를 마치면서 일부 참석자들과 작별인사를 했다. 다음 MEF 회의 개최 시기가 미 대선 일정으로 인해 미정이었고 필자도 가을에는 해외공관으로 옮겨 갈 것으로 생각했기 때문이었다.

서울로 돌아와서 파리협정 비준을 앞당기기 위한 관계부처 회의를 5월 2일(월)에 가졌다. 4월 22일(금) 파리협정 서명식에서 175개국이 서명하였고 서명당일 비준서를 기탁한 15개국 외에도 미국, 중국, 프랑스, 캐나다, 호주, 멕시코 등을 포함한 30여 개국 이상이 조기 비준 의사를 밝힘에 따라 2016년 하반기 또는 늦어도 2017년 상반기에는 파리협정이 발효할 것으로 예상했다. 이에 따라 기후변화대응 선도국으로서 후속 이행협상에 참여하고 GCF, GGGI 소재국인 우리나라에 대한 국제사회의 높은 관심을 감안하여 향후 추진계획과 일정을 앞당기는 데 의견을 같이 하였다. 파리협정비준에 대한 국회 동의 필요성 여부는 법제처에서 심사하겠지만 협정 이행이 가져올 산업계에 대한 영향과 각계의 관심을 고려할 때 국회의 동의를 받는 것이 좋을 것 같다는 생각이 들었다. 비준 준비를 위한 1단계로서 지지부진한 관계부처간의 합의를 6월 중순까지 완료키로 일정을 정한 것이 그나마 큰 진전이었다.

제3차 한-싱가포르 기후변화 협의회

5월 4일 싱가포르와 제3차 한－싱가포르 기후변화정책 협의회를 서울 외교부에서 가졌다. COP21 회의를 끝내면서 싱가포르 곽 대사와 2016년 상반기 중에 회의를 갖기로 하였다. 2월 하순에 부임한 권세중 심의관에게 싱가포르 담당자의 연락처를 주면서 일정을 잡아보라고 하였고 양측은 5월 4일 서울개최에 합의하였다. 양국 대표단은 5월 4일 오전 외교부 17층 양자 회의실에서 회의를 갖고 COP21 이후 진전사항, 양국의 파리협정 비준 준비와 이행을 위한 노력, 향후 이행 협상과정에서의 관심의제 등에 대해 폭넓은 의견을 교환하였다. 곽 대사는 한국이 초청받지 못하는 매년 초 개최되는 일본과 브라질 공동주최 비공식회의에서 논의한 내용을 비교적 상세히 전해 주었다. 필자가 과학환경심의관으로 부임하던 2003년에도 일본과 브라질은 비공식회의를 개최하면서 일정이 바빠 참석 못하겠다는 필자에게 반드시 참석해 줄 것을 여러 경로로 요청하여 파리에서 귀국하던 당일 저녁 비행기로 동경을 갔던 기억이 있었다. 한－일관계가 삐걱거리면서 일본은 더 이상 우리를 회의에 초청하지 않았다. 이러한 한－일관계를 잘 아는 곽 대사는 비공식회의 결과를 상세하게 알려 주곤 하였다.

우리 정부가 파리협정 이행 준비 차원에서 온실가스 배출권거래제 총괄부처를 환경부에서 기재부로 이관하고 온실가스정보센터(GIR)를 총리실로 이관하는 제도 개편과 함께 2030 온실가스 감축 로드맵을 준비 중에 있다고 설명하였다. 곽 대사는 제도개편 필요성에 대해 공감을 표시하고 싱가포르는 우선 후속 협상이 기술적 사항 중심으로 진행될 예정임을 감안하여 자신이 이끌던 외교부 기후변화협상팀을 축소하여 유엔국 산하 부서로 개편하고 총리실 기후변화사무국 중심으로 향후 협상을 준비하고 참석해 나갈 것이라고 하였다. 곽 대사의 기구 축소 설명을 들으면서 싱가포르가 얼마나 기동성을 갖고 능률적으로 일해 가고 있는지를 느낄 수 있었다. 필자도 COP21 회의가 끝난 이후 후속 협상이 실무적으로 진행될 예정이기 때문에 실장급(1급) 보직인 기후변화대사직을 효율적으로 활용하기 위해서는 업무영역을 지속발전과 개발협력 업무로까지 확대할 필요성이 있다는 의견과 보고서를 낸 적이 있지만 아무런 변화가 없었다. 서울에 출장을 올 때 이미 곽 대사는 모 국가에 대사 아그레망을 요청 중이라고 하였는데 서울 회의 이후 호주 주재 대사로 부임하였다는 소식을 들었다. 정책협의회에 참석한 양측 대표단은 북악산 한정식 레스토랑에서 오찬을 같이 하면서 우의를 나눴다. 지금도 한－싱가포르 양국의 기후변화 정책협의회가 계속되고 있다고 하니 반갑다는 생각이 든다.

파리협정 채택 이후 첫 후속 협상 회의

파리협정 후속논의를 위한 첫 협상회의가 제44차 부속기구회의와 병행하여 2016년 5월 16일~26일간 독일 Bonn에서 개최되었다. 사전에 배포된 회의 안건을 보니 파리협정의 기술적 이행규범을 작성하기 위한 로드맵을 작성하는 데 중점을 두고 있었다. 그래서 새로이 부임한 권세중 심의관을 후속 협상 과정에 본격적으로 참여시키기 위해서 차석대표 임무를 부여했다. 5월 14일(토) 오후 스위스대표단의 주최로 EIG 그룹 전략회의를 가졌다. 파리협정 특별작업반(Ad hoc Working Group on the Paris Agreement: APA) 제1차 회의 의제 작성, 부속기구 회의에서 다루어질 파리협정 후속 작업분야 등에 대해 의견을 나누고 개회식 때는 향후 회의 진행 방향에 대해서 스위스가 EIG 그룹을 대표해서 발언하기로 하였다. 멕시코 대표단 차석대표로 실질적인 협상을 주도하던 Alejandro는 주독일 멕시코 대사관 차석으로 내정되었으며 가을에 부임예정이어서 금번 부속기구 회의가 마지막이라고 했다. 그래서 첫 주에 EIG 그룹 대표들과 협상과정에서 교류가 많았던 다른 국가 대표들도 초청하여 Alejandro 송별 만찬을 가졌다.

5월 16일 개막회의는 COP21 의장국인 프랑스의 세골렌 루아얄(Segolene Royal) 환경장관이 주재하였고 COP22 의장으로 내정된 모로코의 살라헤딘 메주아르(Salaheddine Mezour) 외교장관이 인사를 하였다. 메주아르 장관은 필자가 주모로코 대사(2009년 3월~12년 3월)를 하던 시절에는 재무장관을 맡고 있었다. 2010년 한국이 G-20 의장국을 할 때 필자는 영국, 캐나다 대사와 함께 트로이카를 구성하여 G-20 대사들과 메주아르 재무장관간의 의견 교환 기회를 주선한 바 있었기에 그의 등장을 반겼다. 5월 17일 프랑스 Tubiana 대사의 주재로 개최된 APA 개막회의에서는 막후 교섭을 통해 합의한 사우디의 Sarah Baashan과 뉴질랜드의 Jo Tyndall 기후변화대사를 공동의장으로 선출하였다. 사우디 Baashan 대표의 경우 너무 경량급이 아닌가 하는 일각의 우려도 있었지만 여성 대표를 선출해야 한다는 묵시적 합의하에서 다른 대안이 없었다. 어쩌면 파리협정 후속협상 과정에 강경파 그룹을 대표하는 사우디의 입장을 완화시키기 위한 선진국들의 고려였다는 생각이 들었다. 공동의장을 선출한 APA는 향후 작업계획을 담는 의제(agenda) 채택을 두고 밀고 당기는 실무협상에 들어갔다.

APA 회의 초반부에 참석했다가 더 이상의 참석은 시간 낭비라는 생각이 들어 5월 20일~21일간 SBI의장 주재로 열릴 예정인 제1차 촉진적 의견공유 워크숍(First Workshop for the Facilitative Sharing of Views)에서 발표할 우리의 "격년제 갱신보고서"(Biennial Update Report: BUR)를 살펴보고 발표 준비를 했다. 기후변화협약하에서 비부속서 I 국가들의 측정·보고·검증(MRV)체제인 "국제협의와 분석"(ICA: International Consultation and Analysis) 워크숍은 2016년 2월까지 BUR를 제출한 20개국을 대상으로 하였다. 개도국들의 MRV 역량을 살펴보는 주요한 행사이기 때문에 많은 국가들이 이에 관심을 가졌다. FSV 워크숍이 개회사(opening), 발표(presentation), 질의응답(Q&A) 순으로 진행될 예정이어서 개회사는 필자가 하고 발표는 환경부 유범식 과장이 담당하라고 했다. 유 과장은 필자가 외교부 환경과학과장을 할 때 환경부에서 해외협력업무를 담당하였다. 여러 계기에 발표하는 모습을 눈여겨 보아오던 차에 이번에 기회를 활용하는 것이 좋겠다고 생각했다. 예상대로 유 과장이 발표를 잘 했고 FSV 워크숍에서 보여준 우리의 역량은 다른 개도국을 훨씬 뛰어넘는 것이었다. 우리 대표단의 설명이 끝난 후 EU 대표를 비롯한 주로 유럽 국가들이 우리나라의 배출권 거래시장 운영현황과 배출권 가격 추세와 전망, 2020 감축목표와 2030 감축목표와의 연관성에 관한 상세 정보 등을 문의해 왔다. 필자는 2016년 2월에 있었던 우리 정부의 기후변화대응 조직 개편 목적, 2020 목표를 토대로 한 2030 감축목표설정을 개괄적으로 설명했다. 그리고 유 과장이 보충 답변을 하였다.

우리 발표를 마친 후 다른 국가의 발표가 시작되는 것을 보고 조금 앉았다가 자리를 떠나려고 했는데 차질이 생겼다. FSV 워크숍 사회를 보고 있던 폴란드 Tomasz Chruszczow SBI 의장이 필자에게 오더니 다른 일정 때문에 자리를 비워야 하니 사회자 역할을 맡아 달라고 했다. SBI 부의장이 하면 되지 않느냐고 하니 지금 어디에 있는지 모른다고 하면서 친구 좋다는 게 뭐냐고 하면서 강권을 했다. 할 수 없이 사회자 자리 앉아 남아공을 비롯한 3~4개국의 FSV 워크숍을 진행하였다. 워크숍이 끝날 무렵 옆자리에 앉아 필자가 가끔 묻는 질문에 답변을 해 주던 협약사무국 SBI 조정관이 뜻밖의 문의를 했다. 내년에도 기후협상회의에 참석할 수 있다면 SBI 의장직을 맡아 주면 어떠냐는 것이었다. 그래서 의장직은 지역별 순환하면서 담당하는데 그게 가능하겠느냐고 반문하니까 차기 의장 적격자를 찾지 못하고 있다면서 필자가 원하면 COP 의장에게 추천하겠다고 한다. 순간적으로 맘이 흔들렸지만 정신을 차리고 2016년 하반기에 대사로 부임하기 때문에 어렵다고 양해를 구했다.

5월 20일 저녁 송별 만찬에 참석한 여파로 5월 21일 아침에 이메일 체크도 없이 대표단 내부회의와 EIG 그룹회의에 이어 프랑스 Laurence Tubiana 대사와 양자협의를 가졌다. 그리고 회의장 지하 1층 카페테리아에서 이메일을 여니까 SBI 담당부서로부터 5월 20일 저녁에 발송한 지급 메일이 와 있었다. 5월 21일 오전 9시에 속개되는 FSV 워크숍 사회를 봐 주면 좋겠다는 것이었다. 메일 확인이 늦어 사회 볼 기회를 놓친 것을 아쉽게 생각한다는 메일을 보냈더니 바로 회신이 왔다. 아침까지 회신이 없어 SBI 의장이 계속 사회를 보기로 했다는 것이었다. FSV 워크숍에서 나타난 개도국들의 기후변화 대응정책을 보면서 2014년~15년에 있었던 부속서 I그룹들의 다자 검토가 생각이 났다. 선진국과 개도국의 역량 차이에 대해 생각나는 점을 몇 자 노트에 적어 두었다.

기후변화 대응, 선진국과 개도국의 차이는?(2016년 5월 24일)

기후협상에서 선진국과 개도국의 차이는 의무 이행 측면에서 매우 많다. 선진국은 온실가스 감축을 위해 선도적 역할을 이행하여야 하고 개도국의 기후변화 대응을 위한 재정, 기술 및 역량 배양을 지원해야 할 의무가 있다. 이러한 정치적 논쟁을 벗어나 기후변화회의에서 발표된 몇 가지 사례들을 중심으로 살펴보면 기후변화에 적응(adaptation)하는 대책을 수립하고 이행하는 방법론에서도 선진국과 개도국은 뚜렷한 차이를 보이는 게 있다. 개도국은 단기간(수개월)에 이해관계자 여론을 수렴하여 상명하달방식(top-down)으로 기후변화 적응정책을 수립하고 이행한다. 반면 선진국은 기후변화에 취약한 분야를 정하고 장기간(수년 소요)에 걸쳐 영향을 받게 될 이해관계자들의 의견을 수렴한 후 다단계별로(bottom-up and multi-level) 정책을 수립하고 이행한다. 개도국들이 주로 연도별 계획을 수립하여 이행하는 반면에 선진국들은 기후변화 취약한 분야별로(홍수, 가뭄, 하천유역 등) 장기 안목으로(holistic long-term vision) 계획을 수립하여 이행한다.

작별을 준비하는 시간

2주차 회의도 비교적 여유롭게 진행되었고 필자도 권 심의관에게 회의 발언권을 넘기고 모처럼 여러 대표들과 만나는 자유로운 시간을 많이 가졌다. 아시아그룹 의장인 사우디 칼리드가 2017년 COP23총회를 아시아에서 개최하여야 하는데 우리의 생각이 어떤지를 다시 한 번 문의했다. 한국의 일부 지자체에서 기후변화협약 사무국에 유치에 희망했다는 소문도 있었다. 그래서 필자는 2017년 12월 중순에 한국의 대통령 선거가 있을 예정이기 때문에 COP과 같은 대규모 회의를 개최할 여력이 없다고 했다. 일부 아시아국가 대표들이 과거 한국이 2012년 COP18 유치를 위해 로비했던 기억을 떠올리면서 한국 개최 가능성을 거론했지만 필자는 시기적으로 적절하지 않다는 입장을 밝혔다.

회의 중에 박꽃님 사무관이 EIG 대표들과의 5월 24일(수) 저녁 약속이 생겼는데 필자가 반드시 참석해야 한다고 한다. 연유인즉, 필자가 참석하지 않았던 EIG 그룹 오전 전략회의에서 권 심의관이 필자가 하반기에 대사로 부임할 예정으로 이번 부속기구회의가 마지막이라고 했다는 것이다. 권 심의관에게 쓸데없는 소리를 했다고 나무라면서 스위스 대표가 주최한 만찬에 참석하여 이별의 아쉬움을 달랬다. 회의 마지막 날인 5월 26일 오전 끝 무렵에는 또 다른 이별을 준비하는 시간이 있었다. 2009년 코펜하겐 기후정상회의의 실패로 인해 모두가 실의에 빠져있을 때 기후변화협약 사무총장에 임명된 Christiana Figures가 5년간의 성공적 임무를 마치고 2010년 멕시코 칸쿤 개최 COP16 총회 의장직을 맡았던 전 멕시코 외교 장관출신으로 주독일대사로 있는 Patricia Espinosa에게 바통을 넘겨주는 합동 세션이 열린 것이다. UNFCCC 사무국의 많은 직원들과 합동 세션에 참석한 각국 대표들은 이글즈의 "호텔 캘리포니아"를 부르면서 떠나는 Christiana Figures 사무총장에대한 아쉬움을 표하는 동시에 7월 6일자로 기후변화무대에 복귀하는 신임 사무총장 Espinosa를 환영하였다. Espinosa 사무총장 내정자는 '시간은 우리 편이 아니다'(Time is not on our side)라고 하면서 파리협정 이행규칙 협상의 시급성을 강조했다. 기후협상무대에 복귀했다가 다시 떠나는 이와 떠났다가 다시 복귀하는 이들을 보면서 호텔 캘리포니아 노랫말을 떠올려 보았다. "You can check out any time you like. But you can never leave!" 이로써 필자의 Bonn에서의 기후변화 협상회의 참석은 막을 내렸다.

탄소 가격제(Carbon Pricing)와 국제협력

Bonn 회의 중에 파리협정 제6조의 후속협상 방향에 대한 이야기를 들으려고 Andrei Marcu를 만나 오찬을 같이 하면서 여러 이야기를 나누었다. Andrei는 파리협정 이행과정에 선진국들은 탄소가격이 부재한 개도국으로 에너지 집약산업이 이전되는 carbon leakage를 막기 위하여 국경세조정(border tax adjustment)을 대응조치(response measure)로 취할 수 있지 않을까 하는 의견을 내놓았다. 지금까지 협상장에서 산유국들이 선진국들의 저탄소 경제 전환에 따른 지원을 요구하는 성격의 대응조치 논의와는 전혀 다른 측면이지만 개연성이 있어 보였다. 여유시간을 활용해서 간단히 생각을 정리해 보았다.

파리기후협정은 새로운 경제 전쟁의 서막인가?(2016.5.22)

독일 본에서 열리고 있는 기후변화 협상회의가 시작한 지 벌써 일주일이 지났다. 협상시작 5일째가 되는 금요일에야 겨우 파리협정 이행을 위한 후속 협상회의 의제를 채택하였다. 왜 의제 채택에 5일이나 걸리느냐고 하겠지만 파리협정이행을 위한 rules book의 체제와 직결되기에 선진국과 개도국이 치열하게 포석 싸움을 벌인 것이다. 토요일 오전회의 후에 기후환경협상으로 일생을 보내고 있는 한 분과 오찬을 하면서 한담(?)을 나누었다. 이분의 말씀은 파리협정은 2020년 이후에 막이 오를 새로운 경제·통상역전쟁의 단초를 제공하고 있다고 한다. 요지는 기후변화 악화 방지를 위해 파리협정 이행이 불가피하며 이를 위해 각국이 온실가스 규제를 위한 탄소세 도입 내지 배출권거래제를 통해 가격을 부여하고 산업의 경쟁력 보호를 위한 여러 가지 조치를 경쟁적으로 취하게 될 것이고, 새로운 경제·무역 전쟁이 시작된다는 것이다. 따라서 각국의 기후변화 대응조치에 정당성을 평가할 수 있는 기준을 파리협정 후속이행 협상과정에 빨리 마련해야 한다는 것이다. 통상문제를 담당하는 분들은 소설 같은 이야기라고 하겠지만 환경협상에 오래 참여해 온 나로서는 새로운 걱정거리가 생긴 것 같다.

2016년 6월 10일 탄소가격제(carbon pricing) 도입을 선도하고 있는 프랑스 정부 주최로 탄소가격리더십 연합회의를 겸한 제4차 고위급 비즈니스대화가 파리에서 열렸다. 프랑스 올랑드 대통령은 회의에 참석한 각국 수석대표들과 기업 CEO들을 엘리제 오찬에 초청하여 파리협정의 목표 달성을 위하여는 탄소가격제 도입이 조속히 추진되어야 한다고 강조했다. 올랑드 대통령은 탄소가격제 도입에 대한 3개 원칙으로 자발성, 투명성, 국가간 협력을 제시했다. 프랑스 재계 지도자들은 배출량 작성기준과 MRV 투명성에 기반을 둔 공정경쟁 여건 도입이 선행되어야 한다는 입장하에 탄소가격제 도입을 지지하고 그리고 중국과 같은 고배출국의 참여가 필요하다고 강조했다. Solvay 그룹 대표는 EU 배출권시장과 중국 및 한국의 배출권 시장과 연계 필요성을 제기했다. 탄소가격제 도입을 연구한 프랑스의 전문가들은 파리협정의 목표달성과 이행을 위한 방안으로 각국의 역량에 따라 탄소의 가격을 정하는 탄소가격회랑(carbon pricing corridor) 도입을 제안하였다. 예를 들어 최빈 개도국의 경우에는 톤당 1달러를, 선진국의 경우 1톤당 20달러를 기준으로 하여 국별 소득수준과 온실가스배출량 등을 감안하여 탄소가격을 정하고 이를 2030년 톤당 100달러를 목표로 계속 상승시켜 간다는 것이다. 그리고 100여 개 기업들이 이미 내부적으로 탄소가격을 책정하여 경영에 반영하고 있다는 사실이 점진적인 탄소가격제 도입의 가능성을 보여주고 있다고 했다.

모로코 환경장관은 탄소가격제 도입에 차별화 개념이 중요하며 탄소가격제가 글로벌 온실가스 감축에 기여하고 개도국을 지원하는 것이 되어야 할 것이라고 강조했다. 세계은행 전문가는 탄소가격제에 관한 대화를 통해 제도를 확산하고 국가별로 연결해 나갈 필요가 있음을 강조했다. 기업들의 탄소 공개를 주도하는 CDP 대표는 탄소가격제 도입과 방향에 관한 강한 시그널이 확실성을 높여 주게 될 것이라고 했다. 프랑스의 탄소가격회랑과 같은 제안이 모든 국가에 적용되는 데에는 시간이 걸리겠지만 파리협정의 목표달성을 위해서는 나아가야 할 방향이라는 데 국제적인 공감대가 형성되고 있음을 느낄 수 있었다. 회의장에 비치된 OECD/IEA 발간 자료에는 OECD 회원국들의 석탄 사용량이 전체적으로 12%가 감소하였다고 한다. 국별 통계를 보니 한국은 11% 증가한 것으로 나타나 있어 씁쓸한 기분이 들었다.

제1차 한-중 기후변화 공동위원회 개최

2014년 8월 제주에서 개최된 한－중 기후변화정책협의회에서 양
국이 논의를 시작한 기후변화협력협정이 2015년 1월 서명되었다. 필자
는 중국 협상대표인 슈웨이 국장과 COP21 이후인 2016년에 제1차 공
동위원회를 갖기로 하고 일정을 조율해 왔다. 마침 기후변화협약 부속
기구회의와 APA 1차 회의가 5월에 열림에 따라 다소간의 시간적 여유
가 생긴 6월 하순에 부산에서 갖기로 합의했다. 부산 해운대 Grand 호
텔에서 6월 22일~23일 이틀 일정으로 제1차 한－중기후변화공동위원
회가 개최되었다. 회의 첫날인 6월 22일에는 양국 전문가들이 참여하
는 배출권거래제에 관한 원탁회의를 가진 후 부산 국제금융센터에 설
치된 한국 배출권거래시장을 시찰하였다. 중국은 6개 도시에 배출권거
래제를 시범적으로 운영하면서 2017년부터 이를 전국적으로 확대할
예정이었고 우리는 이미 2015년부터 배출권거래제를 운영하기 시작하
였기에 서로의 ETS 시장 운영현황과 향후 계획에 대해 많은 관심을 갖
고 있었다. 필자는 인사말을 통해 파리협정 협상과정에 많은 국가들이
ETS에 많은 관심을 가졌고 협정 제6조에 시장메커니즘이 반영되었다
고 밝히고 한－중 양국이 이 분야에서 협력 잠재력을 발굴해 나갈 필
요가 있음을 강조했다. ETS에 관한 원탁회의에서 양국 전문가들은 많
은 질의응답 시간을 가졌다. 중국 청화대 소속 전문가는 우리 정부가
공장 신·증설시의 배출권할당, 사후 조정 등을 어떻게 하고 있는지에
대해 질문을 던졌다.

이튿날 공동위 개막 모두 발언을 통해 파리협정 체결 이후 우리
정부가 취한 기후변화대응 조직 개편 현황을 설명했다. 중국 수석대표

인 슈웨이 국장은 파리협정 비준에 필요한 국내 법령을 개편하고 조직을 정비하는 작업을 취하고 있으며 6월 둘째 주에 파리협정 비준안이 외교위원회를 통과하였고 9월 하순 광조우 개최 G-20 정상회의 이전 비준을 목표로 일정을 진행하고 있다고 했다. 그리고 2030 감축 목표이행계획은 2020 감축목표 달성을 바탕으로 하여 준비중에 있다고 했다. 2030 감축목표 이행을 위한 로드맵 작성을 위해 한 발자국도 못 내딛고 있는 우리에 비하여 중국은 훨씬 빠른 속도로 나아가고 있다는 것을 느꼈다. 양국간 정책교환 세션에서 중국 대표단은 G-20 회의를 앞두고 중-미간 기후변화협력 9개 이니셔티브를 논의하고 "sustainable livable city"를 주제로 하는 제2차 Low Carbon Summit를 준비 중에 있다고 밝혔다. EU와도 저탄소 도시를 주제로 하는 회의를 가질 예정으로 사전 협의회를 가졌다고 했다. 파리협정 이행을 위한 주요 개발 도상국들과의 양자 협정체결도 관계부처간의 합의 부진으로 아무 진전을 보지 못하는 우리 입장에서 중국의 적극적인 기후외교가 부럽게 느껴지는 순간이었다.

중국 대표단을 위한 오찬 기회를 활용하여 한국의 미세먼지 문제를 이야기했다. 매년 봄 시즌이 되면 한국은 심각한 미세먼지 문제를 겪고 있다고 하면서 동북아 환경을 공유하는 양국이 공동의 문제를 위해 노력해 가는 게 좋겠다는 의견을 밝혔다. 슈웨이 대표는 중국 베이징도 대기 오염이 심하여 여러 대책을 수립해 이행하여 나가고 있다고 했다. 같은 테이블에 앉아 식사하던 중국 여성 대표는 베이징의 대기 오염이 심한 날은 중국의 대기 오염이 서울에 영향을 미치는 데 이틀 정도 걸린다고 이야기한 필자의 발언이 가끔 생각난다고 이야기하였다. 그리고 더 이상 미세먼지와 대기오염에 관한 이야기를 진전시키지 않았다. 1994년 동북아 환경협력계획을 논의할 때 중국 대표로 참석한 한 원로 협상가의 조언을 늘 맘에 두고 있었기 때문이다. 기후변화협상 무대에도 잘 알려진 통역가 출신 원로 협상가는 1994년 베이징에서 개최된 동북아 환경협력을 위한 고위급회의에서 필자와 회의록을 작성하면서 자신의 환경협상 경험을 이야기하였다. 그는 환경협력 문제를 다룰 때 절대 누구를 꼭 집어 비난하는 것을 피해야 한다고 하며 점진적으로 이해의 공동성(commonality of interest)을 추구해 나가야 한다고 강조했다.

의제별로 의견 교환을 끝낸 후 슈웨이는 마무리 발언을 통해 좋은 시작으로 깊이 있는 협력을 추진하는 기반을 마련한 것으로 평가하였다. 논의한 내용이 다양하고 풍부한 만큼 앞으로 정보와 데이터를 공유해 나가기를 바란다는 기대감과 함께 양국 대표간의 친밀한 유대감 형성을 반겼다. 필자는 기후변화협력 공동위라는 특별한 자리가 첫발을 내디뎠다고 평가하고 양국이 공동으로 직면한 많은 문제를 함께 논의해 나갈 필요성을 강조했다. 그리고 공동위 개최일 하루 전에 특별 주제 세션을 조직하여 양국 전문가들 간의 교류를 확대해 나가는 게 좋겠다고 하면서 화답하였다.

공동위 회의 중에 슈웨이는 GGGI의 Yvo de Boer 사무국장을 만나기 위해 잠시 자리를 비웠다. 슈웨이의 방한을 필자가 Yvo에게 사전에 귀띔을 해 줬고 부산에 내려와서 슈웨이를 만나 GGGI 가입을 권유해 보라고 했다. 당연히 필자도 슈웨이 대표에게 GGGI에 대해 설명하면서 가입시의 장점을 이야기했다. 슈웨이는 GGGI의 역할이 중요해질 것이라는 점에 공감을 하면서도 가입여부에 대한 즉답을 피했다. 필자는 녹색성장(green growth) 개념을 아직 중국 정부차원에서 수용하기 어려워서 그런 게 아닐까 하는 생각을 했다. 공동위를 마치고 슈웨이를 비롯한 중국 대표단은 베이징을 방문하는 EU 대표단과의 회의일정 때문에 바로 출국했다. 2014년 여름 제주도에서 열린 정책협의회에서 슈웨이와 양국간 기후변화협력협정을 체결하기로 약속한 것을 이행하고 제1차 공동위까지 갖고 작별인사를 나누게 된 것이 그나마 큰 위안이었다.

파리협정 비준에 이르는 길

2016년 상반기는 필자에게 파리협정 체결 의의와 후속조치 필요성을 대외적으로 알리는 시간이었다. 3월 21일 산림청이 주관한 세계 산림의 날 기념 심포지엄에 참석한 데 이어 3월 23일에는 경기도 안산에 있는 한국 해양과학 기술원 직원들을 대상으로 "파리협정 채택과 신기후체제 출범의 의미"에 대한 강연을 가졌다. 홍기훈 원장과는 과거 구소련 해군의 핵 폐기물 투기 해역 공동 조사 문제를 다루면서 알게 된 사이였다. 이후 홍 원장은 이 분야에서의 전문성을 바탕으로 폐기물 해양 투기문제를 다루는 런던협약 당사국 총회의장으로 활동하였다. 4월 2일에는 기후변화와 환경문제에 대해 많은 관심을 갖고 활동해 온 고려대 정서용 교수가 개최한 전문가 세미나 시리즈 첫 번째 행사에 참가하여 "파리기후협정과 우리의 외교"에 대해 발표하였다. 파리협정 협상과정에 선진국과 개도국간의 명시적 구분을 피하고 모든 당사국이 자국의 역량과 여건을 감안하여 기후행동을 취하는 신기후체제가 되어야 한다는 우리 입장을 어떻게 반영하여 나갔는지를 설명하였다. 그리고 4월 7일에는 재단법인 기후변화센터(이사장: 한덕수 전 국무총리)가 주관한 신기후체제하의 국제시장메커니즘 활용방안에 관한 국제 세미나에 참석하였다. 기후변화센터가 이 세미나의 주제 발표자로 ICTSD의 Andrei Marcu 전문가를 초청하도록 다리를 놓았다. Marcu는 시장메커니즘에 관한 전문성을 바탕으로 가끔 국적을 바꾸어 가면서 협상 소그룹의 촉진자 역할을 담당하였고 지금은 브뤼셀소재 '기후와 지속발전에 관한 유럽원탁회의'(ERCST)의 사무국장(executive director)으로 활동하면서 파리협정 제6조의 이행규칙 타결을 위해 애쓰고 있다.

4월 12일에는 인하대의 명사초청 특강에 초청되어 "꿈을 이루는 환경외교"라는 제목으로 필자의 외교관 생활을 이야기했다. 이 특강이 인연이 되었는지는 몰라도 2019년 7월 1일 외교관 생활을 마감하고 9월 1일부터 인하대 초빙교수로 기후변화와 관련된 과목의 강의를 시작했다. 그외에도 홍익대, 경북대, 국회기후변화포럼, 한국유엔협회가 주관하는 행사에 참석하여 파리협정 협상과정에서의 우리의 역할과 앞으로의 과제에 대해 행사에 참석한 젊은 세대들과 의견을 공유하였다. 2014년과 2015년 국회기후변화포럼에서 만난 대학생들이 기후변화에 대응하는 모임 "Big Wave"를 만들어 대학 졸업 후에도 활동을 이어가는 모습에 큰 감명을 받았다. 그리고 이들의 모임에 가끔 참석하여 유럽 선진국들의 기후변화 대응정책에 대해 공유하기도 하였다.

2016년 8월 1일 북한이 22번째로 파리협정을 비준하였다는 소식이 들어왔다. 유엔기후변화협약 사무국 웹사이트에 북한의 국가결정기여(NDC)가 어떻게 게재되었는지를 찾아보았지만 없었다. 아마 NDC

제출 없이 먼저 비준을 하였나 보다 생각했다. 그 후 10월 3일에 북한의 NDC가 게재되었다. 필자는 북한이 비준에 맞추어 NDC를 제출했으나 UNFCCC 사무국과 미흡한 점을 협의 보완하는 과정에 시간이 걸려겠구나하는 추측을 하였을 뿐 이를 사무국에 확인할 수가 없었다. 해외 공관에서 보내오는 보고서를 기초로 해 볼 때 2016년 하반기 중 파리협정 발효가 확실시 되고 있었다. 법제처 심사결과와 관계없이 파리협정의 취지와 파급 영향력을 감안할 때 국회의 비준동의를 받는 것이 좋다는 의견이 많았고 필자도 그러한 생각을 가졌다. 국회 기후변화포럼 공동의장인 홍일표 의원과 한정애 의원에게 조기 비준 필요성에대해 설명하고 협조를 부탁했다. 8월 26일에는 국회기후변화포럼 주최로 국회에서 조찬간담회를 가졌다. 서울대 환경대학원 윤순진 교수가 조기 비준 필요성을 설득력 있게 설명하였고 EU의 비준 동향을 김창범 전 주EU 대사가 설명을 하였다. 마침내 2016년 9월 1일 정부의 파리협정 비준안이 의안번호 제2040호로 국회에 제출되었지만 본회의에 상정되기 위해서는 외교통일위원회를 통과해야만 했다. 본부 간부들과 업무를 분장하여 외통위 의원들을 개별적으로 찾아다니면서 설득하는 과정을 거쳤다. 9월 2일에는 미국과 중국이 동시에 파리협정을 비준했다. G-20 정상회의에 앞서 미국의 오바마 대통령과 중국의 시진핑 주석이 비준서를 서명하여 동석한 반기문 유엔사무총장에게 직접 제출하는 행사를 연출한 것이다. 에너지경제신문의 요청으로 미국과 중국의 파리협정 동시 비준이 시사하는 의미를 게재하였다.

9월 8일~9일간 모로코 라바트에서 COP22를 준비하는 비공식 수석대표 회의가 개최되었다. 9월 5일 외교부 인사당국자로부터 주덴마크 대사로 나가는 게 좋겠다는 최후 통첩성 제안을 받고 수용하겠다고 하였다. 본부에서 기다린다고 하여 필자가 희망하는 자리를 받을 수 있다는 기대를 가질 수도 없었다. 모로코가 주최하는 비공식 수석대표 회의 참석은 주모로코 대사를 지낸 필자에게 남다른 의미를 지닌 것이 되었다. 비공식 회의 첫날 모로코 외교장관은 미·중의 파리협정 비준을 높이 평가하고 10월 18일~19일간 마라케시에서 사전 당사국총회 (pre-COP)를 개최할 예정임을 밝혔다. 첫 번째 세션은 COP22의 기대 사항과 각국의 비준 준비현황에 대한 의견 교환이 있었는데 브라질, 방글라데시 등 다수의 국가가 9월중 비준 가능성을 밝혔다. 파리협정 발효에 대비한 COP22 기간 중 제1차 파리협정당사국회의(CMA1)개최 방안에 대한 논의를 시작하였다. 그리고 지난 7월 하순에 부임한 Patricia Espinosa 기후변화협약 사무총장의 요청으로 2018~2019년도 예산 편성 방향에 대한 사무국의 설명을 들었다. 파리협정 교섭과정에 개도국들의 참석과 협상회의 경비조달을 위해 선진국들은 많은 자발적 기여금을 납부했다. 이에 따른 후유증을 극복해야 하는 것이 신임 사무총장의 시급한 과제였다. Espinosa 사무총장은 파리협정의 이행규칙인 "rules book" 작성, 각국 정부의 파리협정 이행지원과 기후행동 촉진, 지속발전목표(SDGs)와의 시너지 제고 등을 핵심 작업방향으로 제시하면서 사무국의 업무 효율성을 제고하겠다고 밝혔다. 회의에 참석한 부속기구의장단과 각국 대표들은 사무총장의 설명을 바탕으로 계속 논의해 나가기로 하였다.

COP21 의장국인 프랑스 Tubiana 대사는 pre-2020 기후행동 강화의 중요성을 강조하면서 마라케시회의에서 non-state actors의 행동을 조율할 가버넌스 논의 필요성을 제기했다. 일부 개도국들은 2020년까지 기후재원 1,000억 달러 달성로드맵을 작성해야 한다는 입장을

제시했다. 파리 COP21 총회시까지 활동했던 Woolcott 호주환경대사
가 주뉴질랜드 대사로 부임함에 따라 새로 부임한 호주 협상대표는 영
국과 함께 1,000억 달러 달성이라는 어렵고 힘든 작업을 해 나갈 예정
이라고 밝혔다. 모로코 비공식 수석대표회의는 새로운 협상대표들간의
신뢰와 유대관계 강화를 위한 기회로 활용되었다. 필자는 회의를 마친
후 대사 재임기간 중에 자주 찾았던 로얄다르에스살람 클럽 커피숍에
들렀다가 3년 동안 머물렀던 대사관저를 잠시 돌아본 후 귀국길에 올
랐다. 여러 변한 모습을 보면서 차라리 가보지 않았더라면 좋았을 것
을 하는 생각을 가져보기도 했다.

2016년 9월 유엔총회개막에 맞춰 개최되는 주요경제국 포럼(MEF)
회의에는 아직 필자 후임이 정해지지 않아 국장에게 회의에 참가하라
고 하고 필자는 막바지에 접어든 파리협정 비준 준비에 시간을 보냈
다. 2016년도 유엔총회에 개최되는 첫날인 9월 21일 하루 동안에 멕시
코, 싱가포르, 브라질, 태국 등 31개국이 파리협정 비준서를 제출하여
비준국이 60개국, 배출량 규모가 48%로 발효 요건인 55개국 비준, 배
출량규모 55%에 근접하였다. 당초 파리협정 발효에 기여할 수 있도록
비준하겠다는 우리의 입장 달성이 어렵게 되었다. 당초 연내 비준이
어렵다는 인도가 10월 2일에, EU가 10월 5일에 비준함으로써 파리협
정은 발효 요건을 충족한 날로부터 30일째가 되는 11월 4일에 발효하
였다. 우리 국회는 파리협정 발효일 하루 전날인 11월 3일 재석 261,
찬성 254, 기권 7로 파리협정 비준동의안을 통과시켰다. 외교부에서는
11월 3일 늦게 주유엔대표부를 통해 비준서를 유엔사무국에 기탁하였
고 그로부터 30일이 되는 12월 3일부터 한국은 파리협정 공식 당사국
이 되었다.

우리 정부의 파리협정이 공식 발효하는 11월 4일 필자는 기후변화대사 사무실에서 개인 서류와 용품들을 챙겨 나왔다. 2014년 5월 16일 시작한 기후변화대사 업무를 마감하였다. 지난 2년 반 동안의 기후외교 일선에서 일한 것을 평가받아 2016년 3월 21일 세계 기상의 날에는 기상청의 추천으로 홍조근정훈장을, 2016년 10월 12일 기후변화센터(재단법인) 창립 8주년 행사에서 센터가 선정한 2016 기후변화 그랜드 어워드 개인부문 수상자로 뽑히는 영예를 누리면서 한때 가졌던 업무에 대한 회의감이 사라지고 자부심이 자리를 굳게 잡았다.

PART
4

녹색성장의 길을 찾아가다

새로운 출발을 위한 준비

대사내정과 덴마크 총리내외의 공식 방한

2016년 9월 초순 인사담당자가 전화를 해서 주덴마크 대사로 내정을 하여 청와대에 건의서를 보낸다고 했다. 아쉬움이 있었지만 필자 입장에서는 받아들이는 수밖에 없었다. 11월 초순 부임을 예상하고 덴마크어를 배우면서 덴마크와의 업무 진행사항을 공부하기 시작했다. 덴마크어 개인교습을 받으면서 과연 이 언어를 내가 익혀야 할 필요가 있을까 하는 고민이 생겼다. 발음이 너무 어려웠고 발음 규칙도 없었다. 단어별로 발음을 익히는 수밖에 없다는 게 덴마크어 선생의 말이었다. 그 전부터 알고 지내던 토마스 리만(Thomas Lehemann) 주한 덴마크 대사는 덴마크어가 유럽 언어들 중에 가장 배우기 힘든 언어라고 하면서 인사말인 "God

Dag"(Good Day), 감사를 나타내는 "Tak"(Thank you)만 알면 되고 대사가 만나는 거의 모든 덴마크인들은 영어를 자유롭게 구사한다고 조언을 해 주었다. 덴마크 언어 공부 필요성에 대한 고민이 순식간에 사라지면서 다른 공부를 할 수 있었다. 10월 중순에 덴마크 외교부에서 필자에 대한 아그레망이 부여되었다는 연락이 왔다.

10월 23일~25일간 공식방한하는 "라스 뢰커 라스무센" 총리내외의 영예수행을 새로 부임할 대사가 할 것인지 아니면 현재 근무하는 대사가 할 것인지에 대한 이야기가 있었다. 당시 근무 중이던 마영삼 대사가 총리 내외 공식 방한 기간 중 영예 수행을 하는 것으로 준비하였기에 필자도 그렇게 하는 게 좋겠다고 했다. 방한 준비에 고생한 분이 끝까지 마무리하는 게 바람직하다고 생각했다. 필자는 10월 중순 청와대 외교부서에 근무하는 후배 L모 선임행정관과 송별 오찬을 가지면서 코펜하겐 부임 후에 덴 총리 방한 후속 조치를 원활하게 추진하기 위해서는 10월 25일 오전에 예정된 양국 정상회담시에 기후변화대사 자격으로 후열 배석을 부탁하였다. 덴마크가 한국의 녹색성장 동맹국이고 정상회담 의제에도 녹색 성장분야 양국간 협력이 포함되어 있어 후열 배석이 가능할 것이라고 생각했다. 그런데 일이 예상치 않은 방향으로 전개되었다. L 선임행정관의 보고를 받은 외교안보수석이 덴마크 정부의 아그레망이 이미 나온 상태여서 발령일을 조정하여 필자가 참석하는 방향으로 결정하였다는 연락이 왔다. 마영삼 대사에게 연락을 했더니 이미 본부로부터 연락을 받았고 귀임 준비에 시간을 더 보낼 수 있어 괜찮다고 하였다. 마 대사의 귀임 예정일은 당초 합의한 대로 11월 첫 주말로 하고 필자는 11월 10일 부임하기로 하였다. 이러한 사유로 필자는 10월 24일 주덴마크 대사로 공식 발령을 받았다. 그리고 덴마크 총리 내외의 공식 방문이 끝난 며칠 후인 10월 28일 오후 청와대에서 신임장을 받았다.

필자는 대사 내정자 자격으로 10월 23일 자정무렵 KLM항공편으로 인천공항에 도착하는 라스무센 총리 내외를 영접하기 위해 나갔다. 항공기에 내린 총리내외에게 인사를 하고 의전실로 오면서 라스무센 총리가 2014월 6월 GGGI 의장직에서 사임하던 때에 필자가 한국 대표로서 작별 인사를 했던 내용을 이야기했다. "라스무센 의장의 사임이 GGGI에게는 큰 손실이지만 덴마크 정계에 성공적으로 복귀하여 총리로서 한국을 공식방문해 주기를 고대한다"라고 작별인사를 했다. 라스무센 총리는 기억난다고 하면서 "꿈은 이루어진다"(Dreams come true)라고 답변을 했다.

라스무센 총리 내외는 10월 24일 오전 공식 방한 첫 일정으로 강화도에 있는 꿈틀리 학교를 찾았다. 꿈틀리 학교는 고교를 졸업한 젊은이들이 자신들의 진로를 찾기 전에 1년 이내 수학하는 기숙사형 자유학교인 덴마크의 에프터 스콜레를 벤치마크하여 만들어졌다. 덴마크 모델의 해외 진출을 추진하는 실용주의 총리로서 의미 있는 일정이었지만 필자는 동행하지 못했다. 주한 덴마크 대사가 총리 일행들을 위한 자체 행사라고 설명을 했기 때문이다. 10월 24일 오후 한강공원 물빛광장에서 열린 인어공주 동상 제막식 행사부터 참석했다. 이날 공개된 물빛광장 인어공주상은 코펜하겐 인어공주 상을 80% 축소한 것으로 국내에 진출한 덴마크 기업들이 기부금을 거둬 만든 것으로 코펜하겐시를 통해 서울시에 기증되었다. 필자는 이날 행사에 참석한 Frank Jensen 코펜하겐 시장과 인사를 나눴고 부임 후에 정식 인사를 가겠다고 약속을 했다. 이날 약속 덕분에 대사들이 가장 만나기 어렵다는 Jensen 시장을 부임 후에 만날 수 있었다. 인어공주 상 제막식 행사에서 라스무센 총리는 박원순 서울시장으로부터 서울 명예시민증을 받았다. 한국을 10번 이상 방문하고 한국에 대해 특별한 애정을 지닌 덴마크 총리가 이제야 서울시의 명예시민이 된다는 게 너무 늦지 않았나 하는 생각이 들었다.

10월 24일 15:40 연세대학교 경영대학건물에서 라스무센 총리에 대한 명예 정치학 박사 수여식이 김용학 총장과 여러 간부 교수들이 참석한 가운데 개최되었다. 라스무센 총리는 대학생 시절이던 1989년 북한 방문을 시작으로 한국이 자신에게 특별한 나라가 되었다고 수락 연설을 시작했다. 그 이후 자신은 한국을 10차례 이상 방문했고 한국의 변화한 모습을 미운 오리 새끼(ugly duckling)가 백조(swan)로 변모한 것에 비유했다. 그리고 덴마크가 국가 수입의 절반이 세금으로부터 나오지만 OECD 국가 중에 소득 평등성이 최고이고 가장 행복한 국가로 꼽히는 이유를 열거했다. "고세율, 고복지"(high taxation, high return)에 기반한 든든한 사회계약, 폭넓은 지지에 기반을 둔 책임감 있는 경제정책, 사용자와 노동자를 포함한 모든 이해관계자들의 실용적 해결방안 추구, 높은 고용률과 유연안전성(flexicurity) 등을 덴마크의 강점으로 설명했다.

이어 덴마크가 1970년대 오일쇼크를 극복하기 위해 추진한 에너지 자립정책에 힘입어 오늘날 녹색 재생에너지의 선도국이 된 과정을 설명하면서 이행 초기에 정부의 엄청난 보조금이 지급되었다고 밝혔다. 그리고 폐기물 재활용을 위한 순환경제, 2020년까지 전력생산의

50%를 재생에너지로부터 충당하고 기업의 혁신을 제고하는 정책을 중점적으로 추진하고 있다고 밝혔다. 한국의 높은 IT 기술과 혁신은 연결성을 상징되는 세계화 과정에 양국이 높은 협력 잠재력이 있다는 것을 보여준다고 했다. 덴마크는 유엔의 2030지속발전 목표를 달성하는 데 기여하기 위해 현재의 "글로벌녹색성장 포럼"(3GF: Global Green Growth Forum)를 발전시켜 나갈 것이며 이 과정에 한–덴 양국의 협력 필요성을 강조했다. 이어 라스무센 총리는 양국의 대학생들이 참여한 창업 세미나에서 고등교육 학위로만 충분하지 않고 현실에 접목하는 행동으로 전환하는 것이 필요하다고 했다. "원숭이도 나무에서 떨어질 때가 있다"고 하면서 젊은이들이 창업에서 실패하는 것을 두려워해서는 안된다고 격려했다. 연세대 방문을 마친 라스무센 총리는 다음 날 있을 한–덴 정상회의 준비를 위해 숙소인 신라호텔로 돌아갔다.

한-덴 정상회담과 녹색성장 동맹회의

10월 25일 오전 청와대에서 한–덴 정상회담이 열렸고 이어 오찬이 개최되었다. 양국 정상은 공동성명과 전략적 동반자 및 녹색성장을 위한 2016~2019년도 행동계획(action plan)을 채택했다. 이 행동계획은 필자가 주덴마크 대사로 근무하는 동안 추진해야 할 업무의 방향을 제시해 주는 것이었다. 정상회의에서 논의된 많은 의제 중에 필자가 특별히 관심을 가진 것은 라스무센 총리가 '글로벌 녹색성장포럼'을 2015년에 채택된 파리기후협정과 2030 지속발전목표(SDGs)의 이행을 지원하기 위한 새로운 글로벌 이니셔티브로 전환하겠다고 밝힌 점이었다. 라스무센 총리는 새로운 이니셔티브 출범의사를 3GF 회원국이자 녹색

성장 동맹국인 한국에 처음으로 공개하는 것이라고 하면서 출범 과정
에 협조를 요청하였다. 라스무센 총리는 새로운 이니셔티브 출범 회의
를 2017년 9월 유엔총회시에 개최할 예정이라고 밝혔다. 윤병세 장관
은 필자에게 2017년 9월 유엔 총회에서 덴마크의 새로운 이니셔티브
가 출범하게 되면 정상이 참석할 중요한 이유가 되므로 잘 follow-up
하라고 이야기했다.

덴마크 총리는 서울-코펜하겐간에 직항 항공편이 취항할 수 있
도록 우리 정부의 지원을 요청했다. 박 대통령은 양국을 오가는 관광
객 수가 적정 규모에 이르면 직항노선이 개설될 수 있을 것이라는 원
론적 입장을 밝혔다. 정상회의 시작 전 배석자 인사에서 박 대통령은
필자에게 덴마크에서 서울오는 데 몇 시간이 걸리는지를 물어 필자는
직항편이 없어 16시간 정도 걸린다고 답변했다. 정상회의에 이은 오찬
행사도 매우 좋은 분위기에서 진행되었다. 일부 청와대 배석자들이 내
일 언론에 한-덴 정상회담 기사가 많이 실리면 좋겠다는 넋두리 섞인
평을 들으면서 영문을 모르는 필자는 '당연히 크게 실리겠지'하는 생각
을 했다. 하지만 이 생각이 바뀌는 데는 많은 시간이 걸리지 않았다.

오찬 후 신라호텔에서 라스무센 총리와 황교안 국무총리간의 총
리회담이 열렸다. 오전 정상회담에서 광범위한 주제를 다뤘기 때문에
특별한 관심사항 없이 의제별로 통상적인 대화로 회담이 진행되었다.
필자 옆자리에 앉아있던 장호진 총리외교보좌관이 휴대폰 문자를 보여
주었다. 박 대통령이 비선 실세 최순실로부터 연설 작성 등에 도움을
받았다고 인정하는 연설 동영상이 오후 4시 엠바고로 기자단에 배포되
었다는 내용이었다. 내일 아침 신문에 라스무센 총리 방한 기사를 찾

아보기 힘들겠구나 하는 생각이 머리를 스쳤다. 양국 총리는 회담 후 제6차 녹색성장 동맹회의에 참석하였다. 이어 라스무센 총리는 양국 보건의료 분야 협력을 위한 간담회에 참석하고 저녁에는 신라호텔에서 모피 패션쇼를 겸한 갈라 만찬을 개최한 후 자정경에 KLM 편으로 출국했다. 필자는 공항 탑승구까지 총리 내외를 배웅하면서 코펜하겐에 부임하여 인사를 드리겠다고 하였다. 라스무센 총리 내외의 공식 방한 기사는 10월 26일자 국내 영자 신문에 조그만하게 취급되었을 뿐 다른 신문에서는 아예 찾아볼 수가 없었다. 라스무센 총리 내외의 방한 성공을 위해 동분서주한 Thomas Lehemann 대사에게 미안한 맘을 금할 수가 없었다.

미운 오리 새끼가 백조로 거듭나는 시간

덴마크에서 맞이한 격동의 시간

2016월 11월 10일 프랑크푸르트를 경유하여 코펜하겐에 부임하였다. 외교관 여권을 새로이 발급받아 출국했기 때문에 여권에 아무런 기록이 없어 프랑크푸르트 공항 경유시에 독일 이민국 신참 직원에 걸려 고생을 했다. 코펜하겐에 도착하니 부슬비가 내리는 캄캄한 밤이었다. 관저에 모인 직원들과 인사를 나누고 자리에 들었다. 시차로 인해 이른 새벽에 잠을 깨었고 멍한 상태로 코펜하겐의 첫날을 맞이하였다. 덴마크도 1차 세계대전 종전일인 11월 11일을 공휴일로 지정하고 있어 긴 주말을 관저 옆에 있는 Charlottenlund 공원을 거닐면서 덴마크에 보낼 시간을 설계하면서 보냈다.

대사 관저 옆에 있는 샬로텐보그 궁과 인근 공원, 필자에게는 소소한 행복-휘게를 체험하는 산책 코스였다.

11월 14일(월) 14:00 덴마크 외교부 의전장에게 신임장 사본을 제출하는 약속이 잡혀 있었다. 월요일 아침 출근해서 담당자에게 확인하니 아직 본부에서 신임장 원본과 인증 사본(certified copy)이 든 파우치가 도착하지 않았다고 한다. 본부 의전과로부터 신임장 원본 복사본을 메일로 받아 덴마크 의전장에게 제출하였다. 모로코에서 외교부 장관에게 신임장 사본을 제출하는 날 담당 직원이 파일 캐비닛을 잠그고 국회의원 일행을 안내하여 페즈를 가는 바람에 신임장 인증 사본을 제출하지 못하고 원본 복사본을 제출한 기억이 떠올랐다. 공관장 두 번을 하면서 두 번 모두 제대로 된 신임장 사본을 주재국 외교부에 제출하지 못한 셈이다. 덴마크 의전장으로부터 12월 16일 예정된 신임장 제정일까지 대사 부임자가 지켜야 할 의전에 대해 설명을 들었고 라스무센 총리 공식방한시 수행하였던 인사들에 대한 부임 인사를 늦추어야 했다. 신임장 제정 날짜를 기다리면서 대사관 전 영사의 건의로 교민들이 다수 거주하는 올보그(Aalborg)와 오후스(Aarhus) 지역에 순회 영사 활동을 다녀왔다. 두 지역에 거주하는 교민들과 만찬을 겸한 상견례를 가졌는데 이게 훗날 투서의 빌미가 될 줄은 상상도 못했다.

12월 9일 한국 국회에서 박근혜 대통령 탄핵 소추안이 찬성 234표, 반대 56표, 기권 2표, 무효7표, 불참1표로 통과되었다. 대통령의 직무가 정지되었지만 대통령 직위는 헌법재판소의 적부심의 판결이 있을 때까지 유지된다. 따라서 박 대통령이 서명한 특명전권대사 신임장을 12월 16일 덴마크 여왕에게 제정하고 대사로 활동하는데 아무런 법적 문제가 없었다. 그렇지만 덴마크 정부각료 등 주요인사들에 대한 면담 요청은 거의 성사되지 못했다. 2017년 1월 1일 대사관 직원가족과 주요 교민부부를 관저에 초청하여 떡국을 나누는 신년 하례식 행사를 가졌다.

뉴스의 진원지가 된 조용한 겨울왕국

한밤중에 관저 일반 전화 벨이 요란하게 울렸다. 긴급한 일이 있을 때 통상 휴대폰으로 연락이 오지 일반 전화로 연락이 오는 경우가 드물었다. 전화를 받으니 서울 모 TV 방송사라고 한다. 정유라가 덴마크 올보그에서 덴마크 경찰에 구금되었는데 알고 있는지를 물어왔다. 당연히 모르고 있었기에 모른다고 했다. 대사관에서 어떤 조치를 취할 것인지를 물어와서 날이 밝은 후에 덴마크 당국과 접촉해서 관련 사항을 알아보겠다고 답변했다. 그 이후 전화벨이 연이어 울렸고 전화를 건 일부 언론사는 인터뷰를 요청했지만 할 이야기가 없다고 정중히 거절했다.

1월 2일 6시경에 본부 재외국민영사국장으로 전화가 왔다. 장관의 지시라고 하면서 대사 또는 공관 차석이 현지에 출장 가서 정유라를 영사면담하고 여권 취소명령서를 전달하라고 했다. 그리고 정유라의 자진 귀국을 설득하고 안 될 경우 강제 추방이나 송환에 필요한 조치를 알아보고 했다. 공관에서 누가 출장 가는 게 좋을지에 대해서는 공관장이 알아서 판단하라는 게 장관의 뜻이라고 했다. 대사관 전호정 영사에게 연락하여 사무실에 나가 본부 전문과 덴마크 경찰에서 연락이 온 것이 있는지를 챙겨보라고 했다.

오전 7시경에 덴마크 올보그 소재 유틀란드북부경찰서(Nordjyllands Politi)로부터 1월 1일 19시 54분에 한국 시민 1명을 체포하였음을 알리는 이메일이 대사관 계정으로 전달되었다. 경찰 측 이메일 내용에 따르면 한국 기자가 해당 시민을 추적하고 있었으며 668백만 달러 상당의 돈세탁 사건 관련자라고 했다. 경찰 측은 한국 당국에도 가능한 빠른 시간 내 연락을 해 달라고 하였으며 연락이 없을 경우 1월 2일 19시 54분에 석방할 것이라고 했다. 그리고 체포된 한국 시민 성명은 정유라이고 생년월일과 여권번호를 알려왔다. 덴마크 코펜하겐 인터폴에서는 올보그에서 체포된 한국 시민 정유라가 인터폴 수배자 명단에 없다고 하면서 한국 인터폴에 확인을 요청하였다고 연락이 왔다. 또 필자와 통화한 본부의 대변인은 기자 대상 인터뷰를 하지 않는 게 좋겠다고 하면서 특히 고위층에서 좋아하지 않는다는 의견을 알려왔다.

사안의 중요성을 감안하여 올보그 출장은 필자와 공관에서 정무 업무를 담당하고 있는 박형철 참사관 겸 영사가 함께 가는 것으로 결정하고 오전 항공편 예약을 지시했다. 그리고 공항으로 가는 차량 안에서 덴마크 외교부 아태국장과 통화하여 상황을 설명하고 협조를 요청해 두었다. 이동 중에 사무실로부터 본부에서 정유라 관련 조치에 대한 지시가 왔다고 알려 왔다. 내용은 정유라에 대한 영사접견을 실시하여 자진 귀국 의사가 있는지를 확인하고 여권 반납 명령과 함께 무효화 조치에 대해 설명하라는 것이었다.

올보그로 가는 항공편에는 파리에 주재하고 있는 모 방송사 기자도 보였다. 알지 못하려니 했는데 올보그 공항에 내리기가 바쁘게 인터뷰를 요청했다. 필자도 정유라 사건이 어떻게 진행되어 갈지 궁금해서 알아보려고 올보그에 왔다고 간단히 응답하고 경찰서로 향했다. 담당 경찰관의 안내를 받아 올보그 구치소에 구금된 정유라를 영사 면담했다. 구치소 입구에서 신분증을 보여주고 성명을 기재한 후 휴대폰을 맡겼다. 구치소 면회실은 가운데 면담용 테이블과 의자들이 놓여 있었고 벽면에 설치된 서랍장에는 아기 놀이 인형들이 놓여 있는 아담한 분위기였다.

잠시 기다리니까 직원의 안내를 받아 정유라가 나왔다. 덴마크 주재 한국 대사라고 밝히고 면담을 시작했다. 맘을 안정시키기 위해 구치소에서 불편한 게 없는지와 아기를 면회하는 기회를 가졌는지를 물으면서 이야기를 시작했다. 정유라는 미리 답변을 준비해 둔 것처럼 담담하게 자신의 이야기를 했다. 이대 입학 후 최경희 총장과 담당교수를 한 번 만났다고 하면서 자신의 억울함을 호소했다. 사실 규명 차원에서 귀국할 것을 권유하자 정유라는 아들과 함께 있을 수 있다면 언제든지 귀국할 용의가 있다고 했다. 서울에 있는 변호사가 6개월 이상 구속될 수 있다고 하여 두렵다고 하면서 불구속 수사를 해 줄 것을 요청했다. 그리고 귀국을 위해 3~5일 정도의 신변정리 시간을 주기를 희망했다. 자신은 이제 꿈을 버렸으며 아들과 함께 지내는 것이 유일한 희망이라고 흐느꼈다. 면담을 마무리하기 전에 여권 반납 명령서를 전달하고 반납치 않으면 7일 후에 무효화된다고 설명하였다. 정유라는 덴마크 경찰에 체포될 당시 여권을 압수 당했다고 했다. 오후 2시 반에 예정된 올보그법원의 구금 연장여부 심리 때 만나자고 하고 면담을 끝냈다.

올보그 구치소 전경　　　　　　　　　　　정유라가 구금되었던 올보그 구치소 입구

　　새해 초라 그런지 마땅히 점심을 먹을 장소가 없었다. 동행한 대
사관 박형철 참사관과 함께 인근 슈퍼마켓에 가서 샌드위치와 음료수
를 사서 법원으로 갔다. 미리 심리 법정을 알아두는 게 좋겠다고 생각
했다. 법정실 입구 대기 공간에서 샌드위치를 먹는 데 벨기에 주재 김
병수 연합뉴스 특파원이 보였다. 서로 인사를 하고 샌드위치를 나눠
먹었다. 기다리는 중에 특검에서 외교부를 통해 강제송환요청서를 덴
마크 검찰과 대사관으로 보낼 예정이라고 하면서 정유라의 긴급 구금
연장을 요청해 왔다. 자진 귀국 내지 덴마크의 강제 추방을 요청하라
고 하던 입장이 달라진 것이다. 주재국 정부에 혼선을 주지 않기 위해
우리 입장을 명확히 할 필요가 있었다. 담당국장과 연락이 안 되어 윤
장관에게 전화를 했지만 분명한 입장을 알 수가 없었다. 얼마 후 담당
국장이 연락을 해 왔다. 특검의 입장이 정부의 공식 입장이고 향후 국
내와의 연락은 자신을 통해서 해 달라는 것이었다.

　　구금연장여부 심리 시간이 가까워지면서 상당수의 한국 기자들이
들어왔다. 호송 경찰 2명이 정유라를 데리고 와서 별도 대기실로 들어

왔다. 호송 경찰 한 명이 필자에게 다가와 정유라가 만나고 싶어 한다는 것이었다. 정유라는 불구속 상태에서 검찰 조사를 받을 수 있다면 바로 자진 귀국하겠다는 입장을 밝혔다. 필자는 요청사항을 서울에 전달하겠다고 하고 심리 법정에 한국 기자들이 많이 와 있으니 당황하지 말라고 알려주었다. 심리 중에 덴마크 검찰은 한국 특검이 이메일로 보낸 긴급인도구속청구서의 내용을 중심으로 질의하였고 변호사는 정유라의 강제 송환요구가 정치적 동기를 갖고 있고 아기 돌봄 등 인도적 사유를 감안할 때 바로 석방되어야 한다고 주장했다. 올보그 법원 판사는 양측의 주장과 심리를 끝낸 후 최종 결정을 위한 30여 분간의 휴정을 선언했다. 휴정 중에 정유라는 심리에 참관한 한국 기자단과 일문일답의 시간을 가지면서 자신의 입장을 밝혔다. 올보그 법원은 1월 30일까지 정유라의 구금연장을 판결했다. 이에 불복한 정유라 측은 1월 3일 고등법원에 항소하였으나 기각되었다. 정유라는 구금연장 결정에 대해 대법원에 항소하지 않지만 한국에도 자진 귀국하지 않겠다는 입장을 변호사에게 밝혔다는 소식이 덴마크 검찰 측에서 알려왔다.

Thomas Lehemann 주한 덴마크 대사가 국회 하태경 의원실로부터 정유라에 대한 "최순실 게이트" 국조특위 청문회를 덴마크 정부의 협조를 얻어 올보그 현지에서 실시하고 싶다는 협조 공문을 접수하였다고 1월 5일 알려왔다. 필자는 1차적으로 덴마크 정부에서 알아서 판단할 사안이라고 생각하였고 본부에서 구체적 지시가 오면 입장을 밝히겠다고 했다. 외교부에서 정유라와 사실혼 관계에 있던 남편이 특검을 통해 아이에 대한 "긴급구난 요청서"를 보내왔다고 하면서 관련사항 파악을 요청해 왔다. 필자는 법률 검토가 필요한 사안으로 덴마크 변호사에게 자문을 구해 보는 게 좋겠다는 의견을 밝혔다.

　　정유라 구금 및 한국정부의 범죄인인도요청 사건은 기삿거리가 없던 덴마크 언론들에는 주요 호재 거리였다. 덴마크 TV와 신문은 주한 덴마크 대사의 인터뷰를 곁들어 연일 주요 기사로 다루었다. 그리고 조용하던 올보그도 한국 취재기자들로 인해 들썩였다. 필자에게도 여러 곳에서 인터뷰 요청이 들어왔지만 거절했다. 취재 열기가 높아지자 덴마크 검찰은 보도자료를 통해 1월 7일(토) 오전 10시에 정유라 건을 담당하는 Mohammad Ahsan 차장검사의 인터뷰가 있을 예정임을 밝혔다. 정유라 사건을 취재하고 있는 국내 방송과 신문 기자들이 코펜하겐으로 몰려왔다.

　　필자는 언론 인터뷰가 끝난 12시경에 Ahsan 차장검사와 30여 분 정도 면담을 가졌다. 필자는 덴마크 검찰이 우리의 범죄인인도청구서를 신속하게 검토하여 현명한 결과를 도출할 수 있기를 기대한다고 밝혔다. Ahsan 차장은 정유라 건이 한국에 매우 중요하다는 것을 잘 알고 있다고 하고 범죄인 인도문제는 매우 복잡하고 민감한 사안인 만큼 신중하게 검토하고 있다고 했다. 특히 덴마크 법상 범죄인 인도 청구 사유에 충족되는지를 자세히 살펴볼 예정이며 자신의 부서가 이 사건 검토를 전담하고 있다고 했다. 취재차 코펜하겐을 방문한 기자단을 대사관저로 초청하여 저녁을 같이했다. 이들을 통해 서울의 분위기를 간접적으로나 느낄 수 있었고 또 앞으로 공관에서 이 사건을 어떻게 다루어 나가야 할지를 생각하는 데 도움이 되었다. 그리고 일부 교민이 일부 취재기자에게 필자에 대해 투서를 했다는 이야기를 듣고 씁쓸함도 함께 느끼는 시간이었다.

　　올보그 법원에서 열린 1월 2일 구금연장 심리 때 정유라와 우리

기자단과의 질의응답 모습과 심리과정 일부 장면이 국내 언론에 보도
되었다. 이 장면들이 덴마크 언론을 통해 소개되자 덴마크 법원과 경
찰은 이를 취재한 한국 기자들에게 규정 위반으로 벌금형 등을 부과할
것이라고 밝혔다. 또 1월 13일(금)과 1월 14일(토) 저녁 시간에 올보그
구치소 앞에서 덴마크와 스웨덴 거주 교민들이 촛불 집회를 하겠다고
알려왔다. 필자는 1월 13일 오전 덴마크 경찰청장과 코펜하겐 경찰청
장을 만나는 시간을 가졌다. 우리 기자들의 취재 열기로 인한 물의에
대해 사과하고 덴마크 법과 규정을 잘 알지 못해 일어난 일인 만큼 선
처를 요청했다. 그리고 올보그에서의 촛불 집회가 안전하게 진행될 수
있도록 덴마크 경찰의 협조를 당부했다. 대사관 차원에서 촛불 집회가
순조롭게 진행되고 마칠 수 있도록 필요한 협조를 제공하겠다고 했다.
토요일 아침 서울에 있는 친구들과 후배들이 필자의 이름이 다음과 네
이버 실시간 검색어 1위에 올랐다고 화면을 캡처해서 보내주었다.

　덴마크 검찰청 Ahsan 차장검사가 민감한 사안이라면서 1월 27일
필자에게 서한을 보내왔다. 정유라 변호사가 덴마크 검찰청에 진정을
해 왔다고 하면서 변호사 주장의 사실여부와 관련 사항을 알려 달라는
것이었다. 내용은 1월 24일 대사관 직원이 정유라를 면회하여 자진 귀
국을 하지 않으면 아이 친부를 통해 아이를 데려가겠다고 협박을 했다
는 것이었다. 자신도 1월 24일 대사관 직원의 정유라 면담에 대해서
알고 있지만 면담 내용은 모르고 있다고 밝혔다. 정유라와 사실혼 관
계에 있던 아이의 아빠가 아이를 데려가기 위해 특검을 통해 외교부에
긴급구난 요청서를 제출한 사실이 알려진 것이다. 당시 필자에게는 정
유라가 아이의 친부가 아이를 데려가기 위해 일을 벌이고 있다는 것을
국내 변호인 측으로부터 듣고 이를 면회 간 대사관 직원에게 확인한

것으로 보였다. 그리고 이를 대사가 자진 귀국 유도를 위해 협박한 것
으로 변호사에게 이야기한 것으로 보였다. 필자는 이러한 사항을 서한
으로 작성하여 Ashan 차장검사에게 전달하였다. 이로써 이 문제는 일
단락이 되었다.

2017년 3월 10일 헌법재판소의 박근혜 대통령 탄핵 결정이 있었
다. 이른 새벽에 일어나 헌재의 평결 모습을 지켜보았다. 그로부터 일
주일 후인 3월 17일(금) 오전 8시 덴마크 검찰은 보도자료를 통해 정유
라를 한국으로 범죄인 인도하기로 결정하였다고 발표했다. Mohammad
Ahsan 차장은 한국의 범죄인인도청구 요청서를 자세히 조사해 본 결
과 덴마크 범죄인 인도법의 범죄인 인도에 필요한 모든 요건을 충족한
다고 설명했다. 정유라 변호사는 현지 통신과 인터뷰를 통해 덴마크
검찰의 결정에 대한 불복 소송을 제기할 것이라고 밝혔다. 정유라 송
환을 위한 업무는 이제 덴마크 법원으로 넘어갔고 지리한 법정 다툼이
예측되었다. 필자는 3월 20일부터 일주일 예정으로 미국 미네소타와
워싱톤 DC 방문길에 올랐다. 국제박람회기구(BIE)의 집행위원장 자격
으로 2022/23년도 인정박람회를 신청한 미국 미네아폴리스 현지 실사
및 미국 국무부 등 연방정부 관계자들을 면담하기 위해서였다.

2017년 4월 19일(수) 정유라가 제기한 범죄인인도결정 불복 소송
이 올보그 지방법원에서 열렸다. 필자는 4월 16일부터 일주일 일정으
로 2023년도 국제박람회 유치후보국인 아르헨티나 방문길에 올랐다.
국내 정치 공백으로 인해 공관에서 할 수 있는 일이 거의 없는 상황에
서 국제박람회 유치후보국 조사단장 역할 수행도 보람 있는 업무였다.
올보그 법원의 판결도 덴마크 검찰이 결정한 정유라의 한국 송환을 유

지하는 것이었다. 정유라 변호사는 법원의 결정을 수용할 수 없다면서 항소 의사를 밝혔다. 또 올보그 법원은 검찰이 요청한 정유라의 구금 연장 요청을 도주 우려 등의 이유로 수용하였다. 변호사가 전자 발찌 착용 및 매일 경찰 출두 보고 조건으로 구금해제를 요구하였으나 불허 되었다.

정유라는 1심 판결 후 매일 아이를 볼 수 있다면 한국으로 돌아갈 용의가 있다는 의사를 변호사를 통해 밝혔다. 1심 재판에 참관한 연합 뉴스 김병수 특파원이 정유라에게 덴마크 망명을 추진할 의사가 있는 지를 문의했고 정유라는 의사가 없다고 답했다는 보도가 있었다. 5월 중순에는 한국 법무부 출장단이 덴마크 방문을 추진하였지만 덴마크 검찰은 시기상 적절치 않다고 접수를 거부했다. 5월 24일 오후 늦게 정유라 변호사는 덴마크 검찰에 송환불복 항소심 재판을 더 이상 추진 하지 않겠다고 통보했다. 덴마크 검찰은 이러한 사실을 5월 25일 공관 에 알려 주면서 정유라는 30일 내 덴마크를 떠나야 하는 만큼 필요한 조치에 대해 대사관과의 협조를 요청했다. 이후 정유라의 송환은 순조 롭게 준비되었고 정유라는 호송팀과 함께 5월 30일 오후 KLM편으로 덴마크를 출발하였다. 한 편의 드라마가 끝난 느낌이었다.

녹색성장과 2030 글로벌 목표 연대(P4G) 발족

라스무센 총리는 2016년 10월 공식 방한 기간중에 박근혜 대통령 과 가진 정상회담에서 2009년부터 덴마크 정부가 추진해 온 글로벌녹 색성장포럼(Global Green Growth Forum: 3GF)을 새로운 이니셔티브로 발족하겠다고 밝히고 한국정부의 협조를 구했다. 코펜하겐 부임 후에 덴마크 외교부에서 3GF 사무국장과 가끔 면담을 갖고 3GF의 발전적 개편방향에 대해 이야기를 나눴다. 3GF 후속 이니셔티브의 성격과 기대 역할에 대해 주로 필자의 생각을 피력했다. 후속 이니셔티브는 참가국들이 전문성을 바탕으로 선택과 집중을 할 수 있는 분야를 선정하는 것이 좋겠다는 기본 입장을 피력했다. 그리고 파리기후협정과 2030 유엔 지속발전목표의 이행에 참여하는 주체에는 정부뿐만 아니라 기업, 시민사회단체 등 비정부 행위자들까지 포함하고 사업방식으로 민관파트너십(PPP)을 활성화할 필요가 있다고 강조했다. 2017년 상반기 동안 정유라 송환문제 및 국제박람회기구 업무로 인해 필자의 일정이 여의치 않아 공관 윤현수 참사관에게 덴마크 외교부와의 3GF 관련 업무 협의를 진행토록 했다. 윤 참사관은 그 이전에 필자와 2차례 같이 근무를 했다. 필자가 환경과학과장을 하던 1999년에는 과원으로, 기후변화대사로 부임한 2014년에는 기후변화환경과장으로 근무를 했다. 5월 10일 대선에서 문재인 대통령이 당선되었고 신정부가 출범을 했다.

5월 18일(목) 덴마크 외교부 통상차관보, 아태국장 등 공관의 외교활동에 필요한 주요 인사들을 관저 만찬에 초청하여 신정부의 출범에 대해 설명하였다. 만찬 중에 아태국장이 통화를 위해 잠시 자리를 비웠다. 총리 외교안보수석 전화인데 라스무센 총리가 한국 문재인 대통령과 전화통화를 하고 싶어 한다는 요지였다. 주한 덴마크 대사에게 지시할 예정인데 필자가 도와주면 좋겠다고 했다. 필자는 다음날 덴마크 측의 요청사항을 본부에 보고했다. 그로부터 며칠 후 주한 덴마크 대사가 서울에서 통화주선이 힘들다고 하면서 필자가 정상통화를 주선해 주면 좋겠다고 요청해 왔다. 본부 지역국에서는 통화요청 국가가 많고 신정부 업무 인수로 매우 바쁜 일정이어서 당분간 어려울 것 같다는 반응이었다. 문 대통령 캠프에서 일하다가 청와대에서 외교업무를 보좌하고 있는 고시 동기에게 양국관계 현안을 설명하고 부탁을 했다. 양국 정상의 통화 일정을 협의한 끝에 2017년 6월 1일에 문재인 대통령과 라스무센 총리 간의 전화통화가 이루어졌다. 덴마크 총리실과 외교부 관계자들이 모두 좋아했고 필자에게 고맙다는 인사를 했다.

덴마크가 3GF의 후속 이니셔티브 명칭을 "녹색성장과 2030 글로벌 목표를 위한 연대"(Partnering for Green Growth and the Global Goals 2030: P4G)로 확정했다. P4G의 5개 중점분야로 물, 에너지와 기후변화, 순환경제, 도시, 식량/농업으로 선정하고 이 분야에서의 민관파트너십(PPP)을 촉진하기로 했다. P4G 출범식은 유엔 총회기간 중인 2017년 9월 20일 뉴욕 UN 본부에서 덴마크 라스무센 총리의 주재로 개최키로 하였다. 덴마크는 출범식 행사에 과거 3GF 참가국인 한국, 베트남, 칠레, 멕시코 등의 정상 참가를 요청해 왔다. 덴마크가 GGGI의 주요 공여국이고 우리와 녹색성장 동맹 관계에 있음을 고려할 때 우리의 참여는 불가피했다. 그러나 서울의 반응은 그리 호의적이 아니었다. 녹색성장이라는 용어에 대해 일부 고위층이 부정적 입장을 보이고 있다고 했다. 덴마크는 우리가 녹색성장 용어를 대치할 대안을 제시하면 검토해 보겠다는 유연한 입장을 보였다. P4G 출범식 회의에 정상의 참석이 불가함을 확인하고 외교장관이 참석하는 방향으로 유도했다. 강경화 외교장관의 출범식 참석으로 덴마크에 우리 체면은 세웠으나 모 부처는 불쾌감을 표명했다는 이야기가 들려왔다.

덴마크 정부는 P4G 사업을 위해 연간 4백만 달러를 출연하고 사무국 역할을 워싱톤 DC소재 세계자원연구소(WRI)에 맡겼다. 매년 2년 단위로 P4G 정상회의를 개최하기로 하고 2018년에 제1차 회의를 갖기로 하였다. 덴마크 정부는 당초 제1차 정상회의를 제3국에서 개최하기를 희망하면서 한국 또는 멕시코를 후보지로 타진하였다. 필자는 덴마크 외교부 담당 국장에 한국의 제1차 P4G 정상회의 개최가 어려움을 분명히 했다. P4G 출범에 참여하는 과정도 어려웠는데 1차 정상회의 개최 추진은 불가능하다고 생각했기 때문이다. 결국 덴마크가 제1차 정상회의를 개최키로 하고 시기를 2018년 11월 하순으로 내정하고 우리 정상의 참여 가능성을 문의해 왔다. 아르헨티나에서 개최되는 G-20 정상회의 일정과 하루 차이여서 정상참석이 불가능하다고 했다. 덴마크는 2018년 10월 중순 브뤼셀에서 개최되는 ASEM 정상회의 일정과 연계한 날짜를 제시했고 필자는 본부의 긍정적 회신을 덴마크 정부에 알려 주었다.

2017년도 녹색성장동맹회의가 11월 17일(금)~18일(토)간 코펜하겐에서 개최되었다. 양국 환경장관을 수석으로 하는 대표단이 참석한 가운데 순환경제(circular economy)를 주제로 한 회의였다. 환경부 김은경 장관은 독일 Bonn에서 열린 제23차 기후변화협약 당사국 총회(COP23)에 참석 후 11월 16일(목) 밤늦게 코펜하겐에 도착하였다. 코펜하겐에 미리 도착해 있던 Thomas Lehemann 주한 대사가 11월 17일(금) 오전 양국 환경장관회의와 녹색성장동맹회의 개회식에는 덴마크 환경식품장관이 참석하지만 이후에는 의회 예산 심의 세션에 참석해야 해서 환경차관이 대신 참석할 것이라고 알려왔다. 이 사항을 주한 대사관을 통해 환경부에 알려주었고 Bonn에 출장중인 김은경 장관에게도 보고되었다고 했다. 필자는 김은경 장관에게 다시 한 번 알려주겠

다고 했다. 공항에서 호텔로 돌아오는 차 안에서 김 장관에게 회의일
정을 설명하면서 덴마크 장관이 녹색성장동맹회의 개회식 이후에 이석
예정이라고 보고를 했다. 필자는 김 장관이 불쾌감을 보였지만 덴측
사정을 이해한 것으로 생각했다. 호텔 로비에서 김 장관을 수행한 대
표단 일부가 덴 장관 이석 후에 김 장관이 자리를 지킬 필요가 없다는
강한 입장을 대사관 직원에게 이야기하는 것을 들었지만 밤늦은 시간
이라 참견 없이 관저로 돌아왔다.

11월 17일(금) 이른 아침에 대사관 윤현수 참사관이 연락을 해 왔
다. 김 장관이 덴 장관 이석시에 같이 자리를 떠나는 것으로 결정했고
이를 주한 덴마크 대사관에도 통보했다는 것이었다. 일단 호텔에 가서
김 장관을 만나 이야기를 나누는 게 좋겠다고 생각을 하고 일찍 호텔
로 갔다. 호텔로 가는 중에 주한 대사와 덴마크 외교부 아태국장이 걱
정스럽게 전화를 해 왔다. 덴마크 환경식품장관이 비록 자리를 비우지
만 환경차관이 대신 참석하고 명망이 높은 칼스버그 그룹 회장이 덴마
크 순환경제에 대해서 발표를 한다고 했다. 호텔에 도착해서 장관 면
담을 요청하니 환경부 실무자가 회의장으로 출발하기 전에 호텔 로비
에서 잠시 보자고 한다는 장관의 메시지를 전해왔다. 로비에서 만난
김 장관은 대사관의 일정 준비가 잘못되었다고 필자를 질책하면서 덴
마크 장관과 같이 자신도 회의장을 떠나겠다고 했다. 필자는 덴측 사
정을 이야기하기보다는 공관장 입장에서 김 장관에게 자리를 지켜주는
게 앞으로 덴마크와 일하는 데 도움이 되겠다고 건의했다. 그리고
2018년 상반기 평창 동계 올림픽에 IOC 위원인 덴마크 왕세자와 관계
각료들의 방한, 하반기 코펜하겐 개최 제1차 P4G 정상회의 등이 예정
되어 있다고 설명했다.

장관 수행원 중의 한 명이 대사관에서 일을 잘못한 것이라고 큰 목소리로 비난했다. 필자는 정색하고 녹색성장동맹회의 일정 주선은 주한 덴마크 대사관에서 환경부와 협의하여 결정한 것이라고 설명했다. 그리고 지금 중요한 것은 양국 환경장관 회담과 녹색성장동맹회의의 성공이며 잘잘못은 추후에 이야기하는 게 좋겠다고 덧붙였다. 김 장관은 이번에 한번 봐주는 것으로 하겠다고 이야기를 마무리했고 필자는 감사하다고 했다. 회의장으로 가는 차 안에서 외교부 아태국장이 덴마크 환경장관실에 궁금해 한다고 전화를 해 와서 잘 해결되었다고 간단히 답변을 했다. 이 같은 해프닝을 겪었지만 양국 환경장관 회담과 녹색성장동맹회의는 내실 있게 진행되었다. 양국 환경장관 회의에서 김 장관은 '녹색성장' 용어를 대체할 필요성을 제기했고 덴 장관은 한국 측에서 적절한 용어를 제시해 주면 검토해 볼 수 있다고 했다. 11월 17일 공식 일정 후 관저에서 환경부 장관과 대표단을 위한 만찬 행사를 갖고 서로에 대한 오해를 풀고 이해를 높이는 시간을 가졌다.

순환경제를 주제로 한 2017 한-덴 녹색성장동맹회의에 참석한 김은경환경장관과 대표단을 위한 관저 만찬 후 참석자들과 함께 찍은 사진

제1차 P4G 정상회의와 대통령의 참석

2018년 새해에 접어 들면서 공관의 모든 역량을 10월 19일(금)~
20일(토)간으로 예정된 제1차 P4G 정상회의 준비에 집중키로 하였다.
덴마크 외교부 Ole Thonke 녹색성장국장과 만날 때마다 2018년부터
는 매월 P4G 참가국 회의를 가지는 게 좋겠다는 의견을 제시하였다.
제1차 준비회의가 1월 26일 덴마크 외교부에서 개최되었다. 덴마크 측
은 준비현황을 설명하면서 참가 확정 정상으로 문재인 대통령을 대내
외적으로 공개할 수 있도록 해 달라고 요청해 왔다. 우리 외교부에서
는 참석 예정 통보는 하였지만 아직 확정할 수 없는 상황이라고 하면
서 비공개를 요구했다. 덴 측에 사정을 설명하고 P4G 참가국간에만 비
공식적으로 한국 정상의 참석 예정을 공유하자고 했다. 한국 정상의
참석 확정을 지렛대로 하여 여러 정상들의 참석을 교섭하고자 했던 덴
마크의 의도를 모르는 바가 아니었지만 어쩔 수가 없었다. 제2차 회의
는 2월 27일 한국 대사관저에서 가졌고 참석자들에게 한식 뷔페를 선
보였다. 덴마크 외교부 Thonke 국장은 4월 20일 워싱톤DC에서 제1차
P4G 이사회를 개최하고 제2차 이사회는 9월 유엔 총회 개막에 맞추어
가질 예정임을 밝혔다. 덴마크의 녹색성장정책 민관합동 홍보기관인
State of Green 소장은 P4G 행사에 민간분야(private sector)의 역할이
긴요함을 강조하면서 대표단에 민간 대표단을 포함할 것을 요청했다.
덴마크 측의 준비가 보다 구체화되어 가는 것을 느낄 수 있었다. 제3차
회의는 정상회의가 개최되는 DR(덴마크 라디오)콘서트 홀 건물에서 에
티오피아 대사관 주최로 갖기로 했다. 이로써 10월 정상회의까지 매월
P4G 참가국 대사들과 덴마크 외교부·총리실 준비팀들 간의 협의회가
정례적으로 열렸다.

　　2018년 6월 10일~12일 간 반기문 전 유엔 사무총장 내외가 코펜하겐을 방문했다. 코펜하겐에 설립된 유엔 도서관 개관식과 덴마크 기업들이 지속발전목표(SDG)기금 출범식 행사 참석을 위해서였다. 6월 10일(일) 오후에 라스무센 총리와 면담이 총리 집무실에서 이루어졌다. 반 총장은 자신이 GGGI 총회 및 이사회의장으로 선출되었음을 밝히고 중국, 일본의 GGGI 가입 촉구 등 회원국 확대를 위해 노력하고 있다고 했다. 프랑스 등 유럽국가들의 GGGI 가입을 위해 노력하고 있는데 총리의 지원을 부탁했다. 라스무센 총리는 반 총장이 파리 기후협정 성공의 기여자 중 한 분임을 평가하면서 자신이 GGGI 이사회의장으로 스칸디나비아식 윤리규정을 도입했다는 점을 상기했다. 그리고 제1차 P4G 정상회의에 한국 문재인 대통령의 참석을 기대하고 있다고 했다. 반 총장은 면담 후 필자에게 문 대통령의 회의참석 여부를 물어 현재까지 확답을 받지 못하고 있음을 설명했다. 이처럼 우리 정상의 P4G 회의 참석 확정이 차일피일 늦춰지더니 참석하지 않기로 했다는 소문이 들렸다. 주한 덴마크 대사도 필자에게 연락하여 한국 정상의 참석이 어렵다고 하는데 알아봐 달라고 연락을 해 왔다.

　　7월 18일(수) 유럽지역 공관장회의가 강경화 외교장관의 주재하에 영국 런던에서 열렸다. 장관 주재 회의에서 제1차 P4G 정상회의에 대통령 참석 필요성에 대해 설명하였다. 특히 덴마크 측이 정상의 참석 가능 일정을 사전에 우리와 협의한 후에 당초 생각했던 일정을 바꿔가면서 ASEM 회의 직후인 10월 19~20일간으로 정한 만큼 대통령의 참석이 필요하며 이는 신뢰의 문제라고 하였다. 강 장관과 배석했던 정기홍 유럽국장은 가부 간의 답을 하지 않았다. 코펜하겐으로 돌아와서 정상참석 필요성에 대한 건의 전문을 만들어 서울로 보냈다. 그리고 청와대 외교에 근무하는 후배에게도 상황을 설명하는 긴 장문의 메일을 보냈다. 결과에 따라 대사로서 코펜하겐에 있을 시간이 좌우되겠다는 생각을 했다.

8월 초에 청와대 외교부서에 근무하는 후배에게서 연락이 왔다. 제1차 P4G 정상회의에 문 대통령의 참석을 확정했다고 한다. 이제야 본격적인 일이 시작되었다. 공관 실무 외교 인원이 3인에 불과하여 지원인력 파견을 요청했다. 덴마크 외교부 의전실과도 의전 선발대 방문 일정협의에 들어갔다. 9월 30일~10월 3일간의 일정으로 외교부 장재복 의전장을 단장으로 하는 의전 선발대가 코펜하겐을 다녀갔다. 9월 중순부터 공관에 지원인력으로 파견된 본부 의전과장 출신 박두순 공사와 주폴란드대사관 장수미 서기관이 행사 준비과정에 많은 도움을 주었다. 10월 9일 오전에 한국이 공휴일인 점을 감안하여 주말 없이 일하는 공관원과 지원인력들과 함께 코펜하겐 인근 사슴공원을 찾아 가을 햇볕을 즐겼다. 행사가 끝나는 10월 20일 저녁까지는 더 이상의 휴식은 없다는 공지도 했다.

P4G 정상회의 사전 행사(10월 18일) 및 분과별 회의(10월 19일) 참석을 위한 우리 대표단들이 10월 중순부터 코펜하겐에 들어오기 시작했다. 일부 대표단들은 덴마크의 열병합 발전소와 Carbon-free 섬으로 알려진 삼쇄섬을 시찰하였다. 김은경 환경부 장관 일행은 10월 17일 저녁 도착하였다. 필자는 10월 18일 김은경 장관, 김정욱 녹색성장위원장, 문태훈 지속발전위원장 등 정부 및 민간 대표단을 초청하여 관저에서 만찬을 갖고 덴마크의 2030 기후에너지 정책과 P4G 행사에 대해 설명을 하였다. 10월 19일 덴마크 여왕이 주최하는 참가국 수석

P4G정상회의 행사를 위해 미리 방문한 김은경환경장관, 김정욱녹색성장위원장, 문태훈 지속발전위원장 등 대표단을 10월 18일 관저에 초청하여 행사 성공을 다짐하다.

P4G정상회의에 참석한 강경화 외교장관과 함께 찍은 사진

대표를 위한 갈라 디너에는 환경장관이 우리 정부 대표로 참석하였다. 문 대통령은 10월 19일 저녁 예정보다 늦은 시간에 코펜하겐에 도착하였고 공항에는 필자 부부와 덴마크 아태국장, 주한 덴마크대사가 영접을 위해 나왔다. 숙소인 Mariott 호텔에 도착하여 행사 상황실(CP)을 둘러 본 후 23시가 지나 방으로 돌아왔다.

자정 무렵에 청와대 외교비서관이 CP로 좀 와 달라는 연락을 해 왔다. 일부 비서관들이 10월 20일 오찬 좌석배치도와 오후 정상 회담 시 덴마크 배석 인사들에 대해 문제를 제기했다는 것이다. 좌석배치도에 왜 참가 6개국 정상을 분산 배치했느냐는 것이다. 덴마크 총리가 주재하는 테이블에 정상급 참가자를 배치하면 더 모양새가 좋다고 하면서 변경을 요청해 달라는 것이었다. 오찬에 참석하는 덴마크 인사들에 프레데릭 왕세자부부가 포함되어 있고 이들이 각각 주재하는 테이블에 참가국 정상들을 분산 배치해야 하는 게 덴마크 의전실의 설명이라고 알려주었다. 또 양국 정상회담의 덴마크 배석자들이 실무자 중심으로 되어 있다고 하면서 각료급의 배석이 필요하다고 했다. 우리의 경우 외교장관, 환경장관 및 안보정책실장 등이 배석할 예정이었다. 19일 오전까지만 해도 덴마크 환경장관이 배석자 명단에 있었는데 이상하다는 생각이 들었다. 아침에 확인해 보고를 하겠다고 했다. 또 공관 담당관이 덴마크 배석자 직책을 번역해 알려 주면서 총리외교안보수석을 비서관으로, 외교비서관을 보좌관으로 명기하는 바람에 오해를 낳은 측면도 있었다.

다음 날 아침 총리 외교비서관에게 전화를 하여 확인을 하니 환경장관이 10월 19일에 양국 환경장관 회담을 했기 때문에 정상회담에 배

P4G정상회의(2018.10.20)에서 연설하는 문재인 대통령

P4G 정상회의 참석자들과 덴마크 왕세자 내외가 함께 한 단체 사진

석할 필요가 없다고 했다는 것이다. 실용을 우선으로 하는 덴마크다운 생각이었다. 우리 사정을 설명하고 환경장관이 안 되면 외교장관이나 에너지장관의 배석을 요청하였다. 얼마 지나지 않아 회신이 왔다. 외교장관은 정상회담 시간에 일본 외상과 양자 면담이 잡혀 있고 에너지장관도 참가국 장관과 면담이 잡혀 있다고 했다. 필자는 당초 예정되었던 환경장관의 배석을 부탁하였고 외교비서관은 오전 정상 세션에서 대답을 해 주겠다고 했다. DR 콘서트홀 정상회의장에 들어서니 외교비서관이 환경장관과 이야기하고 있었다. 필자를 보고 환경장관이 정상회담에 참석하기로 했다고 알려주었다. 고맙다는 인사를 하고 이 사항을 강경화 장관에게 보고하니 강 장관은 수고했다고 하면서 더 이상 장관급 추가 참석을 교섭하지 않아도 되겠다고 했다. 그리고 오찬장 좌석 배치는 변경이 어렵고 우리 대통령 테이블에 김은경 환경장관을 배치하여 대통령을 보좌토록 하겠다고 했다.

정상행사는 순조롭게 진행되었다. 일본 고노 외상이 기조연설에 북핵문제를 제기하면서 비핵화를 위한 국제사회의 제재 강화를 주장하여 우리 측 참석자들의 눈살을 찌푸리게 했다. 문재인 대통령은 기조연설 후 마그레테2세 여왕 면담을 위해 자리를 비웠다가 오찬 행사에 참석하였다. 토요일 오후 17시 30부터 1시간 예정된 정상회담은 예정시간을 훌쩍 넘겨 19시가 지나 끝이 났다. 많은 대화가 오갔다. 특히 라스무센 총리는 제2차 P4G 정상회의를 2020년에 한국이 유치해 주었으면 하는 희망을 이야기했다. 문 대통령은 국내 검토절차를 거친 후 결과를 알려주겠다고 대답을 했다. 그리고 반년이 지난 2019년 5월 중순 한-덴 수교 60주년을 맞이하여 한국을 공식방문한 프레데릭 왕세자 내외 면담시 문 대통령은 제2차 P4G정상회의를 한국에서 개최하겠다고 밝혔다. 정상회담 후 호텔로 돌아오니 코펜하겐과 인근 스웨덴 말뫼지역에 거주하는 교민들이 로비에 모여 대통령 내외를 환영하였다. 대통령 내외는 매리어트 호텔에서 잠시 휴식을 취한 후 공항으로 출발하여 전용기에 탑승하였다. 전용기가 코펜하겐 카스트럽공항 활주로를 이륙하였고 1박 2일간 짧지만 긴 여운을 남기는 대통령의 덴마크 공식 방문행사가 막을 내렸다.

한-덴마크 수교 60주년 행사와 짧았던 휘게의 시간

2019년은 한국과 덴마크가 공식수교한 지 60주년이 되는 해였다. 한-덴 양국정상은 2019년을 "상호 문화의 해"로 지정하였다. 그리고 양국은 덴마크의 마리 왕세자비와 한국의 유명 발레리너 강수진을 60주년 행사 후견인으로 지명하였다. 60주년 행사 준비단계에서 문화공연단 유치에 어려움이 있었다. 그러나 문 대통령 내외의 성공적인 방문 결과 덕분에 1월부터 60주년 기념행사가 시작되었다. 문화관광부의 지원으로 코리아심포니오케스트라가 1월 16일 DR 콘서트홀에서 성공적인 공연을 가졌다. 12월 중순에 확정된 행사라 준비 기간이 짧았고 시기적으로도 좋지 않았다. 그리고 입장티켓의 상당수를 유료로 판매하였기에 청중 동원에 애로가 있을 것으로 예상했다. 그러나 예상을 뛰어넘는 1,300여 명의 관객이 입장하였고 코심의 연주에 기립 박수를 보냈다. 도종환 문화부 장관이 축하 사절로 코펜하겐을 방문하였고 양국 문화장관 회담을 가졌다.

2019 세계핸드볼 선수권대회 순위결정전이 1월 19일~20일간 코

펜하겐에서 열렸다. 남북 단일팀이 참가한 대회였다. 독일에서 열린 예선전에서 전패를 기록한 남북단일팀이 1월 19일 일본과 순위결정전을 가졌다. 손에 땀을 쥐는 동점과 역전을 거듭하는 경기 끝에 남북단일팀이 일본을 27대 25로 이겼다. 대사관 직원들과 함께 한반도기를 손에 들고 경기장을 찾아 응원한 보람이 있었다. 1월 20일 사우디와의 순위결정전은 전반전의 리드에도 불구하고 마지막 순간의 방심으로 한 점차 패배를 기록했다.

1월 30일 덴마크 제2의 도시 오후스 소재 Kunsthal Aarhus 미술관에서 수교 60주년 행사의 일환으로 양국 후견인인 마리 왕세자비와 강수진 무용가가 참석한 가운데 한국 작가 전시회가 열렸다. 같은 날 덴마크 유력 일간지 Jyllands Posten에 주한 덴마크 대사와 공동명의로 수교 60주년을 기념하는 기고문을 게재하였다. 같은 내용의 공동 기고문이 2월 7일자 Korea Herald에는 "Denmark and Korea; celebrating 60 years of partnership" 제목으로, 2월 26일자 헤럴드 경제에는 "한－덴마크 수교 60주년"이란 제목으로 게재되었다. 2월 하순에는 덴마크 중견도시 Herning에서 열린 '2019 Danish Travel Show'에 한국 관광공사가 참여하였다. 덴마크 관광전시회에 한국이 참가한 것이 근래 들어 처음이라고 했다.

2월 27일(수) 오전 본부 차관실에서 연락을 해 왔다. 2019년 춘계 교체 대상 공관장에 포함되었으니 귀국 준비를 하라는 것이었다. 공교롭게도 그 날 저녁 덴마크 외교부 아태국장, 녹색성장국장 등 주요 간부들을 초청하여 만찬을 하게 되어 있었다. P4G 정상회의 성공, 수교 60주년 행사 일환인 덴마크 왕세자 부부의 공식방한 등을 협의하기 위

한-덴수교60주년 개막행사로 열린 코리아심포니오케스트라의 공연모습

수교 60주년을 맞이한 한-덴 양국은 2019년을 상호 문화의 해로 지정하고 양국문화장관회담과
코리아심포니오케스트라 공연으로 기념행사의 막을 올렸다. 양국문화장관회담사진

한 만찬이 순식간에 송별 만찬이 되어 버렸다. 만찬 중에 1~2개월 내 필자가 덴마크를 떠날 수 있다는 암시를 주었다. 덴마크 아태국장은 왕세자 내외 방한 준비를 위해 필자가 서울로 일시 귀국하는 것으로 생각했다고 한다. 3~4월에 예정된 문화행사를 일단 성공적으로 마무리하는 게 급선무였다. 5월 중순에 예정된 왕세자부부의 공식 방한 수행은 발령 일자에 따라 어느 대사가 담당할 지를 결정해야 하겠다는 생각을 했다. 3월 4일(월) 직원회의에서 필자가 이임하게 되었음을 밝히고 3~4월에 예정된 행사는 필자의 책임하에 치르겠다고 했다. 6월 예정된 코펜하겐 김치페스티발 행사는 후임 내정자와 협의해서 준비를 진행하는 게 좋겠다는 입장을 밝혔다. 필자 후임에 대한 아그레망을 덴마크 외교부에 신청한 3월 5일 덴마크 왕실은 프레데릭 왕세자 내외가 5월 중순 방한한다고 보도자료를 내었다.

3월 12일 코펜하겐의 명물인 '블랙 다이아몬드' 도서관 건물 공연장에서 난타/고래야 공연이 열렸다. 자리를 꽉 메운 관객 모두가 환성을 질렀다. 코펜하겐을 방문한 그린란드 재무장관(전 외교장관)의 연락을 받고 관저에 만찬을 갖고 필자의 이

수교 60주년 난타/고래야 공연

임을 알렸다. 다음에 한국을 방문하는 때가 오면 반드시 연락을 달라고 당부를 했다. 4월 5일(금) 필자 후임에 대한 아그레망이 부여되었다는 연락이 왔다. 외교부 본부에서 지정한 시일을 맞춘 것이다. 4월 13일(토) 코펜하겐 시내에 위치한 극장 'Det Ny Teater'(The New Theater)에서 묵향공연이 있었다. 한국의 은은한 미를 보여주는 멋진 공연이었

수교 60주년 행사의 일환으로 열린 묵향공연

다. 공연에 참관한 여러 대사들과 덴마크 인사들이 찬사와 함께 왜 대사가 인사말과 함께 공연팀에 대한 소개를 하지 않았느냐고 물었다. 답답한 맘이었다. 공연 준비 과정에 인사말을 쓰면서 공연 주제에 대한 설명을 곁들이려고 했다. 공관 준비 담당자가 문화부에서 공관장 인사말 없이 공연만 해야 한다는 지시를 공연단에 내렸다고 했다. 괜히 대사가 인사말을 했다가 공연팀에 피해를 줄까봐 우려된다는 것이었다. 정말 한심스런 이야기였다. 문화부 담당자를 설득해 보라고 했는데 문화부 고위급의 지시여서 실무자로서는 어쩔 수 없다는 반응이었다.

묵향 행사를 끝으로 필자가 주관하는 60주년 행사가 마무리되었다. 아그레망이 나온 날로부터 한 달 정도가 지난 5월 3일 공식 발령이 났다. 덴마크 왕세자 내외의 공식 방한이 불과 열흘 앞둔 시점이었다. 필자 부임시에 대사 내정자로 라스무센 총리내외의 공식방문을 맞이했던 것처럼 후임자가 대사 내정자로 왕세자 내외의 공식 방한을 수행하게 되었다.

필자는 2년 반의 공관장 임기를 마무리하는 이임 리셉션을 5월 20일 가졌다. 한국을 잘 안다는 일부 대사들은 필자의 중도 귀국에 걱정스런 모습을 보였다. 필자는 6월 5일 예정된 덴마크 총선에서 친구가 패배하는 모습을 보지 않으려고 일찍 떠난다는 핑계 아닌 핑계를 대었다. 덴마크에서는 총선 일자가 공고되면 선거에 입후보한 정치인들은 외국 대사들을 만나지 않은 게 관행이라고 했다. 선거에 영향을 끼치지 않을까 하는 우려 때문이라고 했다. 5월 24일 귀국길에 올랐다. 이른 아침에 일어나 관저 주변 공원과 숲을 돌아보면서 짧은 시간이나마 소소한 행복-휘게를 가져다 준 이웃에게 감사와 함께 작별인사를 하였다. 덴마크를 떠난 지 열흘 후 덴마크 총선에서 중도우파 그룹이 중도좌파 그룹에 패배하였고 라스무센 총리는 자리에서 물러났다는 소식을 들었다. 그리고 7월 1일 필자도 38년간 근무했던 외교부를 떠났고 기후변화업무에도 작별을 고했다.

2개월간의 휴식을 끝내고 2019년 9월 1일부터 인하대 초빙교수로 기후재원과 탄소시장에 대해 강의를 시작하였다. 11월 28일 프랑스 파리 OECD본부에서 열린 BIE 총회에서 임기 2년의 총회의장으로 선출되었다. 그리고 재단법인 기후변화센터에서 기후변화 대응을 위한 글로벌 협력을 담당하는 공동대표 역할로 일을 맡았다. 2020년 새해에 들어서 서울대 환경대학원과 연세대에서 국제 환경문제에 대해 젊은 세대들과 경험을 공유하는 기회를 갖게 되었다. Eagles의 호텔 캘리포니아 노래 가사처럼 기후변화 울타리를 떠나지 못하고 있다.

"You can check out anytime you like.
But you can never leave!"

부 록

MIKTA 외교장관들의 기후변화에 관한 공동성명(2015.9.26.)

MIKTA Foreign Ministers'Joint Statement on Climate Change
26 September 2015, New York

1. We, the Foreign Ministers of Mexico, Indonesia, the Republic of
   Korea, Turkey and Australia (MIKTA), on the occasion of the Sixth
   MIKTA Foreign Ministers' Meeting, affirm our will to make the best
   efforts to work towards a successful outcome from the Conference of
   Parties to the UN Framework Convention on Climate Change
   (UNFCCC) to be held in Paris in December 2015, recognizing that the
   Paris Conference will be a critical moment in the endeavors by the
   international community to address global climate change in the
   context of sustainable development.

2. We believe that the new outcome with legal force under the
   Convention needs to be applicable to all and that it should set a
   durable platform for countries, in partnership with business and oth —
   ers, to build action over the longer term. We commit to cooperating

with other countries to deliver a new global agreement that aims to reduce emissions, and build resilience to climate impacts.

3. We support the shared vision of the international community, as documented in the Cancun Agreements, to hold the increase in global average temperature below $2^\circ C$ above pre−industrial levels. We acknowledge that a new climate change regime, the outcome of the Paris Conference, should encourage every country to continuously contribute towards achieving this vision, reflecting the principle of common but differentiated responsibilities and respective capabilities, in light of different national circumstances.

4. We view that the adverse effects of climate change are already in progress, and that mitigation and adaptation should be addressed in equal importance. We believe that the international community, including the private sector, should support the implementation of adaptation actions of countries vulnerable to the adverse effects of climate change, taking into account their specific needs.

5. We agree that means of implementation in support of climate actions, including climate finance, capacity building, and technology cooperation and transfer, are an essential element for a global climate agreement in Paris. We also emphasize the importance of adequate, predictable, and sustainable support for implementation of climate action. In this context, we support the mobilization of USD 100 billion per year by 2020 for climate finance. We further support the Green Climate Fund as a major new climate finance channel, and look forward to the

approval of its first set of projects in November. We emphasise the importance of fostering enabling environments to mobilize and effectively use climate finance coming from a wide variety of sources.

6. We believe that the Intended Nationally Determined Contributions (INDCs) are a crucial element in reaching a successful global climate agreement in Paris and lay the foundation to bring about a global partnership for tackling climate change in the years ahead. MIKTA countries are committed to submitting their INDCs, contributing towards the objective of the Convention.

7. We believe that climate change can prove to be an "opportunity" and a "driver" for creativity and innovation. As the international community increases mitigation and adaptation efforts, it will transit to a climate −resilient development pathway. Efforts to achieve such gradual transformation should commence as soon as possible in the context of countries' sustainable development.

8. We encourage all Parties to the Kyoto Protocol, while working together to finalize the second commitment period rules, to implement the Doha Amendment to the Kyoto Protocol to ensure the continuation of global cooperation in addressing the adverse impact of climate change.

9. We, the Foreign Ministers of Mexico, Indonesia, the Republic of Korea, Turkey and Australia, commit to exploring ways that MIKTA can undertake collective efforts to address climate change, drawing on

our diverse individual capabilities, expertise and networks and our
strength in playing a bridging role between advanced countries and
developing countries.

중국과 미국의 파리기후협정 비준이 주는 시사점(2016.9.6.)

2016년도 G－20 정상회의를 앞둔 9월 2일(토) 중국 항저우에서는
매우 특별한 행사가 개최되었다. 중국 시진핑 주석과 미국 오바마 대통
령은 알려진 대로 정상회담을 가졌고 공동 회견에서 파리기후협정 비준
을 발표하였다. 기후변화 문제에 관한 미·중 양국의 리더십이 다시 한
번 빛을 발하는 순간이었다. 바로 이어 예상치 못했던 특별 행사가 열렸
다. 미국과 중국의 정상이 반기문 유엔사무총장에게 각각의 파리협정 비
준서를 기탁하는 행사였다. 2015년 12월 12일 파리기후총회에서 세계인
의 환호 속에 채택된 파리협정이 과연 발효될 수 있을까 하는 세간의 의
혹을 단번에 떨쳐버리는 감격의 장면이 연출된 것이다.

중국과 미국의 파리협정 비준으로 금년 내 파리협정 발효 가능성이
매우 높아졌다. 파리협정은 55개국 이상이 협정을 비준하고 이들 국가의
온실가스 배출량 합계가 전 세계 배출량의 55% 이상이 되는 날로부터
30일 후에 발효한다. 지금까지 태평양 도서국들을 비롯한 24개국이 파리
협정을 비준하였고 이들의 배출량 규모는 1.08%에 불과하였다. 온실가
스 최대 배출국인 중국(배출량 규모: 20.09%)과 2위의 배출국인 미국
(17.89%)이 9월 2일 파리 협정을 비준함에 따라 26개 비준국들의 배출량
규모는 40%선에 달하게 되었다. 이미 인도, 브라질, 캐나다, 멕시코, 호

주 등 주요 경제국들이 연내 파리협정 비준 방침을 밝힌 바 있어 파리협정의 연내 발효에 기여하기 위한 선의의 달리기는 이미 시작되었다.

미국과 중국의 정상은 지난 2014년과 2015년에도 기후변화 공동선언을 발표하여 교착 상태에 빠진 기후 협상과정에 새로운 활기를 불어넣는 리더십을 발휘한 바 있다. 퇴임을 앞둔 오바마 대통령은 금년 12월 미국 대통령 선거가 가져올 불확실성을 없애고 기후변화에 관한 리더십을 유지하기 위하여 수차례 파리협정의 조기 비준 방침을 밝혔다. 2030년까지 발전분야의 탄소 배출량을 2005년 대비 32% 감축하고자 하는 오바마 행정부의 청정발전계획(Clean Power Plan)은 현재 일부 州단위에서 시행중인 탄소가격제(carbon pricing)를 전국적으로 확대하는 효과를 가져올 것으로 기대된다.

우리는 중국의 파리협정 비준에 주목하여야 한다. 중국은 주요 경제국들 중에 파리협정을 가장 먼저 비준함으로써 세계 최대 환경오염 배출국으로 국제적 의무를 다하지 않고 있다는 비난을 면하게 되었을 뿐 아니라 앞으로 전개될 국제 환경협상에서 선도 국가의 이미지를 갖게 되었다. 특히 자국이 주최하는 세계 최상위 경제 포럼인 G-20 정상회의를 하루 앞두고 파리협정 비준을 발표한 타이밍도 매우 절묘하였다. 파리협정 비준 발표로 중국은 자신을 난처하게 할 일부 정상회의 의제들을 일거에 덮어버릴 수 있게 되었다. 또한 G-20 참가국 정상들과의 양자회담에서 당당하게 중국의 기후 정책을 설명하고 파리협정의 비준을 요구할 수 있는 입장에 서게 되었다.

중국의 파리협정 비준은 저탄소 경제로의 전환을 위한 여건이 조성

되었음을 의미한다. 아직까지도 기후행동을 주저하는 많은 이들은 우리
가 탄소 배출 규제를 강화할 경우 다수의 기업들이 규제가 느슨한 중국
으로 이전하는 탄소누출(carbon leakage) 현상이 일어날 것이라고 주장한
다. 그러나 최근 중국의 대기오염저감 대책과 기후에너지 정책을 살펴볼
때 이러한 탄소누출 주장은 더 이상 적용되지 않는다고 하겠다. 우리는
파리협정 채택에 앞두고 여러 차례 중국과 기후변화정책협의회를 갖고
한-중 기후변화협력협정을 체결하였다. 지난 6월 부산에서 제1차 한-
중 기후변화협력 공동위원회 개최 계기에 중국은 우리에게 G-20 항저
우 정상회의에 앞서 파리협정을 비준할 예정임을 설명해 주었다. 그리고
2030년까지 GDP 단위당 CO_2 배출량을 2005년 대비 60~65% 감축하고
배출 정점(emission peak)을 조기에 달성하기 위하여 2017년 하반기부터
현재 7개 성(省)단위에서 배출권거래제를 전국단위로 확대하여 시행할
계획이라고 밝혔다. 일부 우리 전문가들은 과연 중국이 이러한 계획들을
순조롭게 이행할 수 있을 것인지에 대해 의문을 제기하기도 하였다. 이
러한 의문 제기에 대해 중국 대표는 이미 지속 가능한 저탄소사회로 방
향 전환을 시작하였기 때문에 비록 이행 단계에 어려움이 있더라도 이를
극복해 나갈 것이라는 입장을 분명히 하였다.

중국의 저탄소사회로의 전환은 우리에게 새로운 도전과 기회를 동
시에 제공하고 있다. 파리협정 협상 과정에서 한-중 양국은 긴밀한 협
의를 통해 민감한 협상 의제에 대해 사전에 입장을 조율하면서 이해의
폭을 넓혀 왔다. 중국의 시젠화 기후변화특사는 여러 차례 우리 측에 배
출권거래제, 기후변화 대응 재원 확대와 청정 기술 확산 등과 같이 중요
한 분야에 한-중간의 실질적 협력이 중요하다는 입장을 피력하였다. 우
리도 기후변화와 이동성 대기 오염에 적극 대응하기 위하여 중국과 긴밀

한 협력이 중요하다는 인식하에 지난 6월 한-중 기후변화 공동위 계기
에 배출권거래제에 관한 전문가 워크숍을 갖고 부산의 배출권 거래소를
방문하였으며 다양한 협력 분야를 모색하였다.

　미·중의 파리협정 비준을 계기로 기후변화 대응을 위한 국제사회
의 방향이 분명해졌다. 우리는 세계 10위권의 온실가스 배출국이지만 저
탄소 녹색성장 선도 국가로 국제사회에 좋은 이미지를 갖고 있다. 파리
협정 협상과정에서 우리는 선진국과 개도국 간의 중요한 가교역할을 담
당하였다. 이제는 파리협정 이행을 통해 국제사회에 우리의 역할을 보여
주어야 할 때이다. 우리가 비교 우위에 있는 IT와 혁신을 바탕으로 에너
지 신산업과 고용을 창출하면서 파리협정이 지향하는 저탄소사회로 전
환하여 나갈 때 중국뿐만 아니라 모든 국가들이 우리를 지속가능한 미래
를 위한 협력 동반자로 인식하게 될 것이다. 만약 우리가 고비용을 이유
로 저탄소사회로 전환을 지체하고 현실에 안주한다면 멀지 않아 중국은
우리를 앞질러 갈 것이고 우리는 지속가능한 미래를 위한 여정에 낙오자
가 될 것이다. 이제 우리도 파리협정의 연내 발효에 기여할 수 있도록
국회 동의 등 법률이 정한 국내 비준 절차를 차질없이 진행하여야 하겠
다. 그리고 파리협정은 화석 에너지 자원이 없는 우리에게 새로운 성장
기회를 제공하는 플랫폼이 될 수 있다는 적극적이고 창조적인 접근이 필
요한 때라고 생각된다.

선생님께 드리는 글: 外交官과 環境問題

이 글은 고교 3학년 담임이던 강형 선생님이 희수년을 맞이하여 2014년 7월에 출간한 명세지재들과 함께한 여정에 게재되었음

고등학교를 졸업한 지 벌써 38년이 지났습니다. 정보통신기술의 발달은 많은 친구들과 소통하는 방법에 많은 변화를 가져왔습니다. 첨단기술의 활용에 앞선 친구들은 동기회 홈페이지를 운영하여 그렇지 못한 친구들에게 소통의 장을 마련해 주었습니다. 직장생활 때문에 해외를 주로 전전하던 나에게 인터넷을 이용한 친구들과의 소통은 새로운 즐거움이었고 덕분에 "세상에 말을 걸다"라는 동기생들의 책 출간에도 참여할 수 있었습니다. 그리고 지난 2월의 어느 날 너무나 반갑고도 믿기지 않은 선생님의 메일을 받았습니다. 늘 찾아뵙고 싶었던 고3 담임선생님의 메일이었습니다. 국내에서 근무할 때 친구들을 통해 선생님의 소식을 가끔 듣기는 하였으나 고교 졸업 이후 찾아뵙지 못해 늘 죄스러운 맘을 갖고 있던 차에 선생님께서 회고록을 내신다고 소식을 주셨다. 선생님, 그동안 소식도 드리지 못하고 찾아뵙지도 못한 못난 제자를 생각해 주셔서 정말 감사합니다. 이 제자, 선생님의 가르침에 힘입어 외교관이 되어 우리의 후손들이 대대로 살아갈 지구의 환경을 위해, 그리고 대한민국을 위해 열심히 일하고 있음을 글로써 보고 드립니다. 그리고 다음번 귀국하는 기회에 꼭 찾아뵙겠습니다. 선생님의 만수무강을 빕니다.

1. 외교관이 왜 환경문제를 다루세요?

외교관이 된 지 34년, 환경문제를 다루기 시작한 지 올해로 24년째에 접어들었습니다. 그동안 환경문제를 다루다 보니 여러 가지 재미있는

일화도 많았고, 또 외교관이 무슨 환경문제를 취급하느냐면서 혹시 외교부의 환경미화 업무를 담당하느냐고 반문하는 때도 있었습니다. 1999년 환경과학과장으로 근무할 때 종합청사에 사무실이 부족하여 종로구청 뒤 민간 빌딩 일부를 임대하여 사무실로 사용하고 있었는데 구청 환경과로 착각한 일부 식당주인들은 과잉 친절을 베풀기도 하였지요. 또 결혼을 앞둔 신참 외교관에게 담당 업무를 잘못 이해한 예비 장인이 다른 과로 옮길 것을 주문하기도 했다는 에피소드도 있었지요.

지금은 환경문제가 외교의 중요한 영역이 되었습니다. 유엔 안보리는 기후변화 문제를 국제 안보 차원에서 다루었고 반기문 유엔사무총장은 2007년에 이어 금년에도 유엔 기후변화 정상회의를 주최할 예정입니다. 국내에서도 기후변화문제에 대응하기 위해 국무총리를 위원장으로 하는 기후변화 정부대책위원회가 있고, 외교부에는 기후변화와 환경협상을 전문적으로 다루는 기후변화대사가 활동하고 있습니다. 이처럼 환경문제가 외교 무대의 중요한 의제가 되어 있지만 아직도 "왜 외교관이 환경문제를 다루세요?" 하는 질문에 이어 "왜 환경외교 전문가가 되려고 하셨어요?" 하는 호기심 어린 질문을 추가로 받는 경우가 자주 있습니다.

2. 하나뿐인 지구, 지구를 살리기 위한 국제적 노력

70억의 인류가 살고 있는 지구! 우주에 지구와 같은 다른 별이 존재할지 모르지만 현재 우리 삶의 기반이 되는 지구는 단 하나입니다. 그런데 하나뿐인 지구가 산업혁명 이후 서서히 병들어 가고 있습니다. 지구를 하나의 유기적 생명체로 본 "가이아"이론을 굳이 인용하지 않더라도 인간의 지나친 개발 활동이 지구의 자정능력을 손상시키고 있다는 현상이 곳곳에서 나타나고 있으니까요. 꿈의 냉매제로 칭송을 받은 프레온

가스는 남극 하늘에 덮인 오존층에 큰 구멍을 내어 피부암 증가의 원인
으로 지목되었고 석탄, 석유 등 화석연료들은 온실가스의 가장 큰 배출
원으로 기후변화를 촉진하는 주범으로 지목되고 있지요. 인간의 욕심은
열대림을 파괴하고, 해양 어족을 고갈시킬 뿐 아니라 인류와 함께 지구
상에 공존해 온 많은 생물 종들을 멸종의 위기로 몰아넣고 있습니다. 이
렇게 무분별한 인간의 활동으로부터 지구를 구하고 후손들이 지금과 같
은 아름다운 지구위에서 삶을 영위할 수 있도록 해야 한다는 국제적 노
력이 1970년대부터 빛을 발하기 시작했습니다.

　　1972년 6월 5일 스웨덴 스톡홀름에서 전세계 100여 개국 이상의 대표
들이 모여 "유엔인간환경회의"(UN Conference on the Human Environment:
UNCHE)를 개최하였고, 그 후속조치로 지구환경문제를 다루는 "유엔환경
계획"(UN Environment Programme: UNEP)이 케냐 나이로비에 설립되었지
요. 지구환경보호를 위한 UNEP의 노력은 시간이 갈수록 많은 성과를 나
타내기 시작했습니다. 오존층을 보호하고 프레온 가스의 사용을 국제적으
로 규제하는 비엔나협약과 몬트리올 의정서, 유해 폐기물들의 국가간 이
동을 규제하는 바젤협약 등의 환경 협약 체결이 UNEP를 중심으로 이루
어졌으니까요. 또한 지구의 한정된 자원은 현재 세대뿐만 아니라 미래 세
대의 수요를 고려하여 이용되어야 한다는 "지속가능한 개발"(sustainable
development)의 중요성을 강조하는 "우리 공동의 미래"(Our Common
Future) 제목의 유엔보고서가 1987년에 발표되었습니다. 환경을 고려
하지 않은 무분별한 개발활동은 억제되어야 한다는 국제적 공감대 속
에 유엔은 1992년 지구정상회의(Earth Summit)로 알려진 "유엔환경개
발회의"(UN Conference on Environment and Development: UNCED)를 브라
질 리우에서 개최하고 그 계기에 지구 환경 보호를 위한 양대 환경협약

으로 알려진 기후변화 협약과 생물다양성 협약의 체결을 마무리하는 국
제적 서명행사를 진행하였지요. 1972년 스톡홀름회의 이후 지금까지 채
택된 국제 환경협약의 숫자는 100여 개를 훨씬 넘어서고 있습니다.
1992년 리우회의에서 채택된 환경과 개발에 관한 원칙들이 새로운 국제
환경법의 골간을 이루면서 기존 국제법 질서의 개편을 주도해 가고 있
으니까요.

3. 환경 외교 전문가의 길을 가다

프랑스 파리에서 첫 해외 근무를 마친 저는 유엔환경계획(UNEP)
본부 소재지인 케냐 나이로비에 있는 대사관으로 1991년 3월 부임했
습니다. 당시 나이로비의 UNEP 본부에서는 기후변화협약과 생물다양
성 협약 작성을 위한 정부간 협상회의가 한창 진행되고 있었지요. 그
리고 오존층 파괴물질 소비를 규제하는 몬트리올 의정서 당사국 회의
는 의무 위반국에 대해 교역을 제재할 수 있도록 냉장고, 자동차 에어
컨 등과 같은 구체적 제품목록을 작성하는 협상을 진행하고 있었습니
다. 대사관에서 UNEP 업무를 담당하게 된 저는 과거의 기록과 참고
자료들을 읽어보면서 환경외교에 관한 공부를 시작하였습니다. 자료를
읽고 회의장에서 다른 나라 대표들- 특히 선진국 그룹인 OECD 회원
국 대표들을 만나 대화하면서 이들이 직업 외교관으로 환경문제를 수
년째 다루고 있다는 사실을 알고 충격을 받았지요. 그리고 국제적으로
프레온 가스 소비규제 방안을 논의하는 시기에 우리는 그제야 생산 공
정 개발에 많은 비용을 투자하고 있었다는 점을 알고서 국제적 동향을
제대로 파악하지 못한 비용이 얼마나 크며 외교의 조기 경보 기능이
얼마나 중요한지를 깨닫게 되었고요. 환경외교는 단순히 지구 환경을
보호하기 위한 국제적 협력 방안을 논의하는 것이 아니라 환경 보호를

위한 국제적 비용과 부담을 국제사회가 어떻게 분담하는가를 논의하는 협상이라는 점을 깨닫는 데 그리 오랜 시간이 걸리지 않았습니다. 그리고 우리가 공유하는 대기, 해양, 생태계가 어느 국가의 소유물이 아닌 모든 인류의 공유 재산(global commons)이며 오염자 부담원칙과 함께 환경보호를 위한 예방조치(precautionary measures)가 정당화될 수 있다는 국제 환경법의 원칙과 개념들이 지적 욕구로 가득 찬 저의 맘을 사로잡았고 환경외교 전문가의 길을 걷게 하는 계기가 되었습니다.

케냐에서 2년간의 근무를 마치고 1993년 2월 귀국한 저는 외교부 과학환경과에서 일을 시작했습니다. 당시 과학환경과는 신설 과로 처음부터 시작해야 하는 일이 많았지요. 유럽에 비해 동북아지역에는 환경문제협의를 위한 협력 분위기가 조성되어 있지 못했고 그래서 우선적으로 추진한 일이 일본, 중국과의 양자차원의 환경협력협정, 그리고 러시아와의 환경협력협정과 철새보호 협정 체결이었습니다. 그리고 동해 및 황해 등 지역 해양 보호를 위한 북서태평양 보전실천계획, 대기 및 육상생태계 보호를 위한 동북아환경협력 계획 등이 한국의 주도하에 일본, 중국, 러시아, 몽골 그리고 아주 가끔 회의에 등장하는 북한의 참여하에 채택되었지요. 이러한 일을 추진하는 과정에 제가 늘 염두에 둔 생각은 동북아 환경공동체 구상이었습니다. 유럽연합이 철강 공동체에서 출발하였듯이 정치체제와 경제 개발 단계가 상이한 상태에서 느슨하게 출발한 동북아 국가들의 환경협력이 훗날 환경공동체의 모태가 되리라고 믿으면서 역내 국가들간에 신뢰를 조성하는 일부터 추진하였습니다. 그 결과 지금 동북아 국가들간에 환경분야 정보 교환, 공동연구 및 교류 사업들을 활발하게 추진되고 있습니다. 황사 및 대기 오염문제 해결을 위해 실시간 정보교환 네트워크를 구축하고 대기 오염물질 저감을 위한 노후 화력발전소 개선사업, 해양오염 방지를 위한 공동 방제 및 조사사업 등을 역내 국가들이 공동으로 추진하였습니다. 이와 같이 실천을 통한 학습 과정 (learning by doing)을 통해 환경문제로 인한 국가간의 분쟁을 미연에 방지하고 대기, 해양, 수자원 등 공유 자산들의 지속가능한 이용을 위한 공동 인식을 확산해 나갈 때 동북아 환경공동체는 한걸음씩 다가오고 있다고 생각합니다.

앞서 언급한 지구 환경보호를 위한 국제환경 협약의 채택과 이행은 국제법 질서의 개편을 초래할 뿐 아니라 국가의 경제적 활동에 큰 영향을 미치고 있습니다. 세계 각국이 지구의 한계 용량을 벗어나지 않은 범위에서 서로 자국민들의 행복과 개발 권리의 확보를 위해 치열한 외교전쟁을 전개하고 있습니다. 양대 환경협약으로 알려진 기후변화협약과 생물 다양성협약이 각국에 어떻게 영향을 미칠 수 있는지를 간단히 살펴보겠습니다. 기후변화협약은 지구온난화와 기상이변을 방지하기 위하여 CO_2을 비롯한 온실가스의 국가별 배출량을 정하여 규제하는 방안을 다룹니다. 국가별 온실가스의 배출원은 정도의 차이는 있으나 대개 발전, 교통, 철강, 석유화학 및 반도체 등 에너지 집약 산업, 농·축산업 분야 (메탄가스) 등으로 구성되어 있지요. 그러다보니 세계 각국은 개발권과 직결되는 온실가스 배출권 확보를 위해 치열한 외교전을 전개하고 있는 거지요. 개도국들은 대기 중 온실가스 누적량을 근거로 지구온난화에 역사적 책임을 지닌 선진국들이 온실가스 감축과 개도국 지원에 주도적 역할을 수행하여야 한다고 이야기 합니다. 반면, 선진국들은 역사적 책임성을 인정하나 지난 20년간 신흥 개도국들의 급속한 온실가스 배출량 증가세를 지적하면서 이들의 참여를 주장하고 있습니다. 지구온난화를 방지하여야 한다는 대의 명분과 함께 자국의 온실가스 감축 비용을 최소화

하려는 기후외교 전쟁이 전개되고 있는 셈이지요. 1992년 기후변화협약
이 채택될 당시 우리나라는 오이시디 비회원국으로, 개도국으로 분류되
었으나 이제는 세계 7~8위의 온실가스 배출국이며 배출 누적량에서도
20위권 안에 들고 있습니다. 2015년 파리 기후변화 총회에서 채택될
2020년 이후의 온실가스 배출감축 체제가 우리 경제에 심각한 악영향을
미치지 않도록 각별한 외교적 노력이 필요한 이유도 바로 여기에 있는
거지요.

　　생물다양성협약은 유전자원 관할권 문제와 직결되어 있을 뿐 아니
라 유전자 변형 생물체의 국가간 이동을 규제하는 국제법 체제의 모범
역할을 하고 있습니다. 유전기술을 이용한 옥수수, 콩의 재배는 농민들
에게 단기적으로 높은 수확을 보장하나 종자의 구입을 다국적 기업에 의
존하게 됨으로써 장기적으로는 비싼 비용을 치르게 됩니다. 국가의 고유
유전자원이 해외로 몰래 반출되어 새로운 개량종으로 개발되거나 민간
으로 전승되어온 토착 생물자원을 이용하는 전통 치료요법이 다국적 제
약회사에 의해 특허권을 지닌 비싼 신약으로 개발되어 돈벌이에 이용되
는 사례가 수없이 많이 있어 왔으니까요. 돈과 기술을 지닌 다국적 기업
들에 의한 생물자원 남용을 방지하고 토착유전자원을 보전하는 동시에
이들을 활용하여 발생하는 이익을 서로 공유하는 방안을 국제적으로 논
의하는 무대가 바로 생물다양성 협약 체제입니다. 세계화가 진행될수록,
선진국 대열에 진입하는 개도국들의 숫자가 늘어날수록 인류 공동의 자
산인 지구를 살리면서 자국민들의 행복을 증진시키기 위한 각국의 환경
외교 경쟁은 더욱 치열해져 갈 것입니다.

　　그러기에 저도 이제 고참 외교관으로서 지구 환경문제를 논의하는

데 우리나라가 국제적 중간자 역할을 잘 수행해 나갈 수 있도록 젊은 외교관들을 열심히 양성할 예정입니다. 선생님께서 저희들을 대한민국의 역군으로 자라날 수 있도록 정성을 쏟아 주셨듯이 저도 그렇게 후배들의 양성에 정성을 다하겠습니다.

List of Acronyms(주요 약어표)

ADP: Ad hoc Working Group on Durban Platform

- 더반 플랫폼에 관한 특별작업반으로 2011년 남아공 더반 COP17 결정으로 설립되어 2015년 12월까지 파리협정을 이끌어 내는 협상 기구 역할을 수행하였음. 2012년에 제1차 회의를 시작으로 2015년 12월 5일 임무종료시까지 15차례의 회의를 가졌으며 2014년 6월부터 원활한 협상진행을 위하여 산하에 contact group를 설치하였고 비공식 협상문서인 non-paper가 작성되어 협상에 활용되었음.

AILAC: Independent Association of Latin America and the Caribbean

- 칠레, 콜롬비아, 코스타리카, 과테말라, 온두라스, 파나마, 파라과이, 페루 등 8개국으로 2012년 12월 도하 COP18에서 구성된 기후협상그룹으로 온건한 입장을 취함.

ALBA: Bolivarian Alliance for the Peoples of Our America

- 쿠바, 니카라과, 도미니카, 베네수엘라, 앤티가바부다, 그레나다, 세인트루시아, 세인트키츠네비스, 세인트빈센트그레나딘 등 중남미 및 카리브 지역 사회주의 9개국으로 2004년도에 구성된 그룹이며 기후변화 협상에서 강경 개도국들과 유사한 입장을 취함.

AOSIS: Alliance of Small Island States

• 1990년에 16개국으로 설립되어 현재 39개국과 5개 옵서버(observer)로 구성되어 기후협상무대에서 큰 영향력을 발휘하였으며 파리협정의 장기 목표 1.5℃ 반영을 위해 노력하였음.

APA: Ad hoc Working Group on the Paris Agreement

• 파리협정의 발효를 준비하기 위해 2015년 12월 COP21 결정에 따라 이행규범 협상을 위임받은 그룹으로 2018년 12월 폴란드 카토비체 COP24에서 이행규범을 담은 카토비체 패키지를 채택하고 임무를 종료

BASIC: Brazil, South Africa, India, China

• 2009년 11월 코펜하겐 COP15를 앞두고 결성된 브라질, 남아공, 인디아, 중국 등 4개국 모임으로 개도국 그룹의 입장을 선도해 나감.

BAU: Business－as－usual

• 현행 정책 이외에 추가적인 조치를 취하지 않는 경우를 의미하는 관용구

BIE: Bureau International des Expositions

• 국제박람회기구로 1931년 설립되어 파리에 사무국을 두고 있으며 현재 170개 회원국을 두고 있음.

BUR: Biennial Update Report

• 격년제 갱신보고로 기후변화협약 비부속서 I 국가들의 온실가스 배출인벤토리 보고서

CARICOM: Caribbean Community

• 1973년에 설립된 카리브 공동체로 15개 회원국, 5개 준회원(영국의 해외영토) 및 8개 옵서버(observer)로 구성되어 있음.

CDM: Clean Development Mechanism

• 청정개발체제제로 교토의정서 제12조에 규정된 부속서 I국가와 비부속서 국가들간의 온실가스 감축사업

CDM EB:Clean Development Mechanism Executive Board

• 청정개발체제 집행이사회로 CDM 사업 이행에 관련된 사항을 다루는 선출기구이며 유엔의 5개 지역별 대표 각 1명, 부속서 I 그룹대표 2명, 비부속서 I 그룹 대표 2명, 군소도서국 대표 1명 등 10명의 정위원과 10명의 교체위원으로 구성됨.

CDP: Carbon Disclosure Project

• 탄소공개프로젝트

CCUS: Carbon Capture Utilization and Storage

• 탄소채집활용과 저장

CBDR/RC/NC: Common but Differentiated Responsibility and Respective Capability in light of different National Circumstances

• 서로 다른 국가 여건에 비추어 공동의 그러나 차별적인 책임과 각자의 역량을 의미하며 파리협정 제2조2항에 반영되어 있고 2014년 12월 페루 리마개최 COP20 결정문에 처음으로 등장함.

CMA: Conference of the Parties serving as the meeting of the Parties to the Paris Agreement

• 파리협정 당사국회의 역할을 하는 기후변화협약 당사국 총회

CMP: Conference of the Parties serving as the meeting of the Parties to the Kyoto Protocol

• 교토의정서 당사국회의 역할을 하는 기후변화협약 당사국 총회

COP: Conference of the Parties

• 당사국 총회로 기후변화협약의 모든 가입국으로 구성됨.

CPI: Climate Policy Initiative

• 기후정책과 재원에 전문성을 지닌 전문가들의 그룹으로 기후재원의 추적과 분석을 담당함(climatepolicyinitiative.org).

EIG: Environment Integrity Group

• 환경건전성그룹으로 한국, 스위스, 멕시코, 리히텐슈타인, 모나코 등으로 2000년 9월 구성되었으며 2017년에 조지아가 가입함. 2014~15년 파리협정 협상과정에 터키와 이스라엘이 참여를 희망하였으나 그룹 내의 합의 부재로 이들 2개국은 가입하지 못하였음.

EU: European Union

• 유럽 27개국으로 구성된 정치 경제 연합이며 EU회원국을 대표하여 기후협상을 총괄함.

FSV: Facilitative Sharing of Views

• 촉진적 의견교환은 기후변화협약 비부속서 국가들의 격년제갱신보고서(BUR)에 대한 전문가 분석에 이은 ICA의 두 번째 절차임.

3GF: Global Green Growth

• 글로벌 녹색성장포럼으로 덴마크 정부 제의로 2011년 5월 발족하였으며 민관파트너십을 통한 녹색성장 구현을 목표로 하며 매년 코펜하겐에서 고

위급 회의를 개최하였으며 2017년 9월 P4G로 대체되었음.

GCF: Green Climate Fund

• 녹색기후기금으로 2010년 칸쿤 COP16 총회 결정으로 설립되었으며 2013년 인천 송도에 사무국을 설치하고 본격 활동에 들어감.

GEF: Global Environment Facility

• 지구환경금융으로 1990년 세계은행 산하 임시기금으로 설치되었다가 1992년 정식기금으로 전환되었으며 미국 워싱톤 DC에 사무국을 두고 있음.

GGGI: Global Green Growth Institute

• 글로벌녹색성장기구로 2012년에 설립되어 서울에 사무국을 두고 있음.

IAR: International Assessment and Review

• 국제평가와 검토는 2010년 칸쿤 COP16에서 수립된 기후변화협약 부속서 I 국가들의 MRV 체제임

ICA: International Consultation and Analysis

• 국제협의와 분석은 2010년 칸쿤 COP16에서 수립된 기후변화협약 비부속서 국가들의 BUR 검토 절차로 전문가들의 기술분석과 FSV 워크숍 개최 등 2단계로 이루어짐.

ICTSD: International Centre for Trade and Sustainable Development

• 1996년 스위스 제네바에 사무국을 두고 설립된 기구로 무역을 통한 지속 발전 추구를 목표로 활동하다가 재정악화로 2018년 11월 말에 해산함.

INDC: Intended Nationally Determined Contribution

• 의도된 국가결정기여로 2013년 바르샤바 COP19 총회에서 결정되어 2015년 파리협정 채택에 앞서 제출된 국별 온실가스 감축 약속이며 INDC 제출

국가 파리협정 가입시에 NDC로 전환됨.

IPCC: Intergovernmental Panel on Climate Change

• 기후변화에 관한 정부간 협의체로 WMO와 UNEP에 의해 1988년 설립된 기구로서 기후변화에 관한 2015년까지 5차례의 종합 평가 보고서를 발간함.

LMDC: Like-Minded Developing Countries

• 유사 입장을 지닌 개도국모임으로 UN 및 WTO 등에서 협상 블록으로 활동하며 파리협정 협상과정에 강경 입장을 취한 개도국 그룹임.

MDIs: Multilateral Development Institutions

• 다자개발기구로 세계은행, 지역개발은행 등을 의미함.

MEF: Major Economies Forum on Energy and Climate

• 에너지와 기후에 관한 주요 경제국 포럼은 미국 오바마 정부의 주도로 2009년 4월 설립된 17개 주요 국가들간의 협의체로 주로 정치적 난제를 토의하여 유엔기후변화협상의 진전을 지원함.

MIKTA: Mexico, Indonesia, Korea, Turkey, Australia

• G-20 회원국에 속하는 5개 중견국이 중도적 역할 수행을 위해 2013년 결성한 그룹으로 2015년 9월 기후변화에 관한 외교장관 공동성명을 발표함

MRV: Measurement, Reoporting and Verification

• 측정·보고·검증은 2010년 멕시코 칸쿤 COP16에서 채택된 유엔 기후변화협약체제하의 투명성 체제이며 선진국과 개도국이 별도의 MRV 절차를 갖고 있음.

NDC: Nationally Determined Contribution

• 국가결정기여으로 2015년 12월 채택된 파리협정에 따라 제출하는 각국의

기후변화대응 행동 약속

NDRC: National Development and Reform Commission

- 중국의 국가발전개혁위원회이며 중국의 기후협상을 총괄함.

NSC: National Security Council

- 미국 백악관의 국가안전보장회의로서 "기후변화와 에너지에 관한 국제경제국포럼"(MEF)을 총괄함.

OECD:Organization of Economic Cooperation and Development

- 경제협력개발기구이며 국제에너지기구(IEA)와 함께 기후변화전문가그룹을 운영하면서 기후변화체제 발전에 기여함.

P4G: Partnering for Green Growth and the Global Goals 2030

- 녹색성장과 2030글로벌목표연대는 덴마크 정부의 제의로 2017년 9월 유엔 총회시에 출범하였으며 과거의 3GF(Global Green Growth Forum)를 대체하며 기후변화/에너지, 물, 식량/농업, 순환경제, 도시 등 5개 중점분야에 대한 민관협력 사업을 발굴하고 지원함. 제1차 정상회의는 2018년 10월 코펜하겐에서 개최되었고 2차정상회의는 2020년 6월 말 서울에서 개최될 예정이었으나 COVID19 사태로 1년 연기되었음.

REDD: Reducing Emissions from Deforestation and Forest Degration

- 산림전용 및 산림황폐화 방지로부터의 온실가스 배출 감소

REDD+: Reducing Emissions from Deforestation and Forest Degration with sustainable management of forests, conservation of forest carbon stocks and enhancement of forest carbon stocks in developing countries

- 개도국에서의 산림의 지속가능한 관리, 산림탄소축적량 보존과 산림탄소

축적량 강화와 함께 산림전용 및 산림 황폐화 방지로부터의 온실가스 배출 감소

SBs: Subsidiary Bodies

• 기후변화협약 체제하의 이행 및 과학기술자문 2개 부속기구를 의미

SBI : Subsidiary Body of Implementation

• 기후변화협약 체제하의 이행부속기구

SBSTA: Subsidiary Body of Scientific and Technological Advice

• 기후변화협약 체제하의 과학기술자문부속기구

SIDS: Small Island Developing States

• 군소도서개발국으로 1992년 유엔환경개발회의에서 특별고려 대상국가그룹으로 인정됨.

SDGs: Sustainable Development Goals

• 2015년 9월 유엔총회에서 채택된 2030 지속발전목표를 의미하며 17개 목표와 169개 세부목표로 구성되어 있음.

SOG: Spin-Off Group

• 분리 소그룹을 의미하며 파리기후협정 협상과정에 비공식 실무그룹에서 특정의제논의가 난관에 부딪쳤을 때 일부 대표들이 비공식 실무그룹에서 이탈하여 해당 사안에 대해 논의를 갖고 합의 도출을 시도하며 동 그룹의 회의 결과는 비공식 실무그룹의 회의 결과와 동일한 효력을 지님

TEM: Technical Expert Meeting

• 기후변화협약체제하의 기술전문가회의

TGV: Train à Grande Vitesse

• 프랑스 고속철도

UAE: United Arab Emirates

• 아랍 에미리트 연방으로 국제재생에너지기구(IRENA) 사무국이 소재하고
있음.

UNFCCC: United Nations Framework Convention on Climate Change

• 유엔기후변화기본협약으로 1992년 5월 9일 채택되었으며 1994년 3월 발효

WIM: Warsaw International Mechanism on Loss and Damage

• 기후변화협약체제하의 손실과 피해에 관한 바르샤바국제메커니즘

환경외교의 길을 걸었던 외교관의
기후협상일지

초판발행	2020년 5월 25일
지은이	최재철
펴낸이	안종만·안상준
편 집	전채린
기획/마케팅	조성호
표지디자인	조아라
제 작	우인도·고철민
펴낸곳	(주) **박영사**
	서울특별시 종로구 새문안로3길 36, 1601
	등록 1959. 3. 11. 제300-1959-1호(倫)
전 화	02)733-6771
f a x	02)736-4818
e-mail	pys@pybook.co.kr
homepage	www.pybook.co.kr
ISBN	979-11-303-0767-1 03340

정 가   18,000원